江苏省社会科学基金后期资助项目成果(17HQ014)

政府审计公私合作法律规制研究

苏 欣 著

东南大学出版社
SOUTHEAST UNIVERSITY PRESS
·南京·

内 容 简 介

政府购买社会审计服务是政府购买公共服务的一个特殊领域，其实施的效果决定了我国政府审计资源能否有效整合、审计全覆盖目标能否达成、审计公共服务均等化能否实现、政府审计与社会审计协同的公私合作关系能否建立、审计监督权独立性保障、政府审计保障国家经济安全使命的履行等一系列国家治理领域中的重要命题，而我国政府购买公共服务的现状是既有经验不足、管理经验落后、法律规制松弛，具体到政府购买社会审计服务领域形势更加严峻，使得政府购买社会审计服务从理论到实践都处于一片混沌无序的困境中，政府购买社会审计服务的主体如何从法律上予以界定？主体间权利义务边界如何划清？主体间的权利义务冲突如何化解？政府购买社会审计服务的法律规制路径和策略如何选择？《宪法》《审计法》《政府采购法》等相关法律法规，如何围绕政府购买社会审计服务法律规制目标进行修改完善？政府购买社会审计服务基础上的公私合作机制如何创新？这些问题导引并决定了本书的谋篇布局走向和分析研究思路。

图书在版编目(CIP)数据

政府审计公私合作法律规制研究/苏欣著.—南京：东南大学出版社，2020.12

ISBN 978-7-5641-9381-2

Ⅰ.①政… Ⅱ.①苏… Ⅲ.①政府审计-政府投资-合作-社会资本-法律-研究-中国 Ⅳ.①D922.280.4

中国版本图书馆CIP数据核字(2020)第265314号

政府审计公私合作法律规制研究

Zhengfu Shenji Gongsi Hezuo FaLü Guizhi Yanjiu

著　　者	苏　欣	责任编辑	陈　跃
电　　话	(025)83795627	电子邮箱	chenyue58@sohu.com
出版发行	东南大学出版社	出 版 人	江建中
地　　址	南京市四牌楼2号	邮　　编	210096
销售电话	(025)83794121/83795801	网　　址	http://www.seupress.com
经　　销	全国各地新华书店	印　　刷	江苏凤凰数码印务有限公司
开　　本	787×1092mm　1/16	印　　张	11.75
字　　数	301千字		
版 印 次	2020年12月第1版	2020年12月第1次印刷	
书　　号	ISBN 978-7-5641-9381-2		
定　　价	65.00元		

前　言

政府公共服务供给模式的变革是世界范围内民营化浪潮推动的必然结果，其不仅要突破单纯的行政管理关系，将政府购买公共服务行为纳入契约调整的范围，予以严格的法律规制，而且要在契约关系基础上建立“互利、互助、共赢、创新”的公私合作关系，从而将对政府购买公共服务的管理上升至治理层面，立足顶层设计、着重制度建设、致力机制创新、专注路径选择，力求完成全球经验中国化、中国经验全球化的良性互动，以探索出真正符合中国实践需求的公共服务供给模式。本书在实证研究的基础上，展开理论探索，寻找上述问题的答案，力求为政府购买社会审计服务法律规制提供有效的解决方案。

除绪论与结论部分外，全书共分5个部分。

第一部分，通过建立政府审计公私合作理论基础，解释政府购买社会审计服务内涵，为分析政府购买社会审计服务的核心问题及其解决方案，选择理论分析工具和研究路径。首先，在政府购买公共服务概念之下解读政府购买社会审计服务概念，着重阐明其作为审计公共服务生产供给创新的价值和意义。其次，在对政府审计与社会审计比较分析的基础上，归纳总结出两者在审计独立性、审计监督权渊源、审计目的和审计准则、审计无偿性与审计有偿性、强制性审计和约定性审计、审计处置权限6个方面的差异，这恰是政府审计与社会审计关系从冲突到协同、从契约关系到公私合作关系的核心因素，也是政府审计与社会审计整合资源、协同工作从而服务国家治理、保障审计监督权实现的现实意义所在，据此可以清晰解读政府购买社会审计服务的深刻含义。最后，引用关系契约理论并着重论释其与公私合作关系的价值契合，关系契约理论以其交换关系核心的转换、长期目标性、利益共同体、共赢目标及契约的自执行趋向，为公私合作关系的建立提供了具体的理论指引及价值引领，促进了政府购买社会审计服务在一般契约关系和普通行政管理行为基础之上，由契约型关系向公私合作关系发展延伸，也为政府购买社会审计服务管理制度创新和法律规制的设计规划提供了充分的理论准备。

第二部分，通过对政府审计在农村基层实施的实证调查，进行政府审计公私合作的实践考察，归纳现存具有研究价值的问题，为后续分析研究提出导向性问题。首先，在村居经济监督视域下聚焦政府审计的最前端——村居审计，重点选取有代表性的两个乡镇的村居审计实施及社会审计服务购买为案例分析样本，通过本书作者亲历项目实施的全过程，取得第一手实证数据和材料，据此观察政府审计实施过程中存在的问题以及政府购买社会审计服务面临的困境，为本书拟研究解决的问题做出归纳。其次，不局限于对政府购买社会审计服务行为本身，而是将研究视角拓展到村居经济监督现状及其机制的运行情况中，重点分析其失效成因，从而得出初步结论：村居经济监督的效果取决于村居审计的绩效，而克服村居审计失败的必由之路是政府购买社会审计服务。最后，从法审计在村居审计个案中实施的前后审计效果比较，可以得出初步结论：目前社会审计机构占优势地位的法审计专业技术确实对常规审计理念、方法、路径、绩效有重大突破，而以法审计的引入为目标的政府购买社会审计服务，应是政府审计与社会审计公私合作工作机制的改革创新重点，而所有的实践探索、改革创新随即要解决的就是要加强政府购买社会审计服务的法律规制。

第三部分，从政府购买社会审计服务主体、主体间权利义务关系、契约属性、权利冲突几个方面来全面解析政府购买社会审计服务法律关系，这也是政府审计与社会审计公私合作关系的基础。首先，从政府购买社会审计服务法律主体入手，对购买主体、承接主体、消费主体加以界定，围绕政府购买社会审计服务法律关系中主体的开放性特征，重点分析作为消费主体的社会公众参加审计公共服务生产供给的意义，及其给政府购买社会审计服务法律关系格局带来的变化。其次，对购买主体与承接主体之间、购买主体与消费主体之间、承接主体与消费主体之间的权利义务内容做深入分析，归纳各权利义务关系的特点及其对权利义务主体在政府购买社会审计服务过程中理念秉持和行为表现的影响，这也将成为政府购买社会审计服务公私合作关系的形成因素。最后，分析政府购买社会审计服务法律关系属性和契约属性，为公私合作关系中的权利冲突，针对其成因提供解决方案。

第四部分，通过分析政府购买社会审计服务的法律规制前提和基础，就政府购买社会审计服务基础上的公私合作关系的法律规制路径选择和策略规划提出具体建议。首先，针对我国目前政府购买社会审计服务在实践中主要依靠规范性文件来加以规范，从而导致审计公共服务“责任空白”以及缺乏公私合作支持等现象，分析政府购买社会审计服务的法律规制前提和基础。政府购买社会审计服务如果没有受到法律的严格规制，就不能步入制度化的良性发展道路，并且政府购买社会审计服务行为也丧失了法律上的正当性。其次，对政府购买社会审计服务法律规制路径做出选择，从修改《政府采购法》和《政府采购实施条例》、推进《公私合作制促进法》立法进程、制定《审计机关购买社会审计服务办法》、政府审计独立性保障相关立法完善、政府审计向县以下农村基层覆盖的《宪法》相关内容等5个方面提出具体的立法修改建议。最后，对政府购买社会审计服务法律规制策略规划，从构建双重问责机制、建立信息公开制度、健全监督评估机制及完善司法救济制度4个方面提出具体的建议。

第五部分，对政府审计公私合作的实现机制作出规划。首先，聚焦政府审计与社会审计公私合作的一个创新点：法审计工作机制，全面论述法审计含义、原则、起源及其在公司治理和村居经济监督背景下对常规审计的突破与创新，这也恰恰是政府购买社会审计服务的价值与目标所在，避免了政府购买社会审计服务重新陷入“新瓶装旧酒”式为购买而购买的形式主义泥沼。其次，构建政府购买社会审计服务公私合作关系协调机制，政府审计与社会审计公私合作关系趋向体现出从政府本位到社会本位的选择，在既有的政府审计协同治理基础之上，政府审计项目的良好效果和公私合作双方利益的共同实现促使一种超越单纯契约关系的新型关系——公私合作关系的出现，公私合作双方在既有契约内容的基础之上，进一步设定超越契约基本约定的多元目标，双方基于对双赢目标的追求和对长效收益的期待，从契约约定内容出发又不拘泥于契约的约定，让公私合作关系发挥出最大的效应。政府购买社会审计服务公私合作关系协调的核心机制包括：公私主体互信机制、社会公众参与政府审计程序权利保障机制、社会审计机构培育机制、政府审计文化协同机制。最后，基于实证研究的结果及文献分析，梳理政府购买社会审计服务公私合作中的主要风险，分析各类风险样态及其属性，选择政府购买社会审计服务风险防范路径，并从公私合作的角度对政府购买社会审计服务风险治理策略规划提出建议。

作者

2020 年 8 月于南京

目 录

绪　论

一、问题的提出

(一)政府审计成为重要的国家治理工具

国家治理现代化是实现中华民族伟大复兴的首要前提和必由路径,如何实现国家治理的现代化也成为理论界和实践界迫切关心的时代命题。党的十八届三中全会提出国家治理现代化的两个核心内容是:治理体系现代化和治理能力现代化。治理不同于一般的管理,是对管理概念的深化、提升和延展,“它指的是政府组织和(或)民间组织在一个既定范围内运用公共权威管理社会政治事务,维护社会公共秩序,满足公众需要。治理的理想目标是善治,即公共利益最大化的管理活动和管理过程。善治意味着官民对社会事务的合作共治,是国家与社会关系的最佳状态。”①国家治理现代化实现中一项重要的工作是要具体解决国家治理工具现代化的问题,在我国以行政型为特征的审计体制中,政府审计、内部审计、社会审计虽分工不同、职能各异,但政府审计居于领导地位,其作为国家基本政治制度和经济制度的重要组成部分,不仅是国家政权组织体系的重要组成部分,更是现代化进程中的我国重要的国家治理工具。② 在国家治理背景下,审计公共服务供给是政府的重要职能,目前我国审计公共服务的生产供给任务主要由政府审计来承担,社会审计参与审计公共服务生产供给较少,即使参与也涉入不深,内部审计几乎不参与审计公共服务的生产供给。

(二)审计全覆盖目标与政府审计资源匮乏矛盾的解决:政府购买社会审计服务

从十八届四中全会《中共中央关于全面推行依法治国若干重大问题的决定》到《国务院关于加强审计工作的意见》《关于完善审计制度若干重大问题的框架意见》《关于实行审计全覆盖的实施意见》等一系列文件的出台,标志着党中央、国务院完成了审计体制改革和审计机制创新的顶层设计和部署,国家审计步入“全覆盖”时代。所谓审计全覆盖,“就是在一定周期内对依法属于审计监督范围内的所有管理、分配、使用公共资金、国有资产、国有资源的部门和单位,以及党政主要领导干部和国有企事业单位领导人履行经济责任情况进行全面审计,实现审计全覆盖,坚持党政同责、同责同审,做到应审尽审、凡审必严、严肃问责”③。围绕审计全覆盖的战略目标,就我国政府审计的资源匮乏现状而言,政府审计面临前所未有的困难和挑战。

以审计全覆盖为基本目标,政府审计作为国家治理的重要手段成为当前审计体制改革和审计机制创新的重点,这将对政府审计质量和绩效提出极高的要求,而政府审计的审计资源十分匮乏,我国政府审计机关共有 9 万余名审计干部,在审计全覆盖目标提出之前,政府审计实际上一直执行的是行政命令下的抽审模式,面对财政、金融、国有大中型企业以及

---

① 杨雪冬,王浩.全球治理[M].北京:中央编译出版社,2015.

② 尹平.政府审计与国家经济安全论[M].北京:中国时代经济出版社,2011.

③ 关于实行审计全覆盖的实施意见[R].中共中央办公厅,国务院办公厅,2015.

关系到国计民生的公共资金、公共资源使用情况的巨大待审体量，根本无法完成审计全覆盖目标，从而导致政府审计中应审未审、审而不严、疏于问责的现象多发，影响了政府审计依法独立行使审计监督权的权威和效能。内部审计力量因其人力资源基于劳动合同关系归属于各单位的特点，主要成为各单位的内控内审资源，不适合由政府购买来整合资源。社会审计力量（主要是各社会审计机构）因其基于委托而承接业务的特点，适合由政府购买社会审计服务，从而成为政府审计整合审计资源的主要来源，审计机关通过政府购买社会审计服务，统筹整合审计资源，克服审计资源不足，高效履行法定职责，更好地完成审计公共服务供给任务。以政府购买社会审计服务契约关系为基础，依法建立互信互助、长效共赢的政府审计与社会审计公私合作关系，更好地完成政府审计支持国家治理的目标，促进审计公共服务生产供给水平的持续提升。

（三）政府审计与社会审计公私合作存在障碍

长期以来，政府审计与社会审计之间关系的主线是行政管理关系，各级政府审计机关除组织实施从中央到地方的政府审计工作外，还具体负责各地的社会审计行业管理工作。因政府审计很多情况下涉及国家秘密和商业秘密，政府审计机关即使在政府审计工作经常性的产生审计资源不足问题的情况下，仍然一直坚持对社会审计谨慎使用的原则，偶有使用也仅限于借调人员，很多情况下是义务劳动，所借人员不论资历如何，只做政府审计项目的辅助性工作，不允许成为核心成员。社会审计机构因其长期经历市场经济的磨炼捶打，在审计理念创新、审计技术提升、审计方法更新等方面，一直居于我国审计体系各力量的前列，其支持政府审计服务国家治理的专业基础十分雄厚，但政府审计与社会审计关系中的歧视性因素以及政府审计机关遵守市场经济规律的自愿性不足严重影响了社会审计力量参加政府审计的积极性，而政府审计与社会审计在体制、机制、理念、方法等方面的冲突正是双方建立契约关系基础上的公私合作关系的重要障碍，亟待通过政府审计体制机制的改革，加强法律规制，排除障碍。

（四）政府购买社会审计服务缺乏上位法和下位法的承接落实和系统的法律规制

自 20 世纪 80 年代以来，在新公共服务理论和民营化浪潮的冲击和推动下，西方发达国家率先相继建立以“政府出资、专项购买、契约管理、公私合作、评估监督”为特征的公共服务供给模式，打破了传统政府公共服务供给的垄断低效的局面，在降低社会成本的同时，全面深入提升了行政管理的效率、效能和效益。政府购买公共服务因其降低行政成本、精简政府机构、优化政府职能、形成公私合力、改善公共服务生产供给、防治舞弊腐败等优势已经在全球范围内被各个国家广泛引入和应用。直至 20 世纪末，政府购买公共服务作为一种公私合作的创新模式才被引进我国，面对人民群众快速增长的公共服务需求，我国政府高度重视公共服务事业的发展，从 2002 年政府工作报告首次提出把政府职能转到经济调节、市场监管、社会管理和公共服务上来，直到 2013 年 11 月 12 日将政府购买公共服务第一次写进执政党的最高决议中，每一年都会从政策、制度、法律层面推进政府购买公共服务的进程，其直接的成果是：2014年，政府购买公共服务在全国推广，并树立2020年在全国建立比较完善的政府购买服务制度这一阶段性目标。

从政府购买公共服务公私合作模式的引进，到我国政府的大力推动以及地方实践的积极探索，仅仅十几年时间，我国政府购买公共服务制度初具规模，法律规范和政策方针也陆续出台，但总体而言，以《政府采购法》为代表的法律规范大多限于原则性规定，缺乏具体实践的操作指引，政府购买社会审计服务的地方法规和部门规章尚未出台。就政府购买社会审计服务而言，一方面，实践经验积累不足；另一方面，政府购买公共服务制度向政府审计领域的落实存在阻力和断层。所以，从理论界到实务界，在着力推动这一事业迅速发展的同时，更要尊重社会发展的规律，政府购买社会审计服务虽然作为政府购买公共服务公私合作模式的一个子系统，也是一个庞大、复杂的系统工程，其构建仅有政治决心还不够，既要有理论准备，又要有实践支撑，既要有顶层设计，又要有制度保障，而法律制度是其中最主要的制度形式。

政府购买社会审计服务作为政府购买公共服务的特殊领域，近年来随着国家审计事业的迅速发展以及审计支持国家治理需求的力度不断加大，其实践体量增长迅猛，但其在解决问题的同时又带来新的问题，关于政府购买社会审计服务的顶层设计、总体规划、实践探索、理论准备、制度建设、法律规制等方面还处于比较落后的水平。一方面，我国出台的《政府采购法》《招标投标法》及配套法规规章，其适用还主要停留在购买政府自身所需服务上，没有充分延展到调整政府公共服务的层面，地方政府率先开展的政府购买社会审计服务实践因缺乏法律规范，在盲目追求发展速度的同时发生了对政府购买社会审计服务事业目标的偏离甚至背离，出现资源浪费、寻租腐败、社会审计服务质量下降等现象和问题。另一方面，政府审计体制机制落后，《审计法》等相关法律滞后，给政府审计与社会审计公私合作带来很多阻碍，例如：我国政府审计独立性问题、政府审计协同管理问题、政府审计全覆盖向农村基层重点延伸问题、政府审计与社会审计公私合作的法审计工作机制建设问题、政府审计机关人财物统一管理改革问题等等，需要制度改革，更需要立法修改。政府审计购买社会审计服务的实践缺乏法律规范和指引，十八届五中全会更是将实现公共服务均等化、城乡协调发展的目标及实现提升到前所未有的战略高度，所以，建立科学、完善的规制政府购买社会审计服务的法律制度，并据此构建规范政府购买社会审计服务的系统管理制度，正确指导地方实践，支持政府审计目标的充分实现，显得尤为迫切和重要。

二、 研究综述

（一）国外文献梳理

本专著主要参考了美、英学者对政府购买公共服务制度及公私法制协调的相关研究资料以及政府审计业务外包理论的相关文献。如：Savas 和 Hefetz 在其著作中对基于更加富有效率的政府，建设民营化目标以及政府购买公共服务行为的外延、内涵和本质属性进行了深入的探讨。① David 结合新制度经济学和新公共管理的相关理论，对政府购买公共服务的动因、目标、实行机制进行了探讨研究。② Johnston 和 Romzek 阐释了政府购买公共服务合同管理的复杂性并就如何解决这一问题进行了分析。③ Freedland 对公共权力控制与区分公法、私法的关系做了论述。④ Woolf 探讨了公法、私法区分对传统意义上私法解决争议的全新意义。⑤ Ian R Macneil 的关系契约理论为在关系性契约基础上建立公私合作关系奠定了理论基础。国外专门论述政府购买社会审计服务的文献很少，Wanna 对澳大利亚政府购买社会审计服务的理论和实践进行了介绍，对合同管理过程中可能出现的责任的落空、争议的化解、腐败产生的可能性及合同管理的法制介入进行了深入研究。⑥ Verspaandonk 对外包合同管理过程中交易成本和管理成本的管理控制制度设计规划做了论述。⑦ Ni 等人分析了合同外包方式、外包动因与外包效果的关联性。⑧ 国外学者多从经济学、管理学角度解释政府审计业务外包的分类、动因、过程、实施与管理，外包与组织绩效的关系，并在文献中提出管理过程的法制化构想，但囿于学科视角的局限性，未能将相关构想进行法律分析并据此完成制度设计。

（二）国内文献梳理

就国内的相关文献资料而言，孙健认为所谓“公共服务”，就是政府部门利用公共资源为人们提供各项服务，以此为解决公共问题、维护社会秩序的主要手段，其基本目的是为了解决那些独立市场主体不能单独解决的大量公共问题。⑨ 汤敏轩、李习彬认为：私人服务以营利为核心目标，公共服务则以公共利益为最终归宿；私人服务主要关注服务的质量，公共服务则主要关注社会公平。⑩ 柏良泽认为，公共利益才是判定公共服务的内在依据，物品只有与公共利益相联系才具有公共服务的特性。公共服务不受物品性质的限制，当社会情

---

① Savas E S. Privatization and Public-Private Partnerships[M]. New York: Chatham House Publisher, 2000; Hefetz A, Warner M. Beyond the Market Versus Planning Dichotomy: Understanding Privatisation and its Reverse in US Cities[J]. Local Government Studies, 2007, 33(4):555-572.

② David L. Answering the Public Choice Challenge: A Neoprogressive Research Agenda[J]. Governance, 1999, 12(1):29-55.

③ Johnston J M, Romzek B S. Contracting and Accountability in State Medicaid Reform: Rhetoric, Theories and Reality[J]. In Public Administration Review. 1999(59).

④ Freedland M. The Evolving Approach to the Public/Private Distinction in English Law[J]. Hart Publishing, 2006.

⑤ Woolf H. Public Law-Private Law: Why the Divide? [J] Public Law. 1996(2).

⑥ Wanna J. From Accounting to Accountability: A Centenary History of the Australian National Audit Office[J]. Allen UNwin, 2001.

⑦ Verspaandonk R. 2001. Changes in the Australian Public Service 1975—2000. Chronology No. 2000—2001.

⑧ Ni A, Bretschneider S. The Decision to Contract Out: A Study of Contracting for E-Government Services in State Governments[J]. Public Administration Review, 2007, 67(3):531-544.

⑨ 孙健.我国政府向社会组织购买公共服务研究[D].广州：中共广东省委党校，2012.

⑩ 汤敏轩，李习彬.政府公共服务职能的科学界定[J].国家行政学院学报，2004(5)：21-23.

势或生存状态关系公共利益时，任何物品都可以作为公共服务的内容被政府提供。① 冯华艳的《政府购买公共服务》一书中，介绍了我国开展政府购买公共服务的理念、政策、内容、动机、方式、模式，并就政府购买公共服务各参与主体在参与过程中的矛盾、冲突与合作做出分析。② 宋波、徐飞的《公私合作制研究：基于基础设施项目建设运营过程》一书中，对公私合作制的关系协调机制、公私合作制的伙伴选择机制、公私合作制的动态激励监督机制进行了研究和分析。③ 王浦劬、郑卫东在其论文中对政府购买公共服务的含义和特征做了界定。④ 张汝立、陈书洁、郑书晋、句华通过梳理西方国家发展政府购买公共服务的发展历程，分析比较了政府购买公共服务在我国发展的实际阶段以及各阶段中理论与实践之间的反差。⑤ 周俊、王名、乐园、魏中龙、王小艺对政府购买公共服务的风险与责任、绩效与评估进行了论述。⑥ 王继军、朱艳瑛、刘楠对公法控制权力的本质和私法保障权利的本质进行了论述。⑦ 郑德光、徐显明对公权力与私权利的关系及其调整进行了论述。⑧

车佳丽、张小秋、卢家辉对政府审计与社会审计资源整合的原理、方法、意义、路径进行了论述，认为政府购买社会审计服务是政府审计与社会审计资源整合的首选路径，但购买行为急需法律规范，对如何完善相关法律制度没有深入论证。⑨ 尹平、许汉友、刘玉波对政府购买社会审计服务过程中政府审计与社会审计的协同、责任分担、质量控制及风险控制进行了论述，认为质量控制、风险控制不应拘泥于技术层面和管理层面，应更多结合法律方法和法律制度。⑩ 郑石桥、宋夏云分析了审计主体与审计交易的关系，认为政府购买社会审计服务要克服盲目性，建立统一的准则，不同审计主题下的审计交易具有不同的交易特征，从而需要不同的交易治理结构，对制度设计也提出不同的要求。⑪ 陈太辉、张龙、王芳、陈焱

---

① 柏良泽.公共服务研究的逻辑和视角[J].中国人才，2007(5).

② 冯华艳.政府购买公共服务[M].北京：中国政法大学出版社，2015.

③ 宋波，徐飞.公私合作制(PPP)研究：基于基础设施项目建设运营过程[M].上海：上海交通大学出版社，2011.

④ 王浦劬，莱斯特·M.萨拉蒙，等.政府向社会组织购买公共服务研究：中国与全球经验分析[M].北京：北京大学出版社，2010；郑卫东.城市社区建设中的政府购买公共服务研究：以上海市为例[J].云南财经大学学报，2011(1).

⑤ 张汝立，陈书洁.西方发达国家政府购买公共服务的经验和教训[J].中国行政管理，2010(11)；郑书晋.政府购买公共服务：以公益性非营利性政府组织为重要合作伙伴[J].中国行政管理，2009(6)；句华.公共服务合同外包的适用范围：理论与实践的反差[J].中国行政管理，2010(4).

⑥ 周俊.政府购买公共服务的风险及其防范[J].中国行政管理，2010(6)；王名，乐园.中国民间组织参与公共服务购买的模式分析[J].中共浙江省委党校学报，2008(4)；魏中龙，王小艺，孙剑文，等.政府购买服务效率评价研究[J].广东商学院学报，2010(5).

⑦ 王继军.公法与私法的现代诠释[M].北京：法律出版社，2008；朱艳瑛.控权理念与现代行政法本质之思考[J].玉溪师范学院学报，2001(4)；梁慧星.民商法论丛(第4卷)[M].北京：法律出版社，1997.

⑧ 郑德光.公司法理论争议[J].韶关学院学报(社会科学版)，2001(7)；徐显明.法制建设中的和谐[N].人民日报，2015-12-24(理论版).

⑨ 车佳丽.政府审计与社会审计资源整合的研究[J].会计之友，2008(18)；张小秋.对国家审计与内部审计资源整合的探讨[J].陕西审计，2005(5)；卢家辉.关于整合审计资源的探讨[J].现代审计与经济，2005(5).

⑩ 尹平.审计资源约束下的内涵发展[J].中国审计，2004(1)；许汉友.论政府审计与社会审计的协调[J].审计与经济研究，2004(1)；刘玉波.政府购买审计服务的风险及规避策略[J].经济师，2015(2).

⑪ 郑石桥，宋夏云.行为审计和信息审计的比较[J].当代财经，2014(12).

从审计质量控制角度论证了政府购买社会审计服务的意义及其对政府审计人员专业胜任能力的保障，并对依法设置政府审计质量控制系统提出了建议。① 王克金、刘作翔对权利冲突在中国社会背景下的成因及解决做出了系统的研究分析。② 陈汉文、黄宗兰、李笑雪、郑石桥对审计独立性保障的价值、意义以及如何从体制、机制、法治等几个方面建立保障机制做出论述。③

三、 研究价值与意义

(一) 从法学角度补充丰富政府购买社会审计服务的理论研究成果

政府购买社会审计服务是当前理论界研究的热点问题，其研究背景综合性较强，涉及多个学科知识，国内学界多从政治学、社会学、管理学、审计学、财政学等学科角度展开研究，从法学角度展开研究的成果零星、不成体系，多数法学研究人员因对审计学科相关知识缺乏了解或没有机会接触审计实践因而不具备研究这一问题的基础条件，理论界和实务界之间就这一问题也缺少沟通交流，导致研究缺乏案例素材的支撑，再加上我国政府购买社会审计服务的研究成果更多以社会学、管理学的成果呈现，使理论界和实务界容易忽略其与法学的密切关系。政府购买社会审计服务的产生和发展，恰恰是顺应了市场经济的内在需求和发展规律。政府购买社会审计服务的行为、过程和成果都需要以法律的形式予以确认、规范和保障。所以，我们迫切需要从法学角度展开对政府购买社会审计服务的理论研究，并及时与其他学科的理论研究成果相结合，为指导政府购买社会审计服务提供系统完备的理论准备和理论指导。

(二) 对完善我国政府购买社会审计服务法律法规的指导意义

党的十八届四中全会提出全面建设"法治国家、法治政府、法治社会"的目标，要求政府及公共管理者用法治思维统领各项活动，政府购买社会审计服务必须纳入法治轨道，而目前我国政府购买公共服务的法律法规不够完善，不能有效支持、规范政府购买社会审计服务的各项活动。西方各国的成功经验被引进后，如果不结合中国实际加以消化吸收并统一予以法律规范就投入实践操作，会导致实践中的混乱及其后纠正的困难，所以，政府购买社会审计服务的购买主体、承接主体、消费主体，主体之间的权利义务关系，政府审计与社会审计公私合作关系的建立、管理及法律规制路径及策略，公私合作关系背景下我国政府审计独立性保障的相关立法完善、社会审计机构的培育、社会公众参与审计公共服务生产的

① 陈太辉，张龙.审计人员专业胜任能力研究[J].审计研究，2011(4)；王芳.政府审计质量的影响因素研究：基于需求方与供给方视角的分析[D].上海：复旦大学，2009；陈焱.从风险导向审计看审计师的职业能力框架[J].财务与会计，2010(6).

② 王克金.权利冲突论：一个法律实证主义的分析[J].法制与社会发展，2004(2)；刘作翔.权利冲突的几个理论问题[J].中国法学，2002(2).

③ 李笑雪，郑石桥.政府审计独立性、审计体制和审计权能配置[J].会计之友，2015(20)；陈汉文，黄宗兰.审计独立性：一项理论研究[J].审计研究，2001(4).

渠道保障及权利救济，等等，都需要从制度上予以明确、法律上予以规范。

（三）对我国政府购买社会审计服务实践的指导意义

1. 为政府购买社会审计服务的改革和创新奠定法治基础

政府购买社会审计服务的改革和创新是行政管理体制的重要内容，首先要求创新理念，关注民生需求、尊重市场规律，权力行使从无限向有限转化，角色定位从领导、指挥向指导、服务转化；其次要求体制创新，现代政府应不断扩展社会属性职能，完成从政治统治向社会治理职能的转变；最后是方法创新，科学合理地配置公共资源、平衡成本与效益的关系、规范程序和权责，而所有的改革和创新活动都必须建立在法治基础之上，依据法律规定的内容和程序进行。政府作为公共服务的主要提供者，缺乏竞争机制，必然导致低效率与差质量，另外由于行政机关在特定领域专业技术知识的局限，也会影响公共服务的效率和质量。政府审计要顺利完成审计全覆盖的国家治理基本目标离不开社会审计服务的支持。政府购买社会审计服务是社会审计与政府审计公私合作的典型模式，它将政府审计资源与社会审计资源进行充分的整合服务于审计全覆盖目标进而支持国家治理目标的实现，对其他尚未开展的政府购买公共服务领域具有引领作用和参考价值，其实施的成败直接影响政府审计的绩效和国家治理的成效，所以应对政府购买社会审计服务的目标、模式、范围、程序、公私合作权利义务、纠纷解决加强法律规制，以保证政府购买社会审计服务合法、规范、科学实施。

2. 为公共管理难题的解决提供新思路、新方法

目前，学界对政府购买社会审计服务的研究多从公共管理学的角度出发，对实践中的问题也多以个案分析和地方经验总结的方法归纳出解决方案，并据此上升到制度层面加以规范，因缺乏法律制度的设计和支撑，导致很多制度规范在实践中无法解决问题，使问题变成难题，甚至引发新的问题产生。所以跳出公共管理学的范畴，从法学角度去研究政府购买公共服务的问题，会给问题的解决带来新的契机，同时也会极大丰富公共管理学的研究成果，达到多学科交叉融合，互相补益的效果。

3. 为政府购买社会审计服务提供制度保障

政府购买社会审计服务所有的实践活动都必须有制度的保障，而法律制度保障是所有制度保障的关键部分。政府购买社会审计服务改变了审计机关独立完成政府审计的单一公共服务供给模式。在公域和私域、公益和私益的交叉融合中，法律关系和法律调整模式逐步复杂化，即原来由公法调整的模式转换为公法和私法的协同调整，审计机关在外包部分审计事务后并不因此可以减免丝毫的公法责任，而在购买社会审计服务的契约关系中，审计机关又要接受私法的调整并承担相应的私法责任。所以，政府购买社会审计服务的法律规制只能加强，不能放松。

四、研究方法、基本思路及创新

本书以政府购买社会审计服务为研究对象，采用实证研究法，以政府审计与社会审计公私合作为研究领域，在观察、走访、调查的基础上，作者实际参加了政府审计的基层最前端项目，选取典型性村居审计个案为分析样本，通过村居审计中政府购买社会审计服务前后审计效率和效果的比较，发现、归纳、总结政府购买社会审计服务的瓶颈和困境，以未决待决问题为导向，结合相关理论，采用文献分析法、对比研究法等研究方法开展进一步研究和分析，探索政府购买社会审计服务法律规制的基本路径。

研究思路可归纳如下：

首先，循由构建我国政府购买社会审计服务法律规制这一研究路径，以促进我国政府购买社会审计服务法治化进程为根本目标，对政府购买社会审计服务的概念、基本原则、法理基础、实践经验、购买主体、购买范围、购买程序、法律规制路径策略、实现机制等方面逐一展开分析和探讨，其次在村居经济监督背景下对村居审计实证研究成果分析的基础上，梳理、分析、归纳、总结目前我国政府购买社会审计服务的基本政策、制度和理论的优势与缺陷，最后就如何规范政府购买社会审计服务的法审计工作机制、公私合作协调机制、风险防范机制提出完善相关立法的意见与建议。

创新之处为：

第一，视角创新。近年来，国内学界热议政府购买公共服务，绝大部分著述立足宏观视角，论述大而全，实证研究涉及政府购买公共服务的各个核心领域。虽然看似落落大满，实际上对每个领域的研究均不深入，而政府购买公共服务的各领域的实践又迫切需要最新、最适用的理论成果做指导。政府购买社会审计服务、政府审计与社会审计公私合作的充分实现是有效克服政府审计资源有限与审计全覆盖目标之间矛盾的唯一改革创新路径。以此为研究视角，从理论到实践均极具价值意义。

第二，方法创新。在开展研究过程中，创新传统实证研究方法，在观察、走访、调查等常规方法的基础上，作者以项目组成员身份奔赴政府审计第一线，实际参加村居审计项目，参与村居审计中政府购买社会审计服务合同谈判、合同履行、合同履行效果评价、合同纠纷处理的全过程，取得第一手样本分析资料，全面、深刻了解掌握了村居审计组织实施与政府购买社会审计服务的实然状态，便于准确比较政府购买社会审计服务的实然状态与应然状态差异，设计规划法律规制路径、策略及相关公私合作机制。

第三，观点创新。首先，从法学与审计学交叉的研究视角出发，以关系契约理论为理论分析工具，对政府购买社会审计服务及创新型法审计在农村基层的实施进行实证研究，提出应在政府购买社会审计服务契约关系基础上发展建立政府审计与社会审计公私合作关系。政府购买社会审计服务的实现基础是建立完善政府与社会审计机构之间的公私合作关系，政府审计与社会审计公私合作关系研究涉及政治、经济、管理、法学等学科，所以要对政府购买社会审计服务的诸多问题做跨学科的发现和归纳。其次，基于加强政府购买社会审计服务法律规制的需要，对《宪法》《审计法》《政府采购法》相关法律的修改完善以及《公私合作促进法》《审计机关购买社会审计办法》的制定出台提出具体建议。最后，就政府购买社会审计服务公私合作的实现机制做出初步规划。为政府购买社会审计服务法审计工作机制、公私关系协调机制、政府购买社会审计服务风险控制机制的建立与完善，提供法律规制基础上的综合解决方案。

第一章 政府审计公私合作理论基础

第一节　政府购买社会审计服务内涵

一、审计公共服务创新：政府购买社会审计服务

（一）公共服务概念

“公共服务”这一概念有着丰富的内涵，各学科均从各自专业视角加以解释，使其具有跨学科的含义。法国公法学家莱昂·狄骥最先从法学视角解释“公共服务”的含义：“任何因其与社会团结的实现与促进不可分割而必须由政府来加以规范和控制的活动，就是一项公共服务，只要它具有除非通过政府干预，否则便不能得到保障的特征。”①从20世纪30年代开始，在西方国家政治经济改革的发展形势下，以萨缪尔森为代表的“凯恩斯主义”逐步兴起，创设“公共物品”理论，认为公共物品的消费表现出均等性，社会成员人人得以消费，个别消费之间并不构成多寡的失衡。“私人服务产品主要是为了满足个人特殊需求，公共产品则主要是为了满足与社会上每个人都有利益关系的公共需求。一般认为，私人服务产品可以由市场机制主导供给；而公共服务产品由于其本身有比较特殊的性质（比如消费的非竞争性和非排他性、产品利益边界不清楚、投入成本和产出效益不成比例），就需要有政府来主导供给。”②法学研究多从公共服务的主体及其权利义务内容、公共责任的承担等视角出发诠释公共服务的含义，经济学、公共管理学研究更多关注公共物品的消费价值与公共服务效率，虽然研究视角和路径不同，概念表述相异，但推动公共服务相关理论研究发展的意愿和效果是共同的。20世纪80年代，西方国家政府重塑运动的兴起又进一步推动新公共管理理论向新公共服务理论的跃升，为现代西方政府的政治改革和国家治理奠定了坚实的理论基础。

公共服务不同于一般服务和劳务的概念，也不能等同于一般的公共物品。“公共服务首先是一种特殊形式的服务，它也必须满足服务本身的特性，即公共服务开始是一种以非实物形式满足他人需要的劳务。其次公共服务的本质在于公共利益，需要赋予更多关注的是公共服务的对象和客体而非其提供主体，其内在逻辑包括两个方面：一是要符合公共利益的需要，个人和私人组织完全可以成为公共服务的提供主体。二是由于公共利益的本质所在。因此，公共服务不能以营利为目的。最后公共服务与服务概念的差异在于‘公共’二字，所谓公共即是指大众化，并不限于特定的少数人，因此公共服务是指向社会的大众化服务。”③

---

① 莱昂·狄骥.公法的变迁·法律与国家[M].郑戈，冷静，译.沈阳：辽海出版社/春风文艺出版社，1999.

② 马庆钰.关于“公共服务”的解读[J].中国行政管理，2005(2)：78.

③ 王丛虎.政府购买公共服务理论研究：一个合同式治理的逻辑[M].北京：经济科学出版社，2015.

服务可根据其对象和服务性质划分为私人服务和公共服务。对划分的标准，学界观点不一，学术界有观点认为可以将公共服务作为相对于私人服务的一个概念来理解，认为所谓"公共服务"，就是政府部门利用公共资源为人们提供各项服务，以此为解决公共问题、维护社会秩序的主要手段，其基本目的是为了解决那些独立市场主体不能单独解决的大量公共问题。① 公共服务至少在 4 个方面区别于私人服务："一是以维护公共利益满足公共需要为己任；二是由政府组织提供(不一定直接提供)；三是使用公共资源；四是市场没有提供公共服务的动力与动机。"②私人服务以营利为核心目标，公共服务则以公共利益为最终归宿；私人服务主要关注服务的质量，公共服务则主要关注社会公平。③ 另有观点认为，公共利益才是判定公共服务的内在依据，物品只有与公共利益相联系才具有公共服务的特性。公共服务不受物品性质的限制，当社会情势或生存状态关系公共利益时，任何物品都可以作为公共服务的内容被政府提供。④ 虽然在界定公共服务概念时学科解释的观点各异，但在公共利益性作为公共服务最本质特征这一点上没有任何分歧。经济学界习惯用公共物品的概念，但公共服务的含义比公共物品的含义更为丰富。有学者尝试从公共服务提供者的视角来区分私人服务和公共服务，但随着公私合作关系在公共服务领域的不断发展，为确保公共服务质量的提高和成本的控制，公共服务提供主体的多元化和供给手段的多元化使得这一划分失去了科学合理的划分依据，有学者探究出公共价值及公共权力划分标准：一是公共服务指政府运用其权威资源，根据特定的公共价值(如权利、慈善和正义)，通过公共政策回应社会需求，使最大多数人得到最大的福利。二是公共服务指政府及其公共部门运用公权力，通过多种机制和方式的灵活运用，提供各种物质形态或非物质形态的公共物品，以不断满足回应社会公共需求偏好、维护公共利益的实践活动的总称。⑤

综上，公共服务的含义应包括 5 个方面：(1) 公共服务是基于公共需求而提供的非实物形式的特殊服务，公共服务不以营利为目的；(2) 公共服务是提供主体的多元化、服务方式的多样性和接受主体非排他性的三者统一；(3) 政府是多元提供主体中的引领者和总责任方；(4) 公共服务的服务方式可以依据效益和效率选择直接服务或间接服务方式；(5) 公共服务行为始终坚持公共利益的核心价值导向。

(二) 政府购买公共服务含义

对政府购买公共服务这一概念，理论界从不同专业角度做出了界定。有的围绕公共服务提供方式认为政府购买公共服务就是"政府将原来直接提供的公共服务事项，通过直接拨款或者公开招标方式，交给有资质的社会服务机构来完成，最后根据择定者或者中标者

---

① 孙健.我国政府向社会组织购买公共服务研究[D].广州：中共广东省委党校，2012.
② 冯华艳.政府购买公共服务研究[M].北京：中国政法大学出版社，2015.
③ 汤敏轩，李习彬.政府公共服务职能的科学界定[J].国家行政学院学报，2004(5)：21-23.
④ 柏良泽.公共服务研究的逻辑和视角[J].中国人才，2007(5)：28-29.
⑤ 陈振明.公共服务导论[M].北京：北京大学出版社，2011.

所提供的公共服务数量和质量，来交付服务费用”。① 有的着眼于公共服务满足公共需求的角度，认为政府购买公共服务是“根据预先订立的合同(协议)或赋予的特许权，由政府财政提供资金并由政府向服务供应者购买其提供(生产)的商品、服务或公共设施，以满足使用者服务需求的一种制度安排和实施机制”。② 有的从财政资金转移支付的角度认为政府购买公共服务是“政府以财政资金转移为形式，通过平等地订立合同契约等方式，向其他组织或个人购买公共服务的活动”。③

国务院办公厅2013年出台的《国务院办公厅关于政府向社会力量购买服务的指导意见》对政府购买公共服务的定义是：政府向社会力量购买服务，就是通过发挥市场机制作用，把政府直接向社会公众提供的一部分公共服务事项，按照一定的方式和程序，交由具备条件的社会力量承担，并由政府根据服务数量和质量向其支付费用。

尽管理论界对政府购买公共服务含义的理解存在差异甚至分歧，但都认为政府购买公共服务创新了公共服务生产和供给模式，而公共服务生产和供给是政府的基本职能和法定义务。政府提供公共服务的基本途径一是自制，二是购买。政府不仅要负责提供公共服务，而且要保证所提供公共服务的质量、效率和效果。市场经济的繁荣发展为依靠市场力量提升公共服务的质量、效率和效果，满足不断增长的公共服务需求提供了无限的可能。政府通过购买公共服务，不仅仅是减少了行政事务的承担，而是在让渡了部分公共服务供给权后，承担了更多的服务责任。所以政府购买社会公共服务作为政府履行社会职能的重要部分是政府存在和政府执政的重要基础。

政府购买公共服务属于政府采购的范畴，但同时又具有特殊性：首先，公共利益价值导向决定其实施过程中要兼顾社会效益、经济效益、服务效率、社会效果等价值目标；其次，其质量的管控、效益的评估需要更加复杂和科学的考核标准和评估办法；最后，对公共服务的承接主体提出更高要求，承接主体要抑制追求经济利益最大化的目标和动机，更多兼顾公共利益价值目标的实现，所以政府购买公共服务时更倾向于选择非营利性的社会组织为承接主体。

二、政府审计与社会审计：从冲突到协同

(一) 政府审计含义

1. 政府审计概念

(1) 审计定义

“审计”一词的现代汉语词义解释为：“指由专设机关对国家各级政府及金融机构、企事

① 王浦劬，莱斯特·M.萨拉蒙，等.政府向社会组织购买公共服务研究：中国与全球经验分析[M].北京：北京大学出版社，2010.

② 彭浩.借鉴发达国家经验推进政府购买公共服务[J].财政研究，2010(7)：48-50.

③ 王丛虎.政府购买公共服务理论研究：一个合同式治理的逻辑[M].北京：经济科学出版社，2015.

业组织的财务收支进行事前和事后的审查。”①“审计”一般是指审核、稽查和计算。从审计产生和发展的历史来看，它的原始意义是由会计人员以外的第三者，对会计账目进行审查，以确定其真实性和合法性。② 国际会计师联合会下属的“国际审计及鉴证准则委员会”认为：“审计是一种专门的鉴证活动，是对以历史数据为基础的财务报表以及所反映的财务状况、经营成果和现金流量进行评价与核实，并做出结论，以提高这一事项的责任人员以外的特定使用者对此事项的可信度。”③

审计的产生源于会计的发展，而会计的产生源于人类社会最初生产收入的记账和计算，经济的发展、社会的进步、生产方式的革新使得组织大规模生产经营活动成为必要和可能，生产活动的经营和组织日益复杂，生产成本的控制、费用的列支、利润的核算、损失的计量促使普通的计算和记账活动升华为一门会计学科而产生。资本主义社会的繁荣及工业革命的发展，使公司成为市场经济最重要的生命细胞，会计学科从理论到实践都有巨大的发展，“财务”往往与“会计”并称，财务会计更加以管理的全新概念被人们所理解和运用，而审计作为专门的会计监督活动，自始至终伴随着会计的产生和发展。就国家治理层面而言，国家既是大型政治组织也是大型经济组织，其所从事的会计活动即政府会计，对政府会计的监督称为政府审计。

纵观中外审计历史的发展进程，无论是我国西周时期的审计还是罗马帝国时期的审计，其初始职能都是从核查账目开始。审计发展到今天，已经从最初的核查账目发展成为国家治理体系中一个重要的监督手段，对审计的解释已经不是只有管理学能够独立承担，而需要综合政治学、经济学、法学等多个学科知识才能对审计这一概念予以科学、客观、全面地解释。对审计本质的多种认识和看法中，具有代表性的观点是：“一是审计起源于会计，是检查会计账簿、监督会计行为的一种活动；二是国家审计是民主法治的产物；三是国家审计的产生源于所有权与经营权、管理权相分离所形成的受托经济责任关系，是评价和确认受托经营者、管理者是否履行了其所负经济责任的一项经济监督活动，或监督保证受托责任履行的控制机制。”④从全世界范围内来看，审计从理论到实践均处于高速发展期，审计的目的、范围、内容、职能、方法、路径不断发展变化。随着我国国家治理体系和治理能力现代化的进程推进，国家审计已经成为国家治理体系中的重要部分，审计监督权应国家治理实践的要求也处于不断扩张之中，给立法和司法带来新的议题和任务。

立足于中国实践，围绕审计的发展变化，在理论界对审计概念的既有解释基础上，可以从以下几个方面来理解和解释审计概念：第一，审计是国家治理的重要手段，是国家监督体

---

① 中国社会科学院语言研究所词典编辑室.现代汉语词典[M]：5版.北京：商务印书馆，2001.
② 于庆华.审计学与审计法[M].北京：中国政法大学出版社，2005.
③ 徐政旦，谢荣，朱荣恩，等.审计研究前沿[M].上海：上海财经大学出版社，2011.
④ 刘家义.论国家治理与国家审计[J].中国社会科学，2012(6)：60-72.

系的重要组成部分、方法或过程，审计是独立的经济监督活动。第二，我国审计体系属于行政型审计，由政府审计、社会审计、内部审计构成。第三，审计不仅仅是一项专业的鉴证活动，更是一项独立的经济监督活动，由独立审计主体基于依法授权或委托独立行使审计监督权。第四，审计范围已经从传统的对财务会计资料的检查核算扩展到对生产经营管理资料、相对应的经济事实的全面检查，即从静态检查到动态调查，从局部检查到全面核验，从合规检查向合法检查、绩效检查、政策落实效果检查发展。第五，审计技术不断创新，审计学与法学、经济学、信息学等多学科更加深入的融合，审计发现能力不断提升。第六，审计活动由传统审计注重审计线索的发现向注重审计证据的获取发展，审计自身的取证意识和取证能力加强，对已经发现的审计线索具有独立预先的判断能力，避免了审计低效和无效情况的出现。第七，审计主体独立发表审计意见的权利得到法律的更多保障和支持，审计意见更加积极、全面、客观，支持国家治理、社会治理、公司治理目标的实现。

我国审计学界对审计概念及其职能的界定也是经过多年的探讨，慢慢形成较为统一的认识，认为审计的职能包括监督、鉴证、评价和管理，其最为突出的职能是经济监督。[①] 随着审计支持国家治理目标的提出，我国审计的众多职能中，更应含有治理的职能。

(2) 国家审计与政府审计概念比较界定

政府治理是国家治理的核心，国家治理以政府治理为主要路径完成，除政府治理外，国家治理还包括社会治理、市场治理等。“政府治理主要以合法的强制性力量为后盾来动员资源约束行为，提供公共服务以增进公共利益。”[②]与国家治理与政府治理相对应，理论界的文章著述中也出现国家审计与政府审计两个概念，这两个概念出现时均应研究者阐述观点的需要，对国家审计与政府审计的区别没有专门研究并定论，甚至有部分学者主张国家审计与政府审计这两个概念只是修辞表达习惯不同，从其含义来看并无区别，可以通用。本文认为，正如国家与政府这两个概念不可混淆一样，国家审计与政府审计的概念其含义也应有所区别。从国家治理这一概念出发，通常将一国审计国家治理的重要监督控制手段定义为国家审计，国家审计体系成为国家治理系统中的监督子系统，支持国家治理系统决策和执行功能的运转。我国前任审计长刘家义著文提出对国家审计本质的认识：“国家审计的本质是国家治理这个大系统中内生的具有预防、揭示和抵御功能的‘免疫系统’，核心是推动民主法治，实现国家良好治理，促进国家经济社会健康运行和科学发展，从而更好地保障人民的根本利益。”[③]

一个国家的审计体制类型取决于该国的政治体制并受该国经济、法律、社会、文化制度影响而形成。就世界范围内的国家审计体系类型来归纳，我国是典型的行政型审计体制；

---

① 徐政旦，谢荣，朱荣恩，等.审计研究前沿[M].上海：上海财经大学出版社，2011.

② 何增科，陈雪莲.政府治理[M].北京：中央编译出版社，2015.

③ 刘家义.论国家治理与国家审计[J].中国社会科学，2012(6)：60-72.

此外还有以英国、美国为代表的立法型审计体制，以法国、意大利为代表的司法型审计体制，以德国、日本为代表的独立型审计体制。从我国审计属于行政型审计体制角度来理解，将国家审计表述为政府审计似乎也并无不妥，毕竟国家审计的主要任务是政府来承担完成，并且政府审计在我国审计体系中居于领导地位、发挥引领作用。但是，国家审计并不能等同于政府审计，其内涵比政府审计更为深刻，其外延比政府审计更为宽泛。具体而言，第一，国家审计与政府审计相比较，更多体现出政治属性。“国家审计是国家政治制度的重要组成部分，是国家治理的监督控制系统之一。”①国家审计通过依法行使宪法赋予的审计监督权，在对公共资金、公共资源进行审计的同时，更将审计工作聚焦于检查公共权力配置的效率和运行的合法性，更多从支持国家治理决策的角度开展审计工作。面对当前严峻的反腐形势，国家审计除支持国家治理的各项任务之外，更是成为严肃党纪、执行党规的重要抓手。第二，从一国审计体系的角度出发，国家审计往往是一个集合概念，具体到我国的国家审计体系，其包含政府审计、社会审计、内部审计三个审计子系统，政府审计是随国家、政府的产生而出现，社会审计与内部审计是市场经济产生发展的结果，政府审计基于公共受托责任而运行，社会审计基于商业性质的委托代理关系而开展，内部审计基于各组织内部的管理和治理决策命令而进行。基于我国审计体系架构来分析，政府审计是国家审计的重要部分。第三，从国家审计的资源角度出发，虽然政府审计、社会审计、内部审计各自产生的缘由和工作的依据不同，但三者各自的资源均构成国家审计的资源，在国家审计支持国家治理目标实现的过程中，政府审计、社会审计、内部审计均有以各自审计资源支持国家审计的义务，关于这一点，应在国家政策明确的基础上进一步立法明确。

综上，国家审计应是政府审计的上位概念，在论及审计概念时，应该加以区分，界定清晰，不能将国家审计与政府审计这两个概念混用，如果将国家审计既做政府审计的上位概念又做政府审计的等同概念来使用，将会因概念界定模糊而导致研究表述上的混乱。本文研究政府审计和社会审计公私合作关系基础上的政府购买社会审计服务法律规制问题，也是在此研究基础上来区分界定国家审计与政府审计这两个概念。

（3）政府审计定义

国家审计体系包含政府审计、社会审计与内部审计3个部分，这种分类主要按照审计主体和受托责任关系来划分，在这三类审计中，政府审计最先产生，或者说人类社会初期有文献记载的审计其性质均为政府审计。“政府审计有时又称国家审计，是指由独立的审计主体对各级政府机关、经济管理部门、金融机构、国有和国家控股企业和事业单位的财政财务收支以及所反映的经济活动的真实性、规范性、合理性和效益性进行的经济监督、鉴证、评价与信息提供活动，它是国家治理特别是政府治理的重要组成部分，也是辅助市场治理、

① 刘家义.论国家治理与国家审计[J].中国社会科学，2012(6)：64-72.

社会治理的重要手段。”[①]前述对政府审计的定义较为典型地反映出了审计学界对政府审计与国家审计、国家治理与政府治理这两组概念的基本观点：即政府审计和国家审计在审计学科文献表达中有时是作为一个概念来使用的，而国家治理和政府治理是两个不同的概念，政府审计全面服务于国家治理、政府治理并且辅助市场治理、社会治理。

随着国家审计体制机制的创新发展，对政府审计这一概念应结合审计发展的最新形势来进一步理解：第一，政府审计主体的多元化。政府审计的主体首先是政府审计机关和政府审计人员（《中华人民共和国宪法》第九十一条：“国务院设立审计机关，对国务院各部门和地方各级政府的财政收支，对国家的财政金融机构和企事业组织的财务收支，进行审计监督，审计机关在国务院总理领导下，依照法律规定独立行使审计监督权，不受其他行政机关、社会团体和个人的干涉。”），中国人民解放军审计机关和军事审计人员[《中国人民解放军审计条例》（2007 年修订）第十条：“解放军审计署在中央军委的领导下，主管全军审计工作，对中央军委负责并报告工作，日常工作由原总后勤部领导”]。随着政府审计支持国家治理实现审计全覆盖目标的提出，为解决政府审计资源的局限性，以政府审计为主导科学、有效整合国家审计资源以开展政府审计工作成为必须，使得社会审计机构通过政府购买社会审计服务的方式参加到政府审计中来。社会审计机构及社会审计人员，甚至部分社会组织的内部审计人员都会基于契约关系接受政府委托参加到政府审计中来，成为政府审计的主体。虽然相关实践刚刚开始，但这是当前政府主体最为引人注目的变化。第二，政府审计功能不断扩张。2003 年曾经领导掀起共和国审计风暴的前审计长李金华曾经形象地把政府审计比喻为国家财产的“看门狗”，以此来集中阐述政府审计的职能并宣示审计干部忠于职守的决心，从此审计署掀起一轮又一轮审计风暴，以实际行动推动审计全覆盖的实施和发展。继李金华之后的审计长刘家义进一步发展了政府审计职能的观点，认为国家审计作为一种政治制度安排依法获得审计监督权的授予并据此监督制约权力，其功能不再仅仅局限于一般的查错纠弊，而是兼具预防、揭示和抵御的综合功能。[②] 第三，政府审计对象从个体到团体。封建社会的政府审计主要用于反肃官员贪腐和整顿吏治，其保护的是皇家帝产，其本质是为大私审小私。“随着近代民主国家的产生，政府审计权逐渐与主要针对自然人的监察权、弹劾权等国家权力实现了分离，形成了目前作用于团体人为主、自然人为辅的对象结构。”[③]即基于法律授权或政府委托而占有、使用、管理公共资金、公共资源、公共财产或执行公共政策的各类机关、企事业单位、组织团体。第四，政府审计内容不断丰富。政府审计作为重要监督手段围绕国家治理目标布局，不仅审计公共经济事项和活动的真实性、合规性，而且要审计公共经济事项和活动的合法性，不仅要审计公共资金预决算执行情况，

---

① 尹平，郑石桥.政府审计学[M].北京：中国时代经济出版社，2013.

② 刘家义.论国家治理与国家审计[J].中国社会科学，2012(6)：64-72.

③ 胡贵安.试论国家审计权的特征[J].审计研究，2010(6)：66-68.

而且要审计公共资金的使用效益、公共资源的节约使用情况，甚至公共政策的落实和执行情况。第五，政府审计是重要的公共服务手段。我国是社会主义所有制国家，政府的权力来自人民的授权，国家财产即人民财产，人民对公共资金、公共资源、公共财产的使用有法定的知情权，政府审计应排除各种行政干扰，保证公正、独立、科学地取得并公布政府审计的结果，不断提升审计公共服务的水平，保障全民通过政府审计充分实现知情权。

2. 政府审计本质

对政府审计本质加以解释，是在理解审计本质的基础上具象到政府审计的根本属性，从而回答政府审计的真正内涵和要义。正如新的时代背景下审计早已不再仅仅表现为简单的查账、鉴证、评价活动一样，政府审计也不再仅仅体现为单一的管理属性，而是渗透到政治、经济、法律、社会、文化、军事等多重领域，赋予政府审计更多更复杂的属性特征。政府审计本质决定了政府审计的目标、内容、程序、职能等方方面面，故此“政府审计是国家机器运行的重要部件，是独立设置的审计主体，对财政财务收支及其所反映的经济、政治和社会活动的真实性、合法性和效益性，以及公共权力运行安全性和绩效性进行监督、检审与评价，旨在完善国家治理的一种制度安排。”①审计全覆盖背景下，“政府审计是一项国家基本政治制度和经济制度，是国家治理的工具，是国家政权组织体系的重要组成。当今世界上几乎所有国家都实行国家审计制度，各国执政者结合国情和所处时代的特征，利用审计干预经济、监控经济运行、介入政治（政权）建设、维护公众利益、维护国家经济安全的目标取向和基本做法可谓高度默契。”②

理论界对于政府审计本质的观点很多，主要有国家职能观、维护王权观、民主政治观、权力制衡观、财政监督观、宏观调控观、国家治理观、民主法治观、行政执法观，等等。“审计的本质是审计本身所固有的属性，它反映的是审计的主要职能而不是全部职能。随着审计环境的改变，审计的职能在不断拓展。现代政府审计的本质是‘经济监督’，其职能是‘经济监督、经济评价和经济鉴证’。发挥‘免疫系统’功能的实质是要求政府审计进一步发挥‘防护、清除、修补’功能。”③

综合以上观点来看，对政府审计本质的认识可以归纳为：第一，政府审计是国家审计的重点和核心，在一国审计体系中居于领导和领先地位，作为国家治理的重要工具，其基于宪法和法律的规定及公共受托责任履行经济监督职能，从监督经济权力入手最终达到监督、约束行政权力的目的。第二，政府审计的权力来源于人民，其根本目的也是维护人民的利益。政府审计是维护民主、实现法治的重要工具。“现代政府审计是民主和法治的产物，更

---

① 尹平，郑石桥.政府审计学[M].北京：中国时代经济出版社，2013.

② 尹平，等.政府审计与国家经济安全论[M].北京：中国时代经济出版社，2011.

③ 时现，李善波，徐印.审计的本质、职能与政府审计责任研究：基于“免疫系统”功能视角的分析[J].审计与经济研究，2009(3)：8-18.

是民主和法治的工具。现代政府审计的本质特征是在法律框架下对政府及公营事业运转的成果和效益进行检查和评价的一项专业活动。”①第三，政府审计除了负有维护财政、金融、国有资产安全等传统使命外，更负有维护资源环境安全、政府权力运行安全、民生安全、信息安全等新兴使命，政府审计的理论体系和实践体系要围绕国家经济安全这一重要使命来做好顶层设计。第四，政府审计成为国家反腐的利器，司法调查活动的重要抓手。政府审计在职务犯罪调查、国家监察活动支持、诉讼支持等方面发挥越来越重要的作用。第五，政府审计是纪检监察、党务管理、党规执行系统的重要支撑，不仅服务于治国，也要服务于治党。

（二）政府审计与社会审计差异分析

“社会审计，又称注册会计师审计，是指由会计师事务所接受国家机关、企业、事业单位和个人的委托，独立承办查账、清算、验资、资产评估、咨询、培训等事项的社会中介服务活动，是市场治理的重要工具。”②“社会审计是商品经济发展到一定阶段的产物，其产生的直接原因是财产所有权与经营权的分离。”③市场经济的发展、大规模社会生产要求生产经营活动的精细化分工，其直接带来投资者和经营者的分工，享有所有权的投资者将经济组织的经营权授予更加专业的职业经理人去行使，投资者和经营者通过契约形成委托代理关系。投资者和经营者以契约关系规范两者的目标和行为，尽可能降低代理成本，而人追逐私利的本性经常导致经营者在经营管理过程中背离双方约定的契约目标，为实现非法私益侵犯投资者的权益。当契约不能得到自觉遵守时，投资者唯一能借助的监督管理手段就是对企业的财务会计信息进行检查以核验其真实性。投资者在核查检验的过程中会遭遇障碍：一是投资者往往不具有专业的审计知识和经验，从而没有能力开展专门的审计活动；二是即使少数投资者具有专业的审计知识和经验，也无法完成对一个企业经济组织的所有专项审计和跟踪审计的工作；三是即使投资者给企业配置了内部审计人员，也因考虑到成本因素从而不会过多配置内部审计人员，而内部审计人员的力量有限，不可能承担所有审计工作；四是投资者亲自来审计或依靠内审工作，不同投资者和内部审计人员的观点各异，都会影响到审计的独立性和公正性。鉴于此，投资者和经营者都需要一个与其没有任何利害关系的独立第三方审计来支持其实现有效的监督和决策，社会审计由此产生。

社会审计以低成本、高效率、专业性、独立性成为市场经济监督的一种专门审计。以审计客体作为划分标准，社会审计相对于内部审计与政府审计同为外部审计。在审计全覆盖背景下来理解政府审计与社会审计的属性差异，可以做出以下归纳：

第一，审计独立性差异。政府审计基于法律的授权以及行政命令开展，其审计监督权

---

① 胡贵安.试论国家审计权的特征[J].审计研究，2010(6)：66-68.

② 尹平，郑石桥.政府审计学[M].北京：中国时代经济出版社，2013.

③ 《中国审计体系研究》课题组.中国审计体系研究[M].北京：中国审计出版社，1999.

来自人民的赋予，但在开展具体的政府审计工作时，主要还是遵循行政命令，所以政府审计的独立性会受到一定的行政干扰。社会审计在具体实施时，比政府审计更加容易保持其独立性，因其基于和委托人的契约关系开展对被审计对象的审计，在一个理想化的契约关系中，社会审计机构与委托人可以将涉及审计的所有权利义务和相关事项做尽可能的详细约定，社会审计机构严格依法按约开展审计工作，其受被审计对象的干扰能得到有效克服，从而其独立性更易得到保障。

第二，审计监督权渊源差异。政府审计机关通过宪法和法律的赋予获得审计监督权，其审计监督权的行使也是依据法律的规定。社会审计机构虽然经常被定义为社会监督力量或市场监督力量，但其是以营利为目的的社会组织，法律并未赋予其审计监督权，其依据契约关系和委托人的授权获得审计监督权，一事一约一授权，各个授权之间授权目的和内容均有差异。

第三，审计目的、审计准则差异。审计全覆盖背景下，政府审计目的除了审查被审计单位财政财务活动的真实合法性外，还要审查被审计单位经营管理活动的效益、效率和效果，对国家政策执行落实的情况也要纳入审计范围。虽然社会审计的目的是社会审计机构和委托人基于契约关系共同设定的，但社会审计目的顺应新形势发展也发生了很多变化，即不再满足于对被审计单位的财务会计信息的真实性和公允性独立发表审计意见，而是由对财务会计信息的审查发展到对经营管理活动的效益、效率和效果的全面检查，包括对企业高层决策执行效果的检查。政府审计业务工作的开展执行国家审计准则，社会审计业务工作的开展执行中国注册会计师审计准则，因执行不同的准则，导致两者的工作理念、工作程序、工作方法等方面均有差异，这也是政府审计与社会审计在协同工作时产生冲突的一个原因，进而也成为政府审计和社会审计建立公私合作关系时的一个障碍。

第四，无偿审计和有偿审计的差异。政府审计是无偿审计，政府审计工作的开展由国家财政预算保障和支持，政府审计依法对被审计单位开展审计工作，不得以任何理由从被审计单位获得任何形式的报酬。社会审计机构是营利性质的独立法人市场经济主体，其依据法律和委托人的委托开展社会审计工作，以专业审计服务工作及工作成果获得对价报酬，除了遵守法律的规定外，同时要遵循市场经济的规律开展各项审计专业工作。政府审计的无偿性会伴生政府审计人员的懒政、怠政和不作为，如果国家预算对政府审计工作保障不力更会导致政府审计的失效甚至失败，而社会审计的有偿性会伴生审计意见购买等舞弊行为，最终也会导致社会审计的失效甚至失败。

第五，强制性审计和约定性审计的差异。所有政府审计工作均依法开展，其审计方向的确定、审计对象的选定、审计调查取证均由政府审计机关依职权确定，被审计对象不得拒绝政府审计及政府审计机关依法做出的审计决定，政府审计各项工作的开展均有法律强制力保障，是一种强制性审计。社会审计工作的开展必须首先取得委托人的委托，社会审计机构和委托人双方签订契约，约定审计工作的目标、范围、内容、程序、审计报告等具体事项，非约定内容除非双方事后共同追认，否则委托方不得强制社会审计机构承担非约定义务。

第六，审计处置权限差异。政府审计机关对审计发现可根据法律的规定结合具体情况出具审计意见、移送司法机关或直接依法予以行政处罚，所以政府审计机关对审计发现具有完全独立的处置权，被审计单位如果不予配合甚至对抗将会受到法律的制裁。社会审计的约定性审计属性决定了对于审计发现，社会审计机构没有强制处置权，只能对被审计单位提出建议或进行协商，要求其配合调查或及时整改，最后根据被审计单位的具体情况决定发表积极意见或保留意见的审计报告。

政府审计因其行使审计监督权的公权力属性，使其具有较高的审计威慑力，其具体实施过程因有法律强制力的保障，使得政府审计具有克服审计阻碍的充分力量，被审计单位公开的、直接的对抗政府审计的情况很少发生，而更愿意选择隐蔽的、间接的对抗手段，多数情况下，政府审计都能够顺利进行，这种表面上的顺利使得政府审计发现问题的主动性和积极性趋弱，最终影响了政府审计的效果。社会审计产生于市场经济的激烈竞争中，其必须在各类大大小小的竞争中胜出才能生存、发展、壮大。因社会审计的约定性审计属性，使得其在具体实施中遇到的对抗和阻力趋于常态化，这种审计劣势反而促使社会审计机构更加注重自身审计专业素质的提升，更加坚持审计技术方法的创新并据此克服审计阻碍，实现审计目的和审计效果。就目前来看，我国政府审计机关技术力量的整体水平应弱于社会审计机构技术力量的整体水平，社会审计与政府审计的差异恰恰可以形成两者的互补优势，并为两者建立公私合作关系协同审计支持国家治理目标实现奠定现实基础。

三、 政府购买社会审计服务含义：从契约关系到公私合作关系

（一）政府购买社会审计服务释解

政府购买社会审计服务是政府购买公共服务的一个专门领域，政府审计资源的缺乏使得我国现有政府审计力量不足以完成政府审计的基本目标，必须借助外力；而我国审计体系中能够支持政府审计的首选是社会审计，政府以政府采购的购买社会审计服务，有偿利用社会审计的核心资源和尖端技术，以重点解决政府审计中的难题同时分担政府审计中的基础性工作。国内理论界尤其是审计学界最初使用的概念是“政府购买审计服务”，本书认为使用“政府购买社会审计服务”这一概念较准确，虽然我国审计体系中的内部审计资源也可为政府审计所用，内部审计可以以一定方式参与到政府审计中去，但审计服务购买的主渠道是向以会计师事务所为主、其他财务会计审计专业咨询中介机构为辅的社会审计机构购买，概括来讲，就是向社会购买，所以使用“政府购买社会审计服务”

比较恰当。

会计学审计学界对政府购买社会审计服务的研究刚刚开始，研究成果非常少，比较有代表性的观点屈指可数。刘玉波认为："政府购买审计服务，就是指国家审计机关在审计项目实施过程中，通过发挥市场机制作用，通过政府采购等形式，将部分审计事项委托社会审计机构完成，或者聘请中介机构从业人员（或其他专业人员）参与审计，并根据服务数量和质量支付费用的公共服务供给方式。"①这一观点认为政府购买社会审计服务的性质即政府采购，政府审计的部分事项可以被允许通过委托社会审计机构或直接聘请专业人员完成，作为一种新的审计公共服务供给方式，政府购买社会审计服务更加关注所购买社会审计服务的数量和质量并据此支付费用。应超认为，政府购买社会审计服务作为政府购买公共服务的一个特殊专业领域，依法引入并规制市场竞争，其意旨不仅在于克服政府审计资源的局限，更在于建立新型审计管理制度或向社会公众提供更加优质高效的审计公共服务："政府审计部门尽职尽责地扮演好新型管理制度的'设计者'、政府购买社会审计市场的'引导者'、政府所购社会审计的'监督者'、政府购买社会审计方式的'宣传者'，以及政府购买社会审计行为的'披露者'。"②姜迎雪、李淳惠解释了政府购买社会审计服务的逻辑起点：政府审计基于支持国家治理的需要，必须依法独立、全面、高效履行公共受托责任，向公共资源的所有者——社会公众负责，这也是政府审计监督权的权力基础。"政府审计一定程度上能够保证和促进政府公共受托责任的全面、有效履行，使其能够有效地服务于国家治理。而政府购买审计服务行为作为审计创新的一种形式，它将社会力量与市场机制引入其中，改变了政府单一提供服务的状况，从而能更好地达到完善国家治理的目标。"③闫海、张天金界定了政府购买公共服务的各方主体，"作为政府提供公共服务的方式之一，政府购买公共服务是指为了履行政府管理职责或满足公民对公共服务的需求，政府部门按照法定程序、方式，依据政府采购目录，把过去由政府直接负责或政府事业单位负责的公共服务项目，以合同方式交给合格的社会组织来完成，根据对其所提供公共服务的数量和质量的评估结果支付相关的费用"④。具体到政府购买社会审计服务行为，其主体至少包括：政府是社会审计服务购买主体，社会审计机构是社会审计服务的供应主体，社会公众是审计公共服务的消费主体，此外政府审计机关是实施和监督主体。

基于以上分析，可以给政府购买社会审计服务下这样一个基本的定义：政府为克服审计机关实施政府审计的资源局限，保障公共受托责任的完成和支持国家治理目标的实现，基于契约关系开展公私合作，整合政府审计资源与社会审计资源，具体通过将政府审计项

① 刘玉波.政府购买审计服务面临的风险及规避策略[J].经济师，2015(2)：159-160.

② 应超.审计建立新型管理制度的初步构想：由"政府购买社会审计服务"引发的思考[J].审计月刊，2015(6)：9-12.

③ 姜迎雪，李淳惠.国家治理视角下政府购买审计服务的探讨[J].商业会计，2015(13)：46-47.

④ 闫海，张天金.政府购买公共服务的法律规制[J].唯实，2010(6)：68-72.

目中可以对外委托的部分按照公平对价外包给资质优良且专业胜任能力卓越的社会审计机构来完成，并由政府审计机关组织领导政府审计项目的具体实施并全过程监督政府审计项目质量的专业活动。2016年注册会计师协会出台《注册会计师指导目录》，专门规定注册会计师承接政府审计项目范围，重点承接公共预算专项资金审计、国有资产核资专项审计、科研经费审计以及经济责任审计等。

（二）政府购买社会审计服务公私合作基础

“由于外部环境变化和自身体制局限，中国常常处于时而弱化或时而强化政府职能的‘周期性循环’，特殊国情决定了中国政府转型的复杂性。”①政府购买社会审计服务作为建立服务型政府的一项审计改革举措，不是一种临时性、局部性的购买行为和契约关系，而是国家审计体制机制的改革创新，其契约关系的实质是公私合作关系，以实现社会审计随政府审计一起参与到国家治理中来的目标。通过政府购买社会审计服务建立公私合作的基础是：

第一，政府审计与社会审计共属国家审计监督体系。政府审计与社会审计尽管在目标、范围、准则等方面存在不同，但两者和内部审计一样，共属于国家审计监督体系，是国家审计监督的重要组成部分。在我国国家审计体系中，政府审计引领社会审计和内部审计，履行公共受托责任，监督、制衡行政权力，服务国家治理，在完成政治使命和履行法定职责方面，两者必须形成监督合力，担负共同的政治使命，履行共同的法定义务。

第二，审计资源整合的迫切需要。“审计资源整合是通过对现有资源科学的配置组合以及对潜在资源的充分挖掘和提升，构建出新的审计资源组合，提高审计生产力，最大限度地满足审计监督工作的需要，以最小的审计成本获得最大的审计效益”②。政府审计是政府审计机关根据宪法及相关法律的授权行使审计监督权，其审计范围涵盖几乎所有国计民生的重点行业和重点领域，担负肃贪反腐、维护市场经济秩序，保护国家经济安全的重要使命，同时根据法律规定对内部审计业务和社会审计业务负有监督指导职责。政府审计的政治地位和法律地位决定其从事的具体审计项目均为重大核心关键审计项目，在落实国家法律政策、把握国家审计方向等方面易于形成其他类型审计所不具备的核心优势，但恰恰因为政府审计的重要地位和使命，加上我国公有制经济占主导地位的市场经济特征，使其常常面对审计资源局限的窘境。此外，我国巨大的经济体量和高速的市场经济发展导致我国目前具有最为复杂和易变的经济样态，政府审计遇到的挑战和难题也是前所未有的，政府审计机关人力资源的数量、质量、专业知识结构、创新程度都面临一个瓶颈期。社会审计是产生于市场经济并服务于市场经济的一种受托审计。在我国审计体系中的三类审计中，社会审计的市场化程度最高，长期经受市场竞争和市场风险的考验，因而具有根据市场经济

① 王波明，张燕冬.国家治理与政府转型[M].北京：中国经济出版社，2014.
② 车嘉丽.政府审计和社会审计资源整合的研究[J].会计之友，2008(18)：48-49.

的最新变化和要求不断调整更新专业胜任能力的自觉意识，由此也就形成了三类审计中相对优秀的专业胜任能力，尤其善于应对审计业务中的新问题和难点问题。所以政府审计资源与社会审计资源具有较强的互补性和坚实的整合基础。

第三，政府审计独立性形成有效补强。我国行政型审计体制的特点在树立审计监督权的权威性和落实国家政策、实施法律方面具有其他审计体制所不可替代的优越性，政府为政府审计机关在行使审计监督权方面提供了人、财、物的充分保障，但是人、财、物的不独立性也严重影响到政府审计的独立性。从中央到地方，我国审计机关按照四级设置，县以下不设审计机关，经费均由各级政府提供，人事任命也由各级政府决定，这使得各级审计机关在没有对各级政府人、财、物的依附关系前提下，无法充分、独立行使审计监督权。社会审计机构虽然在业务上接受审计机关的监督和指导，但其不属于任何一个政府机关，是独立的市场经济主体，社会审计机构内部的注册会计师等社会审计人员与社会审计机构之间是劳动合同关系，这就使得社会审计机构一旦参与政府审计，就具有比政府审计机关更加独立的执业优势，不仅从专业技术上支持政府审计，而且对政府审计独立性缺失形成有效补强。

第四，政府审计与社会审计具有服务国家治理的共同目标。政府审计与社会审计共同整合资源建立公私合作关系能提高审计服务国家治理的能力和效率。“国家审计侧重于维护国家的财政经济秩序，促进政府廉政建设；民间审计侧重于维护社会主义市场经济的运行秩序，保证市场经济正常运作所需要的财务信息的准确可靠。”①社会审计又称民间审计，其与政府审计职能层面及履职角度、审计目标和范围各有不同，但其服务国家治理的目标是共同的，即充分发挥审计监督作用，监督国家财政收支，制衡行政权力，反腐肃贪，维护市场经济的良好秩序，保障国家经济安全运行。“随着资本市场发展，国家审计的部分职能转移到了社会审计，因此与国家审计类似，注册会计师审计在国家治理中发挥重要的作用…… 国家审计与注册会计师审计都将在监督、制约权力的制度中，发挥不可替代的重要作用。”②政府审计与社会审计在服务国家治理方面不仅有着共同的目标，并且发挥着各自独特的优势，相互间形成优势互补。

第五，从政府本位国家审计向社会本位国家审计的变化。国家审计内在的公共性、社会性、独立性和管理性特质决定了国家审计理念应该从政府本位理念演进到社会本位理念。国家审计的社会本位理念的核心内涵是“公开、责任、服务”及“参与、协同、共享”精神，它推动国家审计实现“免疫系统”功能目标，形成国家审计的公共管理观。③ 政府审计不再是紧紧围绕履行政府职责重点向人大报告审计结果，而是要更多地围绕社会公共资源的使

① 许瑜，冯均科.社会共治环境下民间审计参与国家治理的理论分析与实现路径[J].财会月刊，2017(11)：96-99.

② 王彦超，赵璨.社会审计、反腐与国家治理[J].审计研究，2016(4)：40-49.

③ 孟焰，周卫华.国家审计理念的演进：从政府本位到社会本位[J].审计与经济研究，2016(5)：3-10.

用等社会性实务，同时要保障社会公众对审计结果的知情权。政府审计已经从单一的监督制衡行政权力发展到为国家治理决策提供全方位支持和服务，国家审计的社会本位化即为顺应国家治理形势而发生的变化。

第二节 关系契约理论与公私合作关系的价值契合

政府购买社会审计服务建立在基本的合同关系上，但这种合同关系托举的不是普通的交易关系，即使在购买合同中就范围、目标、权利义务做最为深刻、详尽的设计和约定，都无法穷尽这种交易关系的复杂性和多变性，这就给该合同关系的法律调整带来挑战。政府购买社会审计服务的终极目的其实是通过购买的重复不断巩固合同关系并逐步提升合同履行质量以期依法建立长效公私合作关系，对合同纠纷的解决更加依赖其内在的协调机制，并据此建立优质、高效、科学的审计公共服务供给机制。关系契约理论弥补了传统契约理论的不足，可以用来解释国家治理体系中政府购买社会审计服务公私合作关系的建立和发展。

一、关系契约理论释评

市场经济社会繁荣和进步的一个突出表征就是交易数量的爆发式增长和交易结构的日趋复杂，其直接的结果就是交易关系的复杂化。而以“意思自治”为核心理念的古典契约法理论在解释和应对复杂、多元、变化的交易现象时显得越来越力不从心，“正在发生的是‘契约’正被重新吸收进‘侵权’的主流之中”，古典契约理论正被社会实践所抛弃，从而不可避免地走向败落和消失。① 从理论层面到实践领域，创新和改革传统的契约法理论，势在必行，刻不容缓。“与正式契约依赖法律执行不同，关系契约的执行依赖于契约方未来合作的价值和对自身声誉的关注，以及在合作中形成的信任、柔性、团结和信息交换等关系性规则。关系契约可以在社会法律制度不完善的情况下代替正式契约发挥作用，在交易细节不可验证的情况下激励专有性投资，利用关系性规则实现治理并用作降低交易成本。”②

20 世纪 60 年代，美国学者斯图尔特·麦克尼尔率先研究关系契约理论，主张契约关系植根于社会关系中，单纯绝对的交易关系只存在于人们的片面理解和想象当中，交易的成功一方面依靠契约中对未来可能发生的意外事件的预设和规划，另一方面也是更重要的方面，要依靠建立、巩固、发展全面、系统的交易关系。美国学者伊恩·麦克尼尔、日本学者内田贵进一步发展了关系契约理论，大胆质疑意思自治理论在契约法的核心地位，关注契约

---

① 格兰特·吉尔莫.契约的死亡[M].曹士兵，姚建宗，吴巍，译.北京：中国法制出版社，2005.

② 孙元欣，于茂荐.关系契约理论研究述评[J].学术交流，2010(8)：117-123.

关系对契约法理论和实践的全面影响并着力推动、扩大这种影响。将契约关系纳入社会关系大背景中予以研究，应该说是真正发现了影响契约履行的关键性因素，将科学研究的触角最大限度接近了契约履行的实践前沿，对契约的研究从静态到动态、从短期到长期，据此可以极大丰富解析包括政府购买社会审计服务契约关系在内的相关公共服务购买契约关系的路径和视角。

“所谓契约，不过是有关规划将来交换过程的当事人之间的各种关系。某些交换的因素，不是立即发生，而是要到将来才发生，这种规划发生时人们之间的关系，就是我们所指的契约。”①所有规划已经开始突破仅仅出于个人意志考虑的范畴，更多蕴含社会性元素，更多反映和折射社会关系的内容。在关系契约理念的影响下，古典契约理论的合意核心价值受到巨大挑战，缔约当事人突破契约的形式化，从缔约开始就基于自发和自觉着重建立关系共同体和长效合作关系。虽然从学理上可以划分个别性合同和关系性合同，但究其契约的社会性而言，关系契约理论认为每一份合同所反映的不仅是一种个别交易关系，而且是突破了交易的随机性和偶然性，从更广泛的社会学意义上来认识交易和契约的本质，即缔约当事人对长期互利、充分互信的交易关系建立和发展的期待。“意思自治理论强调人的自主性和平等性，但现实中人与人之间存在实质不平等的客观情况。契约正义理论是对意思自治理论局限的弥补。契约正义理论的产生意味着限制合同自由，消弭当事人实质不平等的弊端，主要依靠诚实信用、公平原则、权利不得滥用等原则，通过法院依职权对契约的调整，发挥矫正正义的作用。”②

（一）关系契约的本质

关系契约理论帮助人们更进一步认识契约关系的社会化因素，在缔约主体的“经济人”特征之上附加了“社会人”的观察视角，用光谱因素构成做类比，将个别性契约和关系性契约做全面的比较，得出结论，两者在以下诸多方面存在差异：人身关系、人数、度量性和精确性、契约性团结的渊源、开端、持续期和终结、计划、未来之合作、共有与利益分担、责任、可转让性、态度等方面。③关系契约的生成因素可以归纳为：

1. 以关系而非承诺作为规划交换关系的核心

在关系性契约中，契约当事人之间关系的交流具有广泛性。这种“关系”不是仅仅指语言交流，而是涉及情感等方面的交流。契约关系除了进行一个其他人看到的经济契约的交换外，还会进行社会性的交换。④政府购买社会审计服务交易关系中，其关系的建立不能只依赖于承诺，设计再好的承诺最终也难免体现出一定的不完整，原因是：首先，受情势变更的限制；其次，受缔约当事人理解的偏差；再次，受语言表达的限制；最后，受众多社会因素的影响。交易关系中的政府和社会审计机构不仅仅是关注经济利益的实现，更不仅仅是单

①③④　麦克尼尔.新社会契约论[M].雷喜宁，潘勤，译.北京：中国政法大学出版社，2004.
②　张艳.关系契约理论对意思自治的价值超越[J].现代法学，2014(2)：123-128.

纯的政府审计技术外包或审计技术劳务购买。政府审计项目的质量、效率、效果、审计声誉、审计核心竞争力的形成、审计资源的整合、政府审计技术共同体的形成、政府审计技术的互通和提升、审计数据及经验的共享、政府审计文化的形成等等，都是双方期盼从交易关系中实现的，所以规划交换关系的核心融入了更多的社会化因素，并且社会化因素处于不断丰富和发展之中，而政府审计机关对这种交易关系的实现负有引领责任。

2. 建立长效契约关系的目标

个别性合同的特点是在较短甚至是即时的合同期限内关注可度量标的的交换和合同利益的依约实现，缔约当事人机械而又无奈地接受合同条款的约束，并不考虑风险的共担和长效合同关系的建立。缔约当事人在合同履行期间是战战兢兢、互不信任、互相防备的。事实上，“每一个契约必然地在部分意义上是一个关系契约，也就是说，这个契约不只是一次个别性的交换，而是交涉到种种关系。”①关系合同在缔约时，缔约当事人就怀有契约关系的长期性目标，这反映出缔约当事人在交易关系中的逐步成熟：不再对每一个个别合同做竭泽而渔的过度利益挖掘，而是着眼于利益依托契约关系的长期存续和发展来维持利益实现的稳定性和增强亏损弥补的可能性。缔约当事人有更加全面的关系主体观念，将交易双方和一切与契约关系有关联或有影响的第三方均纳入关系共同体中，这不是增加了契约履行的复杂性，而是增强了契约利益实现的保障和融汇了促进契约关系发展的一切有利因素。传统契约理论试图将契约履行过程中的一切不确定因素加以预测和规定，相较于纷繁复杂的关系契约履行的实际过程，这种设想和努力是疲弱无力的，任何机械、静态的条款化的束缚都和契约关系的长期性目标背道而驰，关系契约的动态、灵活的自发调整机制是应对契约履行过程中的一切不确定因素的良方。

3. 贯穿契约关系始终的合作协调机制

即使契约由极具理性的缔约人做最充分的预设考虑，缔约当事人的理性局限、信息失真和不对称、情势变更的不可预测性都是不可争议的客观存在，考虑到履约的安全性和应变性，缔约当事人希望契约履行时间尽可能的短，而事实上市场经济社会中的绝大部分交易是长期性的，即使是短期、即时的交易也基本趋向于谋求建立长期交易关系。长期交易需要面对一个无法回避的实际情况，即关系契约履行过程中各种新情况、新问题的出现和应对、解决以及契约预设条款内容的局限性。关系契约自订立起，就处于应变和求变的实施状态，对履约过程中发生的各种矛盾与冲突，关系契约在谋求解决时要考虑契约规范以外的诸多社会因素，平衡短期契约利益和长期契约利益。“在原始契约关系中，当履行契约时，合作可能是需要的，这种合作或许是由双方的共同努力组成。”②基于关系契约的共同理

---

① Macneil I R. Contracts: Adjustment of Long-term Economic Relations under Classical, Neoclassical, and Relational Contract Law[J]. Northwestern University Law Review, 1978, 72(6): 854.

② 麦克尼尔.新社会契约论[M].雷喜宁，潘勤，译.北京：中国政法大学出版社，2004.

念和共同的利益追求目标，关系契约当事人自发建立维护契约关系的合作治理机制，面对契约履行过程中的任何问题，缔约当事人之间能够形成一种协同，即一切调整均以不破坏契约关系和长期共同利益为前提条件，突破契约条款的机械约定，为一切可能的调整、协调，并坚持贯穿契约关系的始终。

4. 关系契约参与人共同体的形成

"关系契约理论作为伴随契约法实践发展的新生事物，虽然理论架构较为粗疏，但其提出并强调了'关系'这个长期为人们所忽视的契约要素，相对于传统的意思自治理论，有其独立价值和理论发展空间。"①在追求长效、稳定利益的理性目标驱动下，关系契约参与人自发形成共同体，共同体内部谋求内在的协调统一，秉持长效合作、互利共赢的新契约精神和新价值取向。关系契约涉及的相关交换参与人在一定条件下形成统一体内的相互依赖性，并达成这样的共识：个体的利益要通过其他参与人的利益来满足，个体为统一体关系的努力可以对外部利益的竞争性形成对抗。② 关系契约让尽可能多的能够影响契约关系的当事人参与到共同体中来，对传统契约理论影响下的追求个人利益最大化的动机做自觉的克服和抑制，摒弃缔约方之间的恶性或过度的竞争，追求竞争合力的生成和平衡，在以合作和互利为特征的共同体平台上，将局部的、个人的利益纳入全局的、整体利益中去实现。抛弃社会关系因素的考量，个别局部利益的追求也就失去了现实社会基础，成为水中花、镜中月。

5. 契约纠纷解决的自体依赖性

囿于契约缔结时的诸多主客观条件限制，契约条款内容无法充分预见契约履行过程中的各种情势的变化，而情势变化和履约分歧的产生是无法避免的，传统契约法理论局限于个别合同的局部利益维护，以合同条款来作为解决合同纠纷的依据并借助司法裁判和法律强制力作为制度支撑，据此契约当事人只立足于个别契约关系对个别单方利益做绝对的追求和捍卫，其可能的结果是，以牺牲长期合作关系及长远利益为代价维护了个别合同的局部利益。关系契约理论并没有排斥借助司法裁判和法律强制力作为制度支撑，只是全力避免到达唯一寻求司法救济的最后环节。"当然'胡萝卜'要代替法律执行这根大棒，就必须保证诚实要比不诚实能够带来更多收益，如果交易各方将交易关系持续到未来是有利可图的，诚实就是最好的策略。"③并且在这种情况下，影响承诺可信性的声誉就是重要的，商业关系的培育在某种程度上成为各自追求的目标。

关系契约当事人的内生共同体，不仅是保障健康契约关系的平台，也是履约纠纷解决的平台。不同于传统契约理论对履约纠纷的解决观念，关系契约依赖自身的共同体及相关机制，始终处于应对、解决履约新情况的机动准备之中，着力避免问题的搁置和累加，最终

① 张艳.关系契约理论对意思自治的价值超越[J].现代法学，2014(2)：123-128.
② Lan R.麦克尼尔.新社会契约论[M].雷喜宁，潘勤，译.北京：中国政法大学出版社，2004.
③ 孙元欣，于茂荐.关系契约理论研究述评[J].学术交流，2010(8)：117-123.

避免履约纠纷的出现。因为关系契约当事人往往是以商业理念来看待契约关系,在他们看来,一次或数次契约的违反或利益实现的落空和一个健康发展的长期合作关系相比较,显得那么微不足道。任何时候都不能脱离社会关系背景和市场经济环境、无视契约的社会性因素以及契约履行的实然状态去处理契约的一切相关问题,因为那样会让契约履行限于实践层面的被动状态、面临真正的风险。政府购买社会审计服务契约关系中,政府更多考虑的是社会审计支持政府审计服务国家治理目标的实现,事实上社会审计机构的社会声誉、专业能力提升、审计信息的分享都是其在履约过程中应重点考虑的,整个履约过程带入了太多的政治性、社会性的影响因素,即使出现履约分歧或纠纷,缔约双方均不可能只基于经济利益的考虑做出简单、直接的处理。政府审计机关的民事违约可能导致行政问责,而社会审计机构的民事违约可能导致其失去其被政府审计机关的专业认可以及在社会审计服务市场中的生存基础。

(二)关系契约理论的理论价值

关系契约理论的提出,极大地丰富了契约理论的内容,拓宽了契约理论分析问题的视角。麦克尼尔的《新社会契约论》对全球契约法学界形成巨大的冲击力和影响力。与传统契约理论相比,关系契约理论具备传统契约理论的一些特点,例如以契约自由和意思自治为缔结前提、以契约当事人地位平等为契约基础、以实现交易为其主要内容等方面与传统契约存在共性。但关系契约理论作为新社会契约论的核心内容,其对古典契约理论进行了超越和扬弃。关系契约理论解释了契约的社会性渊源,同时“关系契约理论也详尽地阐述了缔约经济学和社会学”①,“关系契约理论体现了对意思自治理论的超越,修正了契约理论个人本位的绝对观念,强调契约合作关系和互惠共赢的价值理念”②。随着市场经济实践的发展和交易的复杂化和多元化,传统契约理论在解释分析交易关系和经济行为时经常陷入理论解释不清的尴尬,而接续关系理论的相关理念后,契约理论自身走出了这种尴尬。关系契约理论被很多经济学学者和管理学学者用来成功解释经济现象、企业行为和企业关系、公私合作关系,作为法学理论与社会学理论、经济学理论、管理学理论形成高度的贯通和契合,在服务市场经济各个领域方面均呈现出强健的生命力和强大的理论洞悉力。

1. 多元价值标准的确立

关系契约理论克服了传统契约理论的个人本位主义,以及片面追求局部利益无视契约的社会关系因素的局限,对意思自治原则不再进行形式主义的解读,而是注意到合意形成的社会背景,避免缔约主体自身意思形成和表达的局限和误差,在超越一般意义的契约关系之上树立合作、互惠、共赢、机动的契约关系价值标准。古典契约理论的强调当事人的“合意”即当事人意思表示的一致同样被现代契约理论认可和尊重。需要克服的一个认识

---

① 刘承韪.英美契约法的变迁与发展[M].北京:北京大学出版社,2014.

② 张艳.关系契约理论对意思自治的价值超越[J].现代法学,2014(2):123-128.

误区是，关系契约理论并没有否定合意在契约关系中的地位和作用，只是希望契约法理论走出闭门造车式的理论研究领域，将契约放在市场经济的宏阔时代背景中努力挖掘契约合意的本真并支持其真正得到实现。虽然在关系契约理论框架下，形式主义的方法论和实质主义的方法论在解释分析契约关系上可以形成方法论的协同而不要顾此失彼或非此即彼，多元价值标准的确立保证了契约关系的平衡和契约利益的实现。

2. 倡导团结合作精神

关系契约理论倡导契约关系人基于团结合作精神自发自觉建立共同体，这种倡导不是空泛的口号。对为什么要抛弃古典契约理论中诸如个人利益最大化、理性经济人等观念，关系契约理论做了很好的回答，即对古典契约理论的一些理念抱残守缺不予以变革将成为关系契约利益实现的重大障碍，关系契约理论和古典契约理论都强调契约利益，只是关系契约理论提供了契约利益实现的更大可能性和更多保障。以契约关系建设为前提，以团结合作精神形成共同体是实现契约利益的优选路径，契约当事人共同体的基石即为包含所有契约当事人利益在内的共同利益，其实现依靠共同体的整体协同和合力，任何影响这种协同和合力的分化因素都会被共同体中的个体自觉避免和克服，当然这种自觉力来源于契约当事人对充分实现契约利益的强烈渴望。“有机的团结是一种关系到分工和交换需要的非爱好的团结。有机的团结由有效地在未来相互依赖这样一种共同的信念组成。”①整体利益召唤并不具有抑制机会主义行为的作用。契约当事人共同体内部的共同理念、规则的形成也是契约关系建设的重要部分，关系契约当事人将承担起依法履约和建设契约关系的双重使命。

3. “利益共享、风险共担”的价值导向

“与未来之合作密切相关的是利益和负担的影响方式。”② 如果要建立起长期的合作关系，关系契约应当具有共有与利益分担的观念，注重“利益分担”机制的建立。要维护契约团结，实体上要尽可能在关系契约内部找到当事人“利益分担”的协调和实现方式。为了保障有效的“利益分担”机制的建立，要注重当事人沟通合作机制的建立，应当赋予不利方重新协商权，并约定协商的合理期间。只有在双方当事人无法将契约关系继续维持时，并且已经经过了一定的合理时间，才会把这种关系交由法院来处理。此时，法院一方面需要充分权衡契约缔约和履行的社会环境，另一方面需要考虑当事人实际履行契约的利益对比状况而做出相应的判决：或是终止契约关系，或是以契约维持为目标做出相应的条款上的调整和变更。③ 关系契约秉持更为科学的利益观，通过对契约当事人共同体的建设并依靠共同体内部个体之间的通力合作和协同，首先谋求整体利益的最大实现，契约当事人利益共享、风险共担。所有个人利益目标的实现都要遵守统一体的规则，自觉消除共同体整体利益实现过程中的任何滞碍因素。“从契约规范性的角度来看，关系契约理论将社会生活中

---

①② 麦克尼尔.新社会契约论[M].雷喜宁，潘勤，译.北京：中国政法大学出版社，2004.

③ 孙良国.关系契约理论导论[D].长春：吉林大学，2006.

人们约定俗成的一些惯例、习俗、道德、组织规则等社会规范作为契约的调整规范，从而突破了实定法的范围，基于避免契约破裂的合作意识，有效地弥补了契约实定法的不足。”①政府和社会审计机构基于政府审计项目合作目标构成契约关系，政府在有限的购买社会审计服务预算之外，如果不能调动一切有利因素充分激励社会审计机构，将会直接影响社会审计服务的质量，所以必须树立共同体概念以及物质利益与非物质利益互补概念，社会审计机构应充分认识到，只有不遗余力、保质保量地完成每一个政府审计项目，才会获得政府审计机关的全面认同，从而赢得短期、中期、长期利益的全面和逐步实现。

关系契约理论突破了意思自治理论的局限性，丰富了契约的内涵和外延，发展革新了契约法理论，结合市场经济发展对契约关系做了全新的描述和解析。“关系契约理论展现了契约的多样性和契约调整规范的多样性，但其对契约仅具有社会学意义上的描述功能，没有为契约的强制执行提供拘束力根据或正当化说明。”②首先，关系契约理论将契约放在社会大背景中来观察，将一切与契约关联的社会性因素纳入契约关系中予以重视和考量，不断拓展交换的性质和时空，颠覆了唯个别经济利益的交换观，注重承诺性交换和非承诺性交换的交叉互补实现，利益的实现必须依托合作互惠的长期动态平衡机制和契约关系当事人共同体平台。其次，关系契约理论跳出纯粹契约关系，从社会关系的视角重新观察诠释契约的各种现象，认为纯粹的个别性契约其实是不存在的，每一个个别性契约的当事人都不会拒绝更大更长远的利益，只不过因缺乏关系契约理论的启发和指引以及立法尚未适时调整规定，他们无法突破对个别性契约的惯性依赖。最后关系契约理论以其诸多核心理念形成价值指引以促进契约关系当事人共同体的建立，倡导团结和合作精神，形成关系当事人共同体的关系规范并与社会规范互动，激发契约关系当事人对关系规范和社会规范的自觉遵守，凝聚成建设良好契约关系、谋求长期利益实现的自体性合力，全面支持契约履行和契约利益的实现。

二、关系契约理论对政府购买社会审计服务契约关系的解释

（一）政府购买社会审计服务的关系契约属性

政府购买社会审计服务契约关系的实质是公私合作关系，其高度社会化的关系特征几乎全部能够契合关系契约理论的各个理论假设和逻辑前提，政府购买社会审计服务契约关系实践也可以证明关系契约理论的实践指导价值和意义，为关系契约理论的进一步发展提供最佳实践模式和范本。

1. 政府购买社会审计服务契约关系的社会性

麦克尼尔认为，抛开契约关系的社会属性来看契约关系只会陷入片面、局促的视野而

---

① 王艳慧.关系契约之非契约效力说明理论本质[J].学术交流，2016(8)：123.

② 王艳慧.关系契约之非契约效力说明理论本质[J].学术交流，2016(8)：124.

无法把握契约的本质，过程性和易变性才是契约的事实核心，单个契约、静态契约、个体利益最大化的履约观只会给契约目标的实现带来无数的障碍。① 从政府购买社会审计服务的各地实践来看，该种类型的契约关系的建立绝不是仅仅基于意思自治的商业交易，其建立有深刻的政治性、社会性、经济性等综合因素的考量。政府审计整合社会审计资源共同支持国家治理活动，缔约双方承担的不仅仅是法律责任，更多的是政治责任和社会责任，契约关系关乎国家治理的成败、关乎国家政治经济的安全性、关乎国家审计监督权的效能，影响契约履行的政治的、社会的、经济的等等因素交互作用，使得契约关系实践的具体情形事实上已经超出关系契约理论的描述范围。政府购买社会审计服务的契约履行，从缔约前就树立了多重契约目标，而多重契约目标的树立并非基于契约当事人的意思自治，更多是因为契约关系的社会属性的影响。可以肯定的是：政府购买社会审计服务契约关系一定是基于长期合作的目的而建立。

2. 企业缔约自由的适度抑制和社会责任的广泛承担

根据关系契约理论，企业基于意思自治的契约自由应该继续得到充分的保障。企业的目标是经济利益最大化，所以市场经济条件下，企业应根据自身条件独立判断市场。法律的一种功能就是确保企业的独立判断和自由选择，帮助企业实现经济利益最大化目标。只不过市场经济的发展和各个利益实现领域内的进一步规范，使得一本万利的个别性交易在正规的市场中很难出现，企业的盈利模式必将顺应市场经济的发展要求从即时或短期盈利模式转换到长期盈利模式，而长期盈利模式内含一个基本的商业逻辑是：将予取之，必先予之。这就意味着：企业的缔约选择将会考虑更多的社会性因素，盈利模式结构将更趋复杂，除法定义务外，企业将会主动承担更多的社会责任，适度抑制缔约自由权利。以社会审计服务购买为例，很多社会审计机构目前承接政府审计项目的总体收益与成本持平甚至出现亏本，但部分意识超前的社会审计机构持续不遗余力地对承接的政府审计项目投入人力、物力，宁愿拒接效益可观的社会审计项目也要保证将核心技术力量投入到政府审计项目。这种做法其实并未违背市场经济的基本规律，相反恰恰是商业意识领先的表现。因为从最坏的可能性来讲，社会审计机构如因吝惜成本导致政府审计项目的质量滑坡甚至质量事故将会因此而承担法律责任并失去政府审计机关和社会审计市场的认同，而不惜成本、确保质量的先期努力将会赢得政府的肯定和实现社会声誉的提升，从而最终获得更大的市场信赖和市场效益。

3. 关系契约的社会交换性

“基于人的有限理性，关于未来的信息总是不全面的，所以承诺只能包括全部情况的一部分，因此契约需要适当的弹性，承诺不会是绝对。”②在关系契约的大交换基础上，社会审

① 麦克尼尔.新社会契约论[M].雷喜宁，潘勤，译.北京：中国政法大学出版社，2004.
② 王艳慧.关系契约的理论功能与实定法表现[J].江西社会科学，2016(7)：186.

计机构通过提供优质高效的社会审计服务赢得政府审计机关的认同，建立良好的公私合作关系，政府审计和社会审计协力完成政府审计项目，赢得国家认可和令社会公众满意，社会审计机构给员工提供了参与政府审计的工作机会，有助于员工个体专业竞争力和企业核心竞争力的快速形成。交换和利益的实现在契约关系的每一个层面和角落充分互动。对企业而言，更多社会责任的承担非但没有销蚀利益实现的机会，反而创造了更多的盈利空间。

4. 共同利益的长期实现

关系契约理论在强调契约履行的动态调整机制时，并未抛弃对缔约内容的严谨和审慎，对契约的条款内容仍然要做详细的预设、规划和拟定，只不过缔约当事人免除了对契约内容未尽表达所造成的束缚和阻碍的种种担心。在关系契约共同体的自发调整机制中，所有契约当事人和关联方不再惴惴不安、相互提防，而是本着更加合作开放的态度，既尊重契约又信赖关系，既包容分歧又解决问题，既注重内部合作关系又关注外部合作关系，对合作中的一切分歧不再动辄诉诸法律，而是及时化解纷争、小心维护关系。关系契约理论在倡导共同利益时并未虚化个人利益，其谋求共同利益和个人利益的和谐统一，实际上是为个人利益的实现提供了更多的路径和保障。关系契约理论在充分尊重市场经济规律的前提下来分析利益的实现机制，得出初步的结论：利益实现机制必须建立在一个围绕共同利益目标、互利互惠的长期合作关系之上，唯此才能形成抗击商业风险和法律风险的强大防御力，确保共同利益的公平实现，确保互惠机制的有效运行，确保合作关系的长期发展。

（二）政府购买社会审计服务的公私合作属性

政府购买社会审计服务是公私合作性质的契约关系，体现了契约规范和社会规范的交互融通，其在契约关系体系的各个层面都能与关系契约的诸多理论假设和理念对应契合，并且，政府购买社会审计服务作为一种政府审计领域的新型公私合作关系，其所有的实践活动都将体现对关系契约理论的实践印证和诠释，并将进一步推动关系契约理论的发展和兴盛。

1. 契约关系的长效目标

政府审计项目的开展是根据审计规划逐个开展审计项目。虽然从理论上来讲，社会审计机构可以根据工作需要不停轮换，但政府审计整体工作需要所有参与者形成共同的审计工作理念和审计文化观念；此外，技术的组织和方法的衔接也需要建立在一个稳定的合作关系之上。有别于传统的商品交易，政府审计与社会审计合作的利益往往是在长效合作的机制上，依循短期、中期、长期逐步实现。政府审计机关与社会审计机构缔约时，双方首先期待契约关系的稳定性，因为契约关系的稳定性决定政府审计项目的审计方向、审计规划、审计技术、审计质量、审计发现、审计披露、审计报告等一系列审计工作环节的稳定性。政府审计项目是特殊的公共服务，其每一个项目都具有完全不同的项目特点，虽然会计准则和审计准则是相对稳定的，但每个项目对审计方案的要求不同，而契约关系的稳定性依赖长期契约关系的支撑，契约关系理论首先强调的也正是稳定长效的契约关系。

2. 交易范围的扩大和交易系统化

关系契约理论认为交易已经突破了仅仅交换经济利益的限制，契约关系除直接缔约当事人外，有更多缔约关联方实际参与进来，更多社会性因素不以缔约当事人意志为转移地对契约关系发生间接影响，许多非直接经济利益属性的交易要素也不可避免地纳入交易的范围，交易的容度和层次不断扩大提升，系统性逐步增强。政府审计的国家治理工具属性决定了政府购买社会审计服务从一开始就不能限于经济利益的局限，要树立大利益观和大责任观，其交易关系到国家治理活动的效果以及契约参与人政治责任、法律责任、社会责任等系列责任的承担。当然从技术层面上讲，政府审计项目按照审计规划开展，其购买社会审计服务也是依据规划需求通过一系列交易完成，政府审计机关支付对价后，社会审计机构需要在一个复杂的交付机制中完成标的服务的交付，即其并非是按照“交付-验收”的即时完成模式，实际上其“交付-验收-评估”模式贯穿了整个合作过程，是在复杂的交易系统中在长期契约关系平台上完成交易。

3. 经济利益社会化实现路径

始于个别交易的政府购买社会审计服务，除特殊情况下的解除外，一般会进入长效、复杂的交易体系中。反复交易的过程中，简单购买关系变为深度合作关系，经济利益的实现并不通过纯粹的经济手段实现，或者说纯粹的经济手段无一例外的要受到社会关系的影响，关系规范与社会规范交叉互动，契约关系的社会关系属性不断彰显，缔约当事人循因自执行机制形成共同履约理念和规范，经济利益社会化实现理念深入人心，生发强大的守约自觉和维护契约关系的决心。政府审计和社会审计的合作过程复杂、技术难度高、质量风险大，因此对合作关系的建立提出较高的要求，社会审计机构对逐利模式和路径应做出全新的调整和变革，政府审计机关也将把社会审计服务购买引入社会活动模式予以顶层设计，并且要坚持在该模式中的引领和主导作用，兼顾政府购买社会审计服务交易目的的特殊性，对交易质量、交易效率、交易效果提供更加充分的保障。

4. 合同纠纷非诉讼解决倾向

商业实践有其独特的履约逻辑：在商业合作关系开始时缔结第一份书面合同非常重要，缔约双方保持足够程度的谨慎，而当第一笔交易成功而合作双方决定继续合作时，交易会基于习惯而持续反复发生，有的合作方规定合同自动续期条款，但更多的情况是，在首份合同确立的合作原则下持续交易。商业合作各方在交易过程中，更加关注的是交易关系的发展，遇到合同纠纷或意外情况发生时，合作各方首先考虑的是整体合作关系的拯救，而不是合同违约责任的追究，这是商业活动和商业关系的基本逻辑，立法和司法活动也应在此逻辑基础之上展开。商业活动中，决定合同纠纷非诉解决倾向的因素是：合同纠纷解决的成本以及商业合作关系的维护。从法学视角看，制裁违约方的确维护了社会公平和正义，成本观缺失的社会公平和正义对商业合作方而言往往是概念上的成功，其更看重的是商业合作关系的现状和未来。即使发生了违约情况，只要商业合作关系的基础未被破坏并发展态势良好，局部违约或非根本性违约的损失均可以从后续的反复交易中得到恢复和弥补，经济学和管理学的“持续交易”原则中就含有其独特的损失补偿、履约成本管控含义。

5. 关系契约的成本控制属性

“对关系契约的强调，并不意味着放弃正式契约和法律机制。一般说来，交易细节明确、契约成本低的部分用正式契约加以规约，而交易细节不确定性较高、契约成本高的部分通过关系契约加以规制。”①关系契约理论将合同的基本关系建立在互助互信、互惠互利、稳定长效、发展共赢的基础关系之上，而非仅仅凭借法律强制力维系合同关系，其实是从管理的角度出发将立法目的分解到合同管理的整个过程逐步实现。关系合同着力建设、维护合作关系，其功效之一是用合作关系的稳步发展态势来抑制履约过程中的分歧、冲突、讼争的发生；其功效之二是用长期利益实现的必然态势来自我吞并化解局部违约和非根本违约产生的损失，打破了“违约必导致合作关系破裂”的惯常思维；其功效之三是将合同的缔约、履行和纠纷处理成本控制在最低水平；其功效之四是将关系合同基础之上的合作关系打造成为可持续发展的核心竞争力。“关系契约是交易治理中广泛使用的方式，在规模较小的交易群体里，信息发现和传递具有优势，对违约行为的集体惩罚也易于执行，因此关系内群体能实现有效的自我治理。随着交易规模和范围扩大，关系型治理的成本递增，而规则型治理的成本递减，当规则型治理的成本低于关系型治理时，关系型治理将让位于规则型治理。”②

6. 机会主义动机的自执行抑制

公私合作关系一经建立，关系合同的自执行机制随之建立，其运行的结果是产生公私合作关系的自执行规范，因而合作各方保有充分的规范执行自觉性并逐步增强，利益实现的明朗化和公平性抑制了私人合作方机会主义动机和非法获益的愿望，自执行机制之上的合同自我修正机制也足以应对履约过程中的各种变化和意外。在自执行机制中，履约过程中的任何问题的解决都将是及时的、动态的，充分避免了未决问题的积累和顽疾问题的固化。

（三）关系契约理论对政府购买社会审计服务实践的价值引领

在关系契约理论价值的引领下，政府购买社会审计服务的价值取向逐步清晰，围绕社会审计支持政府审计服务国家治理的目标，从单纯个别的契约关系发展为社会化契约关系，从局部经济利益的追求发展为谋求整体经济利益及社会价值的整体实现，从对契约规

① 袁正，于广文.关系契约与治理机制转轨[J].当代财经，2012(3)：74.
② 袁正，于广文.关系契约与治理机制转轨[J].当代财经，2012(3)：76.

范的机械依靠发展对关系规范、社会规范的协同调整依赖，商业合作关系进一步深化为契约当事人共同体之上的公私合作关系，利益和价值的实现在公平、稳定、长效、极具发展潜力的契约关系中逐步开展。

1. 确立最全面的社会责任观

传统契约理论的“经济人”假设将缔约主体界定为独立的、有充分理性的“经济人”，关系契约理论准确预测了遵循社会发展规律之下的“经济人”与“社会人”的统一，丰富了缔约主体的内涵，拓宽了缔约主体的外延。一个单纯概念的缔约主体是片面的，一个脱离社会基础的契约关系也是不真实的，契约的本质不依存于任何理论的想象与分析，它只生发于具体的社会环境中。社会是契约生成的基础，社会性也当然成为契约的本质属性，离开社会看契约关系，契约关系就成了水中花、镜中月。随着市场经济的发展和社会分工的不断细化，缔约主体的角色分化同时也导致了责任体系的生成和责任分担的多元化。契约关系的社会化，预示着参与契约并不唯一依赖契约合意，更多的“社会人”会以间接的方式参与到契约关系中来，契约的履行汇聚更多参与主体的贡献和责任担当，所以缔约当事人应具有最全面的社会责任观和利益分享观，不仅承担法律责任，还应承担更多的社会责任，社会责任也是契约责任的社会化延伸。社会审计机构的每一次政府审计项目服务都决定了审计公共服务的质量和效果。所以，更多的社会责任是政府购买社会审计服务契约责任的重要内容。

2. 构建内在规范与外在规范的协同调整机制

日本学者内田贵进一步诠释了关系契约理论对内在规范和外在规范的划分：“内在规范为契约实践中所产生的规范，即被称为契约履行中的‘活法’；而外在规范为社会对契约规范的措施，主要是指由现实法律所调整契约法为主的规范。”①以关系契约为视角阐释契约的履行，不但可以超越传统契约的范畴，突破传统契约只注重外在规范的作用，强调重视契约自身内在规范的影响，而且能够实现内在规范与外在规范调整的统一性。“关系性契约立足于社会现实，充分考虑影响契约的各种背景因素，当事人的合意固然是契约的发动机制，但非承诺性因素却一直发挥作用，这些因素在契约关系中的数量多少和作用强弱决定契约的关系性大小，所以关系契约具有明显的过程性和动态性特征。”②

关系契约理论主张，契约履行的基础是内在规范和外在规范的协同调整。契约履行的最原始依据是契约当事人的合意和外部法律规范，内在规范的存在及其与外在规范的互动实际上为契约履行中各种分歧、矛盾、问题的解决提供了全新的路径、方法和依据。

关系契约对内在规范和外在规范的划分，为契约关系的建立和完善提供了更加坚实的制度基础和机制支撑，促进了内在规范与外在规范的协同调整机制的形成。第一，基于共

---

① 内田贵.契约的再生[M].胡保海，译.北京：中国法制出版社，2005.

② 王艳慧.关系契约的理论功能与实定法表现[J].江西社会科学，2016(7)：186.

同利益实现目标的契约当事人共同体依据内部规范发挥应有的作用，在构建长效合作关系体系中，纳入信赖机制、协同机制、责任机制、信誉机制的建设规划，注重内部规范和外部规范的互动，内部机制与社会环境的协同，契约利益与社会利益的和谐，企业责任与社会责任的融通。第二，降低了履约成本及风险。传统契约理论强调缔约时的审慎和对未来情况的详细预设，此时“理性人”的最大努力也难以避免“理性人”有限理性的局限。契约当事人共同体和内在规范的存在，产生自调整机制，可以对履约过程中出现的任何情况做最机动灵活的适用，阻断遏制了任何不利于契约关系的破坏性因素于萌芽状态，增强了契约履行的安全性，降低了契约履行的风险。一个不容置疑的事实是，契约履行中任何分歧，矛盾事前、事中解决的成本一定低于依据外部规范事后解决的成本。第三，关系契约和正式契约的互动是社会价值目标实现的前提。以政府购买社会审计服务为例，作为一种特殊类型的公共服务购买，契约目标早已突破了经济价值实现的唯一性，社会价值的实现也成为契约目标。正如影响契约的诸多社会影响因素无法在正式契约里体现一样，社会价值目标也无法在正式契约中详尽描述，所以社会价值目标依靠关系契约和正式契约的互动作用予以实现。

3. 构建共同体基础上的利益实现模式

契约关系当事人共同体不仅在契约关系中，更在社会系统中，契约关系除其本身的社会关系属性外还与其他更多的社会关系发生牵连。从契约关系的长期性来看，契约当事人的利益实现模式应建立在共同体基础上，并需处理好各种影响契约履行和合作成败的社会关系。第一，成本效益观的长期化。基于契约的长期性和合作的长效性，成本效益计量也当然长期化，并且为履约投入的成本也要融入社会属性的考量。以政府购买社会审计服务为例，社会审计机构应将建立与政府审计机关的良好合作关系作为首要的契约目标，同时要建立与社会系统的良好合作关系，通过承担更多的社会责任，谋求社会声誉度的持续提升。为此社会审计机构要坚持长期的成本投入，契约内外成本投入实际上合力支持了长效契约利益的实现，也带来新的履约观念。第二，契约关系建设的自驱动力。从关系契约的视角来看，契约共同体及所有利益关联方建设契约关系的努力更多源于自驱动力，共同的契约理念、共同的价值观、共同利益、持久合作、互助互信均构成自驱动力的核心要素。双方合作过程中，合作的阶段性成果越好，合作共同体的自驱力就越强，合作关系就越稳定。第三，公私合作机制的建设。政府审计与社会审计公私合作的关系属性决定了必须建立公私合作机制对这种关系予以管理。在这一机制中，盈利机制运行的一个重要前提是对各种契约关联的社会关系的处理，包括共同体成员之间以及共同体与外部主体之间关系的处理。公私合作机制的建立是契约关系理论在公私合作关系实践中的贯彻，是基于契约关系实现契约利益的体制机制保障。

综上，关系契约理论在对契约关系深刻理解的基础之上没有简单地颠覆古典契约理论，而是针对其陷入实践解释泥沼的困境驰援施助并从社会学的角度予以承续性的新解，融入长期性、机动性、团结性、共同体、关系规范、合作共赢等一系列因素来诠释契约。在关系契约理论的价值引领下，社会人与经济人，利己主义与利他主义，关系规范和社会规范，经济利益与社会价值，个体责任与社会责任，都将毫无例外地踏上辩证统一的光明大道。关系契约理论契合了以契约关系为基础的公私合作关系建设理念、原则和实践需求，为公私合作关系的建设发展提供了一个科学的理论研究范式，并且在指导公私合作关系实践的同时，其自身也将赢得巨大的理论发展空间。

第二章 政府审计公私合作实践考察

第一节　政府审计农村基层实施实证调查：以村居审计为分析样本

村居审计概念是审计学界的一种提法，也可以称之为农村基层民生审计，既可以基于审计机关的职能也可以基于村集体经济组织的委托进行。对涉及公共预算资金的使用情况和“三农”政策落实情况进行审计是政府审计的职能范围，本文所探讨的村居审计即属于政府审计范畴。

一、 问题、材料与研究路径

（一）问题的提出

村居是构成农村社会的基础单元。村居治理作为国家治理体系的子系统，其效能和效率影响着国家治理目标的实现程度和国家治理现代化进程，其中村居经济治理更是“三农”问题的核心，其监督机制的失效将会导致党和国家的农村政策无法被有效贯彻，损害了农民的基本权益并危及农村社会的稳定。所以必须加强对村居经济监督机制失效的治理，重点构建村居审计监督制度，强化多渠道专门监督力量的协同并依法规制监督程序。村居审计是农村基层民生审计，“民生审计是指审计机关以维护国家经济安全和社会安定和谐为目标，对事关人民群众利益的公共资金使用、管理及效益情况，对党和政府民生政策的贯彻落实情况，对民生项目和民生工程的安排实施情况，对各级党政干部解决民生问题的实际效果与绩效情况等，进行独立的监督、评价和咨询、信息服务活动”。[①] 村居审计是政府审计的最前端，以审计全覆盖为基本目标。政府审计作为国家治理的重要手段成为当前审计体制改革和审计机制创新的重点，这将对政府审计能力和绩效提出极高要求，而当前我国政府审计资源严重缺乏，导致各级政府审计监督中普遍存在审计盲区，应审未审、审而不严、疏于问责的现象多发，影响了政府审计依法独立行使审计监督权的权威和效能。故此，是否能够通过审计体制改革和审计机制的创新，在政府审计的各个地区和专项领域全面开展政府购买社会审计服务，在政府购买社会审计服务中，加强政府审计与社会审计的公私合作，有效解决政府审计资源严重匮乏的问题，实现审计全覆盖目标，值得理论界和实务界深入研究。

党的十八届三中全会通过的《中共中央关于全面深化改革若干重大问题的决定》中着重提出“全面深化改革的总目标是完善和发展中国特色社会主义制度，推进国家治理体系

① 尹平.政府审计与国家经济安全论[M].北京：中国时代经济出版社，2011.

和治理能力现代化”，这就为村居治理围绕“三农”建设目标指明了发展方向。2017 年 2 月 20 日，中共中央办公厅、国务院办公厅印发了《关于加强乡镇政府服务能力建设的意见》，明确提出，以坚持党的领导、坚持改革创新、坚持以人为本、坚持统筹兼顾为基本原则，加快乡镇政府职能转变，强化服务功能，健全服务机制，创新服务手段，增强服务意识，提升服务效能，进一步推进乡镇治理体系和治理能力现代化，从强化乡镇政府服务功能、优化乡镇基本公共服务资源配置、创新乡镇公共服务供给方式、加强组织保障四个大的基本方面为村居治理现代化的实现，规划出了具体的路径和方案，对加大公共服务购买力度，加强审计、监察等专门监督做出具体规定。① 村居审计中推行政府购买社会审计服务，有利于乡镇政府统筹整合审计资源、高效履行法定职责、更好完成公共服务，但目前全国部分地区政府购买社会审计服务用于支持政府审计工作的各项实践尚处于探索阶段，经验不足，标准不一，理念各异，方向模糊，尤其缺乏有效的法律规范指引。

村居经济治理是决定村居治理成败的关键内容。目前为振兴村居经济，将当地养殖大户、私营企业主选拔到村居负责人岗位上实行“能人带领型经济”成为很多地方政府发展村居经济的普遍性做法。无独有偶，在“老板村官”日渐增多的同时，全国各地频频发生“老板村官”因巨额债务自杀或跑路现象，其中在江苏省发生的两起案件尤为典型：2016 年 5 月，南通市海门市曾被树为带领村民致富模范的“老板村官”叶剑生疑因身陷个人债务纠纷服毒自杀；2016 年 7 月 6 日，常州市青城村村支书陈建强因其私企欠债近人民币 2 亿元跑路。② 作者针对上述系列现象的发生及其产生的问题，走访调研了徐州、盐城、镇江、苏州、无锡、常州地区的 10 个乡、镇所属的 21 个由老板任村干部的典型村，调查发现：在调查走访的地区，老板任村干部的现象非常普遍，在其带领下村居经济大多总体态势发展良好且部分村居经济发展成果显著，但发展过程中伴生（次要的随主要的一起生长）的负面问题也很多，涉公涉私的经济纠纷多发，公权私权交叉，公私利益混同，导致村居经济监督机制严重失效，村居负责人等村居干部群体的违法犯罪风险日趋增大。所以针对村居经济现存问题，析明监督机制失效成因，查明村居审计的实施情况，对村居审计资源整合、购买社会审计服务、效果及覆盖程度进行深入研究，有针对性地及时开展有效治理，刻不容缓。

（二）调研方法、材料获得、样本选取

首先，调研工作时间从 2016 年 9 月 15 开始，至 2016 年 11 月 27 日结束。在走访调查的基础调研方法之上，创新调研方法，即由作者实际参加村居审计中政府购买社会审计合同订立及合同履行的全部过程，并作为村居审计项目组成员全程参与村居审计具体项目，据此获取第一手数据及材料，并在遵循政府审计保密原则的前提下以实证方法展开研究，以保证研究过程及研究结果的客观性、真实性和科学性。受调研能力、调研渠道的限制以

① 中共中央办公厅，国务院办公厅.关于加强乡镇政府服务能力建设的意见[R]，2017.

② 宋体佳.亦官亦商让“老板村官”陷入监管难题[N].现代快报，2016-7-17(007).

及政府审计工作的相关保密要求，此次调研范围只涉及江苏省苏北、苏中、苏南三个地区，具体以无锡市下辖的A乡和B镇的村居审计为个案分析样本。调研涉及江苏省苏北、苏中、苏南三个地区的经济发达程度从苏北至苏南依次递减，其中受访的苏北、苏中的乡镇政府基本上没有系统、有力地组织指导村居审计工作，政府审计机关组织实施的村居审计中除零星松散的聘请会计师事务所注册会计师参与具体审计项目的辅助工作外，基本上无有组织、规模化地正式购买社会审计服务的实践活动，该地区存在村居审计的大片盲区，导致村居经济监督机制失效及村居经济中的腐败现象普遍存在，虽然其现状及个案素材可以作为反面例证为实证研究提供比较分析基础，但因该地区基本没有政府购买社会审计服务的实践活动，所以无具体的分析样本可供选取。无锡市地处苏南，是江苏省乃至全国经济最为发达的地区之一，其村居审计工作及政府购买社会审计服务从无到有、自弱趋强，虽然目前仍处于发展初期，但已经走在全国前列。虽然我国目前法律尚未对在乡镇一级政府设立审计机关做出具体规定，但出于政府组织村居审计工作的需要，该市部分乡镇政府专门设立了审计办公室以专门组织领导村居审计工作，有的是在内审机构的基础上合并设立，有的是在内审机构之外单独设立。政府在组织实施村居审计工作中整合审计资源、购买社会审计服务的意识较强，购买预算有一定保证并逐年增加，取得了一定的工作经验和实践效果，具有一定的典型性。在该地区选取分析样本，对其做个案研究，有深度发掘研究层次的基础，可以较为客观、准确、科学地得出分析结论。

其次，材料获得。作者在调研走访中，以审计工作组成员的身份，全程参加了无锡市锡山区A乡和B镇的村居审计项目，这两个项目均向社会审计机构购买了社会审计服务。A乡和B镇的情况非常具有特殊性和典型性，极具研究价值。第一，就全国范围而言，A乡和B镇是最早系统建立村居审计监督制度的乡镇。第二，A乡政府和B镇政府是最早在村居审计中购买社会审计服务的。第三，A乡政府和B镇政府已经具有在村居审计中购买社会审计服务的多次实践经验，第一次购买社会审计服务未达预期审计效果后，A乡政府和B镇政府大幅度增加购买社会审计服务预算，提升购买社会审计服务质量，并最终达成预期审计目标。第四，围绕村居审计目标，及时进行机构改革。虽然目前尚无法律依据，但A乡政府和B镇政府试行设立了审计办公室，在市、区审计机关领导下组织、实施村居审计工作以及政府购买社会审计服务工作。因此，通过对乡镇政府购买社会审计服务前后村居审计效果的对比以及观察其对涉及体制、机制、组织、法律、审计方法等诸多问题的解决，可以取得新颖、鲜活、翔实的研究素材，为研究成果的理论和实践价值的形成提供了坚实的研究保障和研究基础。

最后，样本选取。A乡和B镇处于城郊接合部，村居社会形势及经济情况复杂，随着近年来我国新型城镇化建设的迅猛发展，A乡和B镇的60%左右的土地被国家征收用于城市建设，因征用土地被安置的农民全部住上安置房，有劳动能力的农民在乡办、村办集体经济企业中就业。A乡的C物业公司(以下简称C公司)和B镇的D多种经营公司(以下简称D公司)就是因此而设立。因为这两家公司经济体量大,承担乡镇政府的部分公共服务职能,每年政府会拨付专门的公共资金补贴,此外,其经营业务中80%来自政府交办的公共服务项目,再加上其开拓自营的业务,企业本应该有良好的盈利空间与盈利预期,但令人费解的是,两家公司连年亏损并且亏损情况逐年严重,所以乡镇政府将之列为村居审计的重点。但在历年的村居审计中除发现个别违反财经纪律的行为外并没有发现严重的问题,经过多次整改,也无法扭转亏损局面,乡镇政府面临较大的管理、监督压力。因此有必要不断尝试改革监督体制、机制和创新村居审计方法,以求触及隐性问题的根本成因并及时开展有效治理。

二、 村居经济监督中政府审计与社会审计公私合作现状及问题

(一) 村居审计制度建立的背景

2013年10月以前,无锡市所属区县尚未建立相对独立、完善的村居审计制度,对村居经济的专门监督主要依靠乡镇农经、财政等内部审计配合纪检、监察的年度检查为主,对涉农、土地等项目资金采取自查和政府审计相结合的方式,偶有社会审计的参与也只限于对分包事务性审计辅助工作的参与。市区(县)两级政府审计机关专业审计干部力量非常有限,市局只有行政编制90人,后勤服务人员编制9人,设13个内设机构,市、区审计机关除了完成常规政府审计工作之外,只能就领导交办和纪检举报移送的个案做针对性的延伸审计,根本无力实际组织并参加到村居审计工作中来。乡镇农经、财政等内部审计机构的专业人员大多是从会计岗位上抽调过来的,基本上没有外部审计工作的实际经验,只能勉强应对各单位的内部审计工作,无暇他顾。加上村居审计制度尚未建立,村居审计工作基本上无法有效开展,村居经济领域存在大片的审计盲区,政府审计实际上无法完成对村居经济审计监督的全覆盖目标。无锡市行政辖区内的乡镇地处全国最发达经济地区,村居经济发展水平、村居经济体量和村居经济活跃程度均处于全国领先地位,而由于村居经济监督的乏力、村居审计手段的落后,各乡镇涉农资金、民生资金的拨付使用、土地发包承包、村居集体资产的管理、集体经济企业的经营、农村建设投资等领域问题频发,对村干部贪腐浪费的举报连绵不绝,干群关系紧张,社会矛盾激化,上访等群体性事件频发,已经严重影响到村居社会的稳定和经济的发展。对此,市区(县)政府已经充分认识到改革村居监督机制、创新审计监督的紧迫性和必要性。

(二) 村居审计制度的初设

2013年10月无锡市政府在部分乡镇试点建立村居审计制度,A乡和B镇作为核心试点乡镇。A乡B镇在市、区两级审计机关的指导下,分别制订了加强审计机关对村居审计的领导、组织、实施以及在政府审计项目中购买社会审计服务的具体实施办法,在乡镇政府专门设立审计办公室,将监督职能从财政、经管部门剥离出来,由审计办公室独立行使,改

变了原来财政、经管部门记账、核算、监督、管理职能集于一身、自我监督的局面，建立起以市、区审计机关为主导，乡镇政府审计办公室以及农经、财政等内部审计部门为基础的村居审计专门工作队伍，并着力于创新审计技术和方法，开展政府购买社会审计服务，促进政府审计和社会审计的公私合作，加强审计、纪检、监察等专门监督力量的协同，力求解决以往审计过程中没有发现、没有解决以及解决不够彻底的问题，保证审计监督权在农村基层的充分实现，并以村居审计的实际效果作为检验村居审计制度成效的重要标准。

（三）村居审计制度初步运行效果

从2014年1月开始，由某区审计局牵头，A乡B镇审计办公室实际组织，在社会审计机构的支持下，对A乡B镇所属21个村居及6个集体经济企业实施了全覆盖审计，审计项目达106个，审计资金1.1亿元，查处违规及管理不规范资金额1 500万元，查处移送违法违纪线索7起，对挪用、侵占涉农资金，村居负责人公私不分，变相侵占公共财产，村居财务记账混乱，村居财务人员无专业任职资格等问题进行了整改，取得了初步成效。同时，在对村居审计效果的检验中也发现诸多历史遗留问题，并未因村居审计机制体制的建立以及村居审计力量的加强而得到实质性解决，归纳起来有以下几个方面原因。第一，村居审计所达层级不够深入。从已经实施的村居审计项目情况来看，虽然有市区（县）审计机关的指导和乡镇审计办公室的具体组织以及审计力量的加强，但审计所达层级还是限于传统的查账方法，即只审核财务会计账簿，对据以记账的原始凭证的形成及其对应的经济活动事实不做调查审核，而目前村居经济中贪腐分子很少通过拙劣的改账手段来掩盖舞弊行为（舞弊是会计、审计学科中常用的概念，与欺诈概念通用，表述习惯上有时舞弊欺诈并用，如果从法学视角来表述，舞弊行为根据构成要件可划分为违纪行为、违法行为、犯罪行为，会计、审计学科多从管理、调查角度来理解诠释舞弊，法学多从查证、归责角度来理解诠释舞弊）。第二，村居审计的质量不高，由于参加村居审计人员的专业胜任能力有限，加上审计调查取证的方法落后，审计人员不善于运用法律手段支持审计调查，导致审计发现不充分，审计披露有限，审计信息失真，证据不足。第三，村居审计资源有限，力量不够，途径单一，方法陈旧，没有整合政府审计资源和社会审计资源的意识，创新不足。

针对村居审计的失效甚至是失败，政府审计必须通过改革体制和机制，从根本上改变审计理念、创新审计路径、变革审计方法。由于近年来村居经济中的舞弊贪腐行为日趋复杂和隐蔽，并开始从单纯的财务舞弊向经营管理的各个环节延伸蔓延，依靠传统审计发现和揭示舞弊遇到极大的障碍和挑战。如果再因循守旧，政府审计的审计质量、审计效率、审计效果均难以保证，至少在村居审计领域，舞弊贪腐势力对政府审计力量普遍持轻视态度，舞弊者在村居经济领域实施舞弊时往往有恃无恐、气焰嚣张。在此严峻形势下，通过政府购买社会审计服务，创新村居审计体制机制，对政府审计中的村居审计领域形成有力支撑，刻不容缓。

三、 村居审计创新：法审计的引入

法审计是近年来从英、美等发达国家引入的一种创新型审计，目前已经在我国政府审计、内部审计、社会审计三大审计实践领域中逐步试行。法审计结合了法律、会计、审计、管理、计算机等高超复合的多学科交叉专业技术方法，突破了常规审计的审计范围和深度，旨在通过创新审计机制、理念、路径、方法，达成审计全覆盖目标，克服“屡犯屡审、屡审屡犯”的审计失效甚至审计失败。村居审计作为政府审计的最前端，政府审计覆盖率低、政府审计失效甚至审计失败情况普遍。所以，村居审计实践中迫切需要引入法审计理念、技术和方法。目前我国政府审计囿于审计专业人力资源的匮乏和专业技术手段的局限，不具备全面实施法审计的基础条件，尤其是基层审计机关无力组织法审计类型的村居审计，所以必须向社会审计机构购买法审计这种新型社会审计服务，在契约关系基础上建立政府审计与社会审计的公私合作关系。就全国范围来看，具备开展法审计业务专业能力的会计师事务所、管理咨询公司等社会审计机构主要集中在北京、上海、广州以及江苏、福建、浙江、广东等省的大中型城市。无锡市是江苏省最早开展法审计业务的城市，有3家已经开展法审计业务的会计师事务所，为在作为政府审计最前端的村居审计中购买创新型社会审计服务——法审计打下了良好基础。本章选取的两个案例(参考了该法审计项目的报告和相关资料，因保密要求，相关单位的名称和个人姓名均用简称或化名代替，但数据、法审计内容、结论均保持原始性、客观性、真实性)也是首次使用法审计法开展审计，从审计形式到审计方法均对传统审计有较大突破。

第二节　A乡C物业管理有限公司法审计案例分析

一、 政府购买社会审计服务前的审计情况及效果

2013年以前，C公司每年都自行组织年报审计，审计一直委托无锡市某会计师事务所进行，该会计师事务所从C公司成立以来就一直承担公司的年报审计工作，从未更换过。C公司对会计师事务所的遴选没有经过正规招投标程序，会计师事务所的审计工作一般由一名会计师带两名助理会计师在3天左右完成，审计范围只涉及财务会计资料，并且审计所需的所有财务会计资料由C公司会计按照审计材料清单提交，审计人员不主动调取资料，对缺失的财务会计资料，审计人员只按照C公司解释的原因记录在案，不核实原委，有多少材料就审多少材料，审计过程中，重点检查公司财务活动的合规性，不涉及管理内容，对内控缺陷和舞弊征兆不做深度调查。从历年的审计报告来看，报告内容几乎没有太大变化，对

财务合规性的审计结果均为合格。

由于C公司承担失地农民安居房的物业管理，每年有1 000万元的维修基金支配权，而市、区、乡三级政府纪检监察部门多次接到举报，称C公司存在维修基金虚报冒领的严重舞弊行为。区纪检监察部门曾针对举报线索会同区审计局开展过专项舞弊审计，由于区审计局审计力量有限，所以专项舞弊审计只能针对个别问题进行，无法全面展开。虽然对审计发现的个别问题及时做出了纪检或司法处理，但针对类似问题的举报不断，政府审计机关和纪检监察部门陷入“屡犯屡审、屡审屡犯”的困境。对于严重违纪违法问题也专门开展过大规模的政府审计活动，并借助了社会审计机构的力量，但这种合作仅限于政府审计机关向会计师事务所有偿借调专业技术人员，借调来的工作人员只承担登记合同、核对账目、撰写函证、编制现金流量核对表等基础性工作。政府审计工作人员把控核心审计内容及案情进展，所有核心工作对借调工作人员不公开。就该区审计机关专业干部人力资源情况来看，来自该市、区社会审计机构的注册会计师从学历背景、知识结构、执业资格、海外服务经历、继续教育、审计经验、办案数量、审计成果、社会声誉等方面均优于大部分审计机关干部。

二、 法审计准备

江苏E会计师事务所(以下简称“E所”)接受无锡市某区A乡人民政府的委托，签署政府购买社会审计服务专项合同，于2016年9月15日至10月16日对C公司2012年1月至2016年5月的公司内部控制和公司领导履行经济责任情况进行法审计。由来自南京审计大学审计学、法学专业的1名教授、2名副教授以及4名注册会计师等法审计专业人员组成法审计工作组，审计人员组合体现出理论与实践结合、审计学与法学跨学科结合的特点。

(一) 法审计实施

1. 法审计工作依据

本次法审计是依据无锡市某区A乡人民政府审计办公室对C公司下发的审计通知进行的，具体法审计工作依据《公司法》《预算法》《企业内部控制规范》及《党政主要领导干部及国有企业领导人员经济责任审计规定》及其实施细则实施开展，与传统审计相比较，拓宽了审计工作依据的法律、法规、规章、制度。

2. 法审计工作范围及法审计方式

本次法审计工作的被审对象企业为C公司，不含其对外投资企业，范围为C公司2012年1月至2016年5月的内部控制建设与执行情况、财务收支情况、主要领导的经济责任履行情况。本次法审计采用送审与调查相结合的方式，对所有送审材料均要明确调查的重点和疑点，调查核实。

3. 法审计内容及主要方法

本次法审计工作在对企业内部控制进行了解和测试的基础上，对企业资产、负债的真实性，财务收支核算的合规性，企业资产质量变动状况和重大经营决策等情况进行法审计。

本次法审计工作采用了舞弊征兆分析、调查、审阅、访谈、盘点、观察、抽查、重新计算及分析性复核、计算机取证、大数据分析等我们认为必要的法审计技术方法，相较于常规审计，审计方法多样化，各审计方法之间相互支撑并系统化。在采取一定程序进行适当复核、评估的基础上，本次法审计也适当参考了公司上级主管部门的相关工作成果。

4. 法审计人员的责任

本次工作中，法审计人员的责任是按照相关法律法规及准则的要求对C公司的内部控制、财务核算、经济责任等方面进行法审计。如果C公司存在违规或舞弊行为，应依据本次法审计结论对C公司管理层及治理层依法问责。

（二）审计对象初查

1. 基本情况

C公司成立于2003年，位于无锡市某区，企业性质属于乡镇集体企业。公司注册资金3 000万元，目前拥有固定的办公场所800余 m^2，员工305人。服务小区包括海棠花苑一、二、三、六期，玉兰花苑二、三、五期，共计约130万 m^2 的安居房，以及各小区公共活动中心的物业管理，并在各区域设立了服务处。

2. 企业目前的组织架构及相关管理人员情况

企业法人：刘雷（负责全面工作）				
质调维修	保安	保洁	车库	广场管理
王含、刘一彪、徐劲松	吴德庆	徐劲松	徐劲松	徐劲松

副经理：王含（负责质调维修）				
	海棠一期	海棠二期	海棠三期	海棠六期
质调	钱大有	钱大有	赵晴川	赵晴川
维修	方建语	方建语	赵晴川	赵晴川

副经理：刘一彪（负责保安、质调维修）							
	海棠一期	海棠二期	海棠三期	海棠六期	玉兰二期	玉兰三期	玉兰五期
保安	孙德庆	孙德庆	吴良才	吴良才	张寿生	朱翔宇	朱翔宇
质调维修	钱进	钱进	徐达寿	徐达寿		麻汇文	蔡旭东

副经理：徐劲松（负责车库、保洁、质调维修、广场管理）							
	海棠一期	海棠二期	海棠三期	海棠六期	玉兰二期	玉兰三期	玉兰五期
车库	张自强	张自强	高宏博	高宏博	王大庆	杨汉阳	郑文
保洁	张自强	张自强	高宏博	高宏博	王大庆	杨汉阳	郑文
质调维修					李力		

主办会计：陶文辉（负责财务、仓库） 出纳会计：陆敏				
	海棠一期、二期	海棠三期、六期	玉兰二期	玉兰三期、五期
仓库	陈之江	刘依兰	马晓丽	白兰萍

3. 企业近年来治理变动情况

2014 年 09 月 26 日，公司法定代表人发生变更，由王强变更为刘雷。

2014 年 12 月 05 日，公司股东发生变更，由无锡市中兴实业有限公司变更为无锡市某区某乡水利农机站。治理变动带来股东及股权结构的变化，从而带来利益格局的变化，循由治理变动线索可以发现利益交错和冲突的生发点及成因，这是法审计特别关注的重点。

（三）C 公司主要财务情况

（1）2012 年度至 2016 年 5 月的资产负债情况

（2）2012 年度至 2016 年 5 月的损益情况

（3）2012 年度至 2016 年 5 月的各项支出明细

（4）目前账面资产安全性及潜在风险情况

① 货币资金

账面现金存在 1.1 万元的员工借条抵库，其他无异常；银行存款经询证，无异常。与常规审计不同，在取得银行询证回函后，审计人员通过回访银行，从形式到内容核实了银行询证回函的真实性，因为近期出现的舞弊案件中已经出现被审计单位与银行勾结制造虚假询证回函的现象。

② 应收账款及其他应收款

应收账款及其他应收款主要是财政安排的辖内企业拆借款，以及零星采购往来，经过审核无异常。

③ 存货

目前账面存货 46 万余元，但存在管理混乱、保管不善等情况，部分存货及原材料存在灭失或减值的可能性。

④ 长期股权投资

账面股权投资 170 万元，主要是上级主管部门安排的地方服务企业投资，C 公司对其投资企业不负管理责任。

⑤ 固定资产

账面净值 37.2 万元，主要是购买的工程车辆、巡逻车、办公设备等，未见异常。

三、 法审计实施后的新发现

党务建设和法人治理工作是企业管理工作的核心，决定了企业管理各方面工作方向和路径选择的准确性和科学性，而在传统的审计视野中，公司管理顶层设计及各项政策实施一般不纳入常规审计的范围，而法审计将之纳入审计的核心范围，视为对公司治理绩效的核心检验。组织架构设计与流程管理的缺失导致了公司组织机构设置的不合理，给管理的有效实施造成壁垒，也给舞弊发生提供了机会，常规审计对此很少涉及。对内控制度，常规审计多停留在对内控制度文本的核查，而法审计除了检查内控制度体系的完善及其与各分项制度的承接协同以外，更加注重对制度执行效果的检查，并提出增效补缺方案，继续跟踪后期改进效果。人力资源及薪酬管理方面的舞弊是常规审计的一个瓶颈，常规审计多从薪酬发放的财务会计资料着手开展审计，而人力资源舞弊的手法不断翻新，很少直接通过篡改财务会计资料来实施舞弊。此外，内外建设工程的流程管理及质量控制方面，居民房屋定损赔偿方面，物资采购、存储、领用方面，因法审计团队中配备工程技术造价背景的审计师，所以具有超越常规审计的专业发现能力，尤其对法审计发现问题可能导致的法律后果进行分析和预判。具体而言，法审计在以往常规审计没有做到、不能做到的几个方面实现了突破并根据新的审计发现提出以下建议。

（一）党务建设、法人治理方面

1. 党建工作空白

C公司股东为无锡市某区某乡水利农机站，投资额为3 000万元，占股比例100%，主管机构为A乡政府。作为基层政府主管的乡镇集体企业，C公司党的基层组织建设及党风廉政建设工作尚处于空白状态。公司自成立以来，从来没有制定出台党员管理、党风廉政教育、思想政治宣传等各个方面的党建制度，党员学习活动与组织生活虽有会议记录，但通过审计人员的调查，会议记录是办公室凭空虚构撰写的，实际没有开展过此类活动。

2. 法人治理缺位

截至2016年5月底，C公司在法人治理方面仅制定了该企业的《公司章程》，《公司章程》从形式到内容均照搬工商登记部门的示范文本，没有结合《公司法》等相关法律法规的最新修改内容，没有针对C公司公司治理的实际需要来设置《公司章程》的条款，公司的经营管理活动完全没有按照现代企业的法人治理结构进行规范运作，《公司章程》并未得到实际遵守。具体来讲，C公司经营管理活动对《公司章程》的违背体现在3个方面：

（1）公司上级主管部门、股东、董事、监事、经营管理层五方主体之间权责混淆

自C公司成立以来，经营管理层没有对股东负责的管理意识，外部监督主要是靠乡政府相关领导对C公司费用列支签字审批的方式，签批领导根本没有时间去做具体的审核，外部监督走过场，流于形式。公司内部监督机制属于空白状态，公司总经理由村干部兼任，总经理同时办有自己的私人公司，身兼三职，同时掌控对公私资源的调配权。董事、监事、经理只是做到了岗位角色的分工，没有对责权进行界定和区分，企业经营管理有浓厚的人治色彩，直接导致上级主管部门无法实施对企业的领导并承担了不应承担、也无法承担的

企业经营风险。

(2) 公司内部机构设置不科学

自C公司成立以来，企业内部机构均重点围绕经营活动设置，对财务、审计、人事等部门没有分设专门机构，而是由办公室统一行使各职能，没有独立的内部控制部门，经营管理层的各种职务行为既没有受到上级主管部门的监督，又没有受到公司内部控制制度的制衡。年报审计流于形式，C公司从未聘请过独立第三方社会审计。

(3) 公司日常经营管理工作不规范，严重违背《公司章程》

自C公司成立以来，C公司对所有的重大经营决策、预算、执行以及主管部门指令的上传下达等行为均没有形成会议纪要，档案管理混乱。对各年度管理人员无考核，公司职员到任、离任手续不健全，人力资源档案不够完整。公司从未制订企业中长期发展规划，对管理人员的工作从未进行过绩效考核，对管理人员的年终奖金的发放，财务只记总账，具体由总经理根据自己的判断以现金红包的方式发放。

(二) 组织架构设计与流程管理方面

C公司目前的组织架构为执行董事兼任经理一名，负责全面工作，副经理3名，主办会计1名，公司下设财务管理部，在7个不同的小区分别设立保安、保洁、质调维修、仓库等小组。

(1) 在实际经营过程中，C公司的3位副经理的职责划分如下：

① 王含：负责4个小区的质调维修工作；

② 刘一彪：负责6个小区的质调维修、7个小区的保安工作；

③ 徐劲松：负责7个小区车库的管理、7个小区的保洁、广场的质调维修及管理工作，另外实际负责全辖区的物质采购审批工作。

(2) 根据实际运作来看，C公司组织架构设计及流程管理存在以下几方面的不足：

① C公司目前经营管理采用的还是垂直分片管理模式，没有采用扁平流程化管理体系，整个企业的管理没有体现出执行与监督分设、客户服务导向及流程管理导向等原则，导致目前的基础管理体系不完善，管理节点不清晰，责权利不够明确。

② 从目前的组织结构来看，许多职能部门缺失，如比较重要的人力资源管理部门、工程质量控制部门、内审部门、监察部门等。公司组织机构不合理导致了公司部分核心业务存在多头管理的问题，尤其在质调维修领域，长期存在一任经理一种管理的现象，管理政策无法保持稳定性和连续性，人事纷争不断，管理事故不断，围绕非法利益输送"拉山头、结帮派"的现象普遍存在，导致对公司核心业务管理的弱化甚至落空。在工程建设与物资采购领域，没有体现精简高效、专业分工、责权对等结构设计。

(3) 由于C公司的各项工作结构设计不够完善、职能部门缺失，在很大程度上造成了管理流程的缺失，直接导致两大风险漏洞产生，以前例行审计对此未予以关注、调查和揭示。

① 缺乏自我监督。主要是在工程质量控制、物资采购决策、人力资源的招聘等环节;

② 费用列支“一支笔”。目前企业的费用列支重形式、轻实质,无论金额大小、费用类型,均由总经理签字审批,但支撑审批的依据不足,公司内部缺乏相关费用列支的范围及标准方面的规章制度。导致管理费用较高(尤其是2015年),且内容涵盖很多,分类不清,部分项目存在异常,具体包括:

a. 业务招待费2015—2016年变为0(可能是基于国家政策要求的变化),但是账目新增了咨询顾问费、保险费、劳务费三个项目,有可能是假借新名目掩盖发生的业务招待费;

b. 管理费里有重要一部分用于工资和加班费(伙食费、值班费、电话费、劳务费),且部分以现金形式发放;

c. 支付赔偿款(噪声补偿、质量补偿、处理款)的依据不足,部分赔偿款用现金支付;

d. 日常的很多维护费用都计入管理费用,缺乏支付的依据和标准。

(三)内控制度建设与执行方面

截至2016年5月,C公司制定了两大类(7小类)管理制度、17项岗位职责。主要包括:会议管理制度,日常工作管理制度,仓库管理制度,突发公共事件应急管理制度,人事管理制度,保安工作考核奖惩制度,维修质调工作考核奖惩细则,高管人员岗位职责,会计、保安、保洁、维修、门卫等岗位职责。在梳理现有关管理制度后发现,C公司的内部控制建设与执行存在多项问题,主要体现在以下几个方面:

1. 制度建设较为滞后,与现有经营业务不匹配

C公司尚处于岗位职责代替流程制度阶段,最为明显的是,各业务条线的工作岗位有职责,无办事流程。因无具体业务流程控制,日常工作的办理随意性较大,不同员工的办事效率、质量存在较大差别。例如,人事管理制度中规定了具体的工作时间,但不同班组之间有些采用指纹打卡的方式进行考勤,有些采用班组长人为认定的方式进行考勤。类似情况给企业的日常经营活动带来了一定的违规、舞弊空间。

2. 部分制度的制定不够合理,流于形式,可操作性不强

(1)《仓库管理制度》七-7显示“采购人员利用工作之便获取高额回扣等贪腐行为1次,给予警告处分;2次给予严重警告处分;3次调岗处理”。上述规定的处理方式明显偏轻,员工的违规成本较低,无法起到震慑作用。

(2)《车库管理岗位职责》第二、三条规定,“小区车辆需停放整齐,做好所有车辆的出入登记,及时掌握车辆的进出情况”。但是目前C公司管辖的为开放式安置房小区,且由于历史原因,小区人员素质参差不齐,在短期内无法做到上述要求。

(3)《流动保安岗位职责》第五条规定,“流动保安需做好外来人员的暂住事宜,并收取外来租户的物业管理费”,而C公司管辖的小区为安置房小区,不存在收取物业费的情况。

3. 对现有制度执行乏力，执行不严格

（1）《仓库管理制度》中明确要求，除仓库管理人员外，外人不得随意进出，不得携带火种等。但是审计调查现场发现各仓库管理松懈，不同岗位人员甚至公司外部人员均可出入仓库，且存在部分人员在仓库吸烟等行为。

（2）《仓库管理制度》对材料的入库、领用、盘点等有相对具体细致的规定，但实际操作过程中这些规定几乎均没有得到有效执行。

（3）《主办会计岗位职责》第四条明确要求，主办会计要严格进行内部控制，做好财产清查、财务稽核、内部审计、民主理财与财务公开。经审计发现，资产清查（存货盘点）工作执行不到位，随意性较大，下属仓库管理人员的盘点工作安排随意性较大。至于财务稽核、内部审计、财务公开等工作则没有具体执行。

（4）《主办会计岗位职责》要求主办会计每年年初制定经济计划、财务预算，年终分析财务执行情况等，在实际工作中上述规定也没有得到执行。

（5）《出纳会计岗位职责》第四条明确规定，坚决杜绝白条入账。在盘点现金时发现，存在 2.1 万元的借出款项，但没有在现金日记账上反映，属于白条抵库，且缺少日期，签名不能确认，理由含糊，没有附任何证明材料。此外，公司提取现金额较大，多种费用以现金形式支付，包括原材料的采购和费用的发放。

（6）《保安队长岗位职责》第四条规定每天定时或不定时巡视管辖区的安全工作，并做好记录，但在实际管理过程中，上述规定未能有效执行。

（7）《会议管理制度》第六条规定，公司的全员大会、部门例会、临时会议等需由综合部门做会议记录，但公司成立至今没有形成任何的会议记录。

（8）《工作管理制度》第二节要求办公室人员外出，应在工作去向牌上注明，经现场走访发现，该制度无人执行。

（四）人力资源及薪酬管理方面

截至 2016 年 5 月底，C 公司在册员工共计 327 人，其中管理人员 7 人，其余分别是保洁、安保、质调维修、看护人员等。审计人员在工作过程中，对 C 公司管理人员的职责分工、人力资源管理、薪酬发放等环节进行了重点关注。初步发现 C 公司在人力资源管理及薪酬管理方面存在较为严重的问题，主要体现在以下几个方面：

（1）主要管理人员轮岗交流缺失。C 公司的三位副经理均在 2010 年 3 月入职，入职后所分管工作至今未发生明显变动，各自分管的工作长期得不到相互检验，时间长达 6 年之久。该现象十分不利于 C 公司管理队伍的文明、高效、廉政建设。

（2）人员招聘随意性较大，且对技工的招聘没有资格认证要求。C 公司基层员工主要分为保洁、安保、质调维修等人员，招聘途径主要为熟人、亲友介绍。其中保洁人员的招聘随意性较大，C 公司历年来均未制定用工计划，对辖区内的各项工作量也没有进行过科学的评估。另外对质调维修人员（如电工）的入职资格没有限制，存在入职后再考证的情况。

（3）存在现金发放薪酬的情况。C公司的管理人员、保安、质调维修人员的工资发放主要采用银行卡转账方式，但对保洁人员、车库看管人员的工资发放采用了现金的方式，并且没有为这部分人员缴纳社保。

由于存在上述一系列现象，本次法审计对C公司各岗位的人员在岗情况即真实性做了抽查。经外围初步了解，C公司的300余名员工中，可能存在冒名顶替。在抽查的38位员工中，有8位明确目前不在C公司上班，占被调查人员的21%，有6位的电话是空号，占被调查人员的15.8%。经比对工资发放单，本次调查查出的不在岗职工从C公司领取工资，工资发放情况正常。2015年人员总工资为13 519 623.87元，若按上述比例测算，冒领工资的数额在200～400万元左右。鉴于其他方面的原因，本次法审计对这部分人员的工资发放途径、资金的最终流向未执行进一步的追踪审计，对全体职工的在岗情况有待继续进行全面审查。

（五）内外建设工程的流程管理及质量控制方面

近年来，C公司共计发生大小工程410项，其中外包工程主要是规模相对较大的绿化、道路建设修补、围墙建设修补、地下及地上车库等工程；自建工程主要为维修类的零星项目。A乡政府制定了较为详细的工程管理规则以及工程支出审批流程，经审计发现，C公司在形式上基本能够遵守相关流程规定，但企业内部的流程管理与质量控制存在较多的不足与漏洞，主要有：

（1）所有工程项目均缺少发起必要性论证，对工程建设的合理性与所需达到的效果没有分析与预测，报批只有事情，没有理由，没有分析说明。

（2）外部发包工程与内部零星工程的造价均由外部机构或个人提供，企业内部没有专门部门或人员对造价的合理性、公允性进行评价，也没有对工程主要项目物资进行市场询价。

（3）大型外包工程采用了网上公开招标程序，但对内部小型零星工程的承包方选择随意性较大，存在较多的个体户承包现象。

（4）企业所有的对外工程合同的签订缺少必要的法务审核。目前C公司没有专门的法务人员，对外签署各类工程合同时，也未聘请法律顾问进行必要的咨询。

（5）各类工程合同签订后，对合同的执行情况没有后续跟进，并且缺少对工程的质量认定，存在同一事项重复维修的现象。该现象主要集中于内部零星工程，如2014年6月的小区减速带更换替补工程总价9万余元，合同要求审计后付清30%尾款，但该工程至今未经审计。合同约定后续的质量问题由承包方负责，但承包方为个体户，C公司未收取质保金，后续如果工程质量出现问题，则很难找到责任人，存在严重的质量风险隐患。

C公司对部分报损项目进行维修补偿，通过聘请外部施工队进行施工，而对施工的质量没有进行控制，导致同一报损项目存在多次维修的现象，间接造成了财政资金的浪费。

(6) 存在将工程化整为零，规避乡政府的审批流程和管理制度，尤其是规避公开招投标流程的情况。2015 年对辖内小区的绿化进行更新建设，工程总体造价超过了 11 万元，但 C 公司将该工程分为两个小型工程进行处理。

（六）居民房屋定损赔偿方面

由于 C 公司服务对象的特殊性，企业每年对辖内住户的房屋受损情况做适当的赔偿，其对外赔偿款发放由收款人签字确认，经抽查，未见赔偿款截留、冒领等情况。但 C 公司在定损赔偿的数额认定、定损维修的质量控制方面存在一定的不足。

2015 年之前，辖内住户报损后，由质调维修人员与住户双方协商认定赔偿金额，每月底财务汇总统计后，集中将双方认定的赔偿款发放给住户。2016 年以来，住户报损金额较大或存在较大分歧的项目，C 公司聘请外部评估机构进行损失评估，根据评估额进行补偿。在此过程中，质调维修人员的裁量权较大，不同质调维修人员的尺度不一，评估机构的选择不规范，导致认定的赔偿金额存在一定的随意性。

（七）物资采购、存储、领用方面

经本次法审计发现，C 公司在物资的采购、存储、领用方面管理混乱，存在较大的舞弊风险，主要体现在：

(1) 历年来，物资采购的供应商较为集中（常规五金零配件供应商仅有 1 家、电梯零配件供应商仅有 2 家），企业内部一直没有执行询价制度，且对物资采购的发起几乎没有内部控制，对申请采购物资的必要性以及相关产品的规格型号的合理性没有进行审核。自 2013 年以来，C 公司的各类物资采购均由维修组口头向分管领导申请，经分管领导同意后直接通知供应商送货。月底供应商开具发票，由财务提交公司经理签字审批，而后付款。

审计中发现，部分贵重物资无正规包装，甚至连产品型号都无法查询，采购的物资新旧程度仅凭肉眼观察认定。经抽查部分采购物资发现，购买价与市场价存在较大差异，如电梯配件电梯光幕（微科光幕 WECO-917A61-AC220）采购单价一直为 1 880 元，而同品牌、同型号的产品在天猫旗舰店售价仅为 369 元（详见附件 4，略）。

(2) 购进物资的存储及领用管理混乱。经现场盘点发现，C 公司财务部门未建立存货明细台账，没有定期进行有效的盘点；部分原材料采购后直接使用，事后口头告知仓库保管员，由仓库保管员补开出、入库单，领用单等单据；不同仓库之间的物资调配也未进行登记；维修部门人员存有仓库钥匙，可随时进出自行领取物资；领用物资维修记录形同虚设，无任何实质内容，也无具体经办人签字，对物资的领用、用途无法进行跟踪。

(3) 部分物资存在灭失风险。玉兰仓库账面价值 6 万余元的灯罩、灯管等物资并未存放在该仓库，而是存放在资管办下属的一处门面房内，无人看管，外部人员可随意进出。此外，主管会计分管财务和仓库，内控有风险，因此材料采购和入库应当重点关注；资产询价明细中溢价过大，对采购过程的内控重点关注，是否存在损公肥私的现象。

(4) 电梯发生的检测费、维修费数额较大,对采购及费用的发生依据应当重点关注(详见附件5,略)。

(八) 监控方面

经现场查看各小区监控室发现,小区监控室的运作不够规范,存在人员随意进出,室内吸烟,内部登记不全,监控调阅无负责人审核签字等现象。

(九) 法律方面

1. C公司缺乏治理层

《中华人民共和国公司法》规定,股东人数较少和规模较小的公司可以只设1至2名监事,董事、经理及财务负责人不得兼任监事。但是C公司执行董事兼任经理,负责日常经营,未设立监事,不召开股东会,公司缺乏治理层,无法对公司经营进行有效管理。

2. C公司缺乏健全的内控管理制度

C公司虽然已经有部分管理制度,但是制度不完善,缺乏财务管理、原材料采购、安保管理、工程维修、综合管理等内部控制制度。上述制度的缺失,导致公司管理不规范,可能会给有关人员留下舞弊的空间。

3. 存在管理层舞弊和职务侵占的可能

在本次法审计过程中,基本能够确定存在用工不实、虚假列支薪资的问题,在工程施工和物资采购中,也有重复维修、采购价格虚高的问题,这些现象后面都有管理层舞弊和职务侵占的可能。

4. 可能产生的法律后果

由于C公司是一家乡镇集体企业,如果不加强管理,会给有些管理者可乘之机,侵占集体资产,导致集体资产的流失,情节严重的话,构成刑事犯罪。对治理层来说,如果疏于监督,也会承担领导责任。

(十) 重要事项说明

(1) 本次法审计过程中,我们对职工薪酬发生数的合规性未执行全面深入的调查,仅对部分在册职工的在岗情况进行了侧面询证与了解。初步结论为,C公司的部分在册职工可能存在冒名顶替情况,但其规模以及涉及的职工薪酬发生数不明。

(2) 经法审计发现,C公司在物资采购与保管方面存在较大的内控缺陷,主要集中在供应商提供的商品价格与网络市场询价存在很大的差异,且供应商较为集中,结合内控的缺失,我们认为,此业务领域存在高管舞弊和员工串通作弊的重大风险。

四、 法审计结论与建议

(1) 针对上述存在的主要问题,建议整合资源,规范管理,加强内部控制制度建设,构建适合企业发展的内部控制体系。

(2) 完善企业相关的内控制度,优化内部治理结构,进行问责问效。

(3) 加强人力资源及薪酬管理,并完善监督考核和问责问效机制。

(4) 强化内外建设工程的业务流程管控,严格执行招投标管理和询价监管。完善居民房屋定损赔偿机制,严格控制重复维修。

(5) 完善物资采购、存储与领用的制度建设,定期盘点核对,确保物资安全、完整。

(6) 加强财务计划及预算管理,严格执行财务管理制度,会计核算进一步完善手续制度。制定管理费用的开支范围与列支标准。

第三节　B镇D多种经营服务公司法审计案例分析

本部分内容参考了该法审计项目的报告和相关资料,因保密要求,相关单位和个人的名称和姓名用简称或化名代替,但数据、内容、结论均保持原始性、客观性、真实性。

一、 政府购买社会审计服务前的审计情况及效果

2013年以前,D多种经营服务公司(以下简称“D公司”)每年都自行组织年报审计,审计一直委托无锡市某会计师事务所进行,该会计师事务所从D公司成立以来就一直承担公司的年报审计工作,从未更换过。对会计师事务所的遴选没有经过正规招投标程序,会计师事务所的审计工作一般由一名会计师带两名助理会计师在3天左右完成,审计范围只涉及财务会计资料,重点检查公司财务活动的合规性,不涉及管理内容,对内控缺陷和舞弊征兆不做深度调查。从历年的审计报告来看,报告内容几乎没有太大变化,对财务合规性的审计结果均为合格。

由于D公司承担安居房小区的绿化工程建造与运营维护,除建造资金由政府拨付外,每年有700万元的绿化运营维护费用的支配权。市、区、乡三级政府纪检监察部门多次接到举报,称D公司在安居房小区的绿化工程建造与运营维护中存在侵占公共资金的严重舞弊行为。区纪检监察部门曾针对举报线索会同区审计局开展过专门审计,由于区审计局审计力量有限,所以专门审计只能针对个别问题开展,无法全面展开。虽然对审计发现的个别问题及时做出了纪检或司法处理,但针对类似问题的举报不断,政府审计和纪检监察面临“屡犯屡审、屡审屡犯”的困境。对于严重违纪违法问题也专门开展过大规模的政府审计活动,并借助了社会审计机构的力量,但这种合作仅限于政府审计机关向会计师事务所有偿借调专业技术人员,借调来的工作人员只承担登记合同、核对账目、撰写函证、编制现金流量核对表等基础性工作。政府审计工作人员把控核心审计内容及案情进展,所有核心工作对借调工作人员不公开。就该区审计机关专业干部人力资源情况来看,来自该市、区社会

审计机构的注册会计师从学历背景、知识结构、执业资格、海外服务经历、继续教育、审计经验、办案数量、审计成果、社会声誉等方面均优于大部分审计机关干部。

二、 法审计准备

江苏 E 会计师事务所(以下简称“E 所”)接受无锡市某区 B 镇人民政府的委托,签署政府购买社会审计服务专项合同,于 2016 年 10 月 19 日至 11 月 26 日对 D 公司 2010 年 1 月至 2016 年 5 月的内部控制和领导履行岗位职责情况进行专项法务审计。由来自南京审计大学审计学、法学专业的 1 名教授、2 名副教授以及 4 名注册会计师等法审计专业人员组成法审计工作组。

(一) 法审计实施

1. 法审计依据

本审计项目依据 B 镇政府委托(委派)意见立项,根据 B 镇政府的审计委托意见,于 2016 年 10 月 19 日进驻公司现场开展法审计工作。根据 B 镇政府的审计委托意见,并依据《会计法》《公司法》《预算法》《企业内部控制规范》及《党政主要领导干部及国有企业领导人员经济责任审计规定》及其实施细则开展专项审计。

本项目属于法审计项目,法审计与外部审计和内部审计有着共同的规范要求,也有着不同的特点。在审计过程中我们严格遵循了《中华人民共和国国家审计准则》和《内部审计准则》;同时,在审计程序和方法上也做了一些创新,比如加大了现场观察的力度,扩大了调查询问的范围等(传统审计中一般较多询问财务会计人员,我们同时询问了部分其他员工);审计关注的重点集中在财务管理、业务经营、内部控制的规范性上。

2. 法审计内容范围及方式方法

审计组对公司 2010 年 1 月至 2016 年 5 月的财务管理、业务经营和内部控制制度建设与执行情况进行审计。期间听取了公司主要领导(包括经理、副经理、工程部门负责人等)对公司管理情况的汇报;审阅了财务会计资料、公司的各项合同、内部控制制度以及相关资料;走访了部分职工(包括财务会计人员和其他相关员工);深入现场观察了解了公司现金和资产管理情况等。重点了解公司会计资料的真实性、财务收支的合法合规性、经营活动的合法合规性、内部控制制度的健全性和遵循性。

本项目的被审计单位为 D 公司,不含其对外投资企业。本次审计采用送审和调查相结合的方式。本次工作采用了征兆分析、调查、审阅、访谈、盘点、观察、抽查、重新计算及分析性复核、计算机取证、大数据分析等我们认为必要的审计技术方法。在采取一定程序进行适当复核、评估的基础上,本次审计也适当利用了公司上级主管部门的相关工作成果。

3. 审计人员责任界定

本次审计过程中,审计人员的责任是按照相关法规准则的要求对被审计企业的内部控制、财务核算、经济责任等方面进行审计。如果被审计企业存在违规或舞弊行为，不能因为经过本次审计而减轻被审计企业管理层及治理层的相关责任。被审单位对其提供的财务会计资料以及其他相关资料的真实性和完整性负责，审计人员的责任是依法独立实施法务审计并出具法务审计意见。

（二）审计对象初查

1. 基本情况

公司成立于1992年6月19日，2003年转入某区，系经无锡市工商行政管理局某区分局批准设立。公司是由无锡市某区B镇科技经济发展中心全资组建的乡镇集体所有制企业。注册资本10 000万元整，实收资本10 000万元整，实行独立核算，自负盈亏。

公司主要资产：园林工程养护专用机械85台，110联动车1辆，工程汽车3辆，巡查车1辆，水车4辆，现代办公用具15台。公司总资产超500万元，连续3年实现销售近2 000万元。

公司主要经营项目：主要承接室外市政公共绿地、各种专业绿地及城市居民小区园林风景的景观设计、施工、养护。建有苗木基地120亩，花卉大棚10个，共计3 500 m^2，培育花卉苗木，并规模种植及销售，实现产销一条龙。公司多年来所承揽养护面积超200万m^2，其中，新区绿化养护80万m^2，街道绿化养护80万m^2，工业集中区道路绿化养护近50万m^2。

公司声誉或荣誉：公司是一家集花卉苗木栽培、园林绿化设计、施工及园林绿化技术服务于一体的综合企业，具有园林绿化三级资质。企业管理全面通过IS09001，2008版质量管理体系，通过AAA级资信等级证书。近几年来所承揽的工程和养护项目取得了较多的荣誉。

2. 组织架构及人员配置情况

2014年9月26日，公司法定代表人发生变更，由吴刚变更为许子强。公司现有固定职工80余人，临时工50余人；公司拥有各类技术人员25人，高级、中级技术工人18人，中、高级职称工程师12人，项目经理3人。截止到2016年7月23日该公司花名册上全体员工90人。

3. 公司制度建设情况

公司向审计组提交的各种制度目录如下：

《无锡市某多种服务经营公司章程》；

《无锡市某多种服务公司内部控制制度》；

《办公管理制度》；

《劳动人事管理制度》；

《岗位职责》；

《仓库管理制度》等。

虽然在制度建设方面，公司设立了初步的规章制度，但是，无论是从制度体系上看，还是从制度内容上看，都存在重大缺陷。

4. 被审企业的业务与财务情况

(1) 2010—2015 年度的工资情况；

(2) 2016 年 5—6 月天气情况；

(3) 2010—2013 年度苗木花卉采购情况；

(4) 2015—2016 半年度的苗木花卉采购情况；

(5) 2010—2015 年度的收入与费用成本情况；

(6) 2014—2015 管理费明细及变化情况；

(7) 2010—2016 多服公司往来客户详情；

(8) 合同中存在的问题。

目前账面资产安全性情况如下：

(1) 货币资金：账面现金和银行存款经盘点和询证，无异常。

(2) 应收账款及其他应收款：应收账款及其他应收款主要是财政安排的辖内企业拆借款。

(3) 存货：目前账面存货 23 734.79 元，但存在管理混乱、账实不符等情况。

(4) 固定资产：账面净值 594 785.14 元，主要是购买的机械设备、运输设备及电子设备等，未见异常。

三、 法审计实施后的新发现

该公司内部治理的失效与内部控制制度的松弛导致了管理隐患的普遍存在，岗位职责的虚化、含糊与混同在常规审计看来多是管理理念落后造成的，而在法审计视野中恰恰是舞弊者实施舞弊前的有意为之，是大规模舞弊即将发生的预兆。园林绿化工程审计是工程审计中的特殊领域，审计中对植物种类的鉴别要求很高，尤其是名贵树种。由于本次法审计团队配备了资深的园林绿化工程师，能够有效鉴别以次充好、以假充真的绿化树种替换舞弊手段。本次法审计突破了常规审计的面谈方法，开展了全面深入的调查，通过深入工程一线的走访、观察、线索收集，获得了大量的证据及线索材料。具体而言，法审计实施后的新发现体现在以下几个方面：

(一) 内部治理与内部控制制度方面

1. 公司治理结构不完善，缺乏有效的治理机制

在公司治理层面，公司决策、执行、监督三权没有分离，没有设置执行董事和监事职位，只设置了总经理职位。这种架构造成总经理集决策和执行于一身，权力过大，缺乏制衡机制。从公司治理和制度设计的角度出发，应该设立治理层，使公司管理层受到监督和控制。

在内部分权方面，我们发现公司的两个副经理中，一个负责内勤及档案管理，而另外一名副经理则是工程和生产一手抓，从采购到仓储、从工程到财务全部一人负责，权力过分集中。仅从工程这一方面来看，从工程的预算、招投标和施工单位的选择、工程施工的监理、工程竣工验收决算等都必须由相应的部门操作，这些职务都是不相容职务，理应由不同的管理部门和人员分工负责。可是在公司现有的分工中，一个副经理包揽工程及其他方面的所有工作，根本无法形成合理的控制制约机制。

2. 公司管理机构不健全，管理职能主体不明确

我们观察到公司现行的管理体系仍然是一种家族式、家长制的管理体系，没有形成扁平化的管理结构。总经理管副经理，副经理直接管一线职工，公司所有的重大决策缺少集体商议和民主决策(无会议纪要)。在副经理分管领域，缺乏必要的制衡机制。表面上看，这是精简机构、提高效率的管理模式，但在事实上，这种管理模式不仅无法建立对高管层的制约机制，也无法明确公司的财务会计、资产管理、人事管理、各项业务管理职能履行主体，难以建立有效的责任控制中心。在管理上出现有权利无责任，有责任无权利的权责利不对等的局面，不仅无法建立合理的业务流程和控制手续，难以制约舞弊，也严重影响公司效率。

3. 岗位职责含糊不清，与公司的实际组织架构不符

主要表现在《财务岗位职责》含混不清，如“1.贯彻执行股东会议决议，在总经理的领导下，负责分管财务部的日常工作”“2.组织领导公司财务管理、成本管理、预算管理、会计核算、会计监督、审计、存货控制等方面工作，加强公司经济管理，提高企业效益”“6.负责审核签署公司预算、财务收支计划、成本费用计划、信贷计划、财务报告、会计决算报表，会签涉及财务收支的重大业务计划、经济合同、经济协议等”“14.参加公司股东会，发表工作意见和行使表决权”。经反复询问和查证，主办会计没有严格履行岗位职责，对于工程结算和工程合同的会签以及成本核算等都是根据工程部门的要求开票、付款和记账的，对工程进度和实施计划不知情，成本核算失真，企业盈亏等财务成果核算不真实。

4. 制度建设不完善，制度体系和内容存在重大缺陷

在公司现有的制度体系中，公司必须具备的重要制度缺失。一个正规的、制度健全的企业，其制度体系中必须具备的重要制度包括：公司重大事项决策制度、公司财务管理制度、公司资产管理制度、公司人力资源管理制度、公司会计核算办法等基本制度。涉及公司重大经济业务活动的制度还应包括：公司材料物资采购、储存、供应制度，工程建设项目管理制度等经营业务管理制度。从公司现行的制度体系中没有找到与上述内容对应的管理制度。

在公司现行的制度体系中，我们注意到，公司也建立了相应内部控制制度，如《街道绿化公司内部控制规范》，该制度共有五章七十三条，表面上看该制度涉及公司管理的各个领域，内容相对较完整，似乎用这样一个制度可以取代公司应建立的所有管理制度。然而，从结构和内容上来看，该制度虽然涉及公司财务管理、会计核算、材料物资采购、工程管理等相关内容，但对各项业务管理并没有涉及管理的流程和手续；在制度中，原则性的东西较多，但是无实质性规定，导致制度形同虚设，难以落地实施。

我们还注意到，公司现行制度体系中也建立了《仓库管理制度》，尽管该制度也规定了仓库管理工作包括请购、采购、仓管、发货等业务环节，但是将材料物资采购供应过程中各业务环节都归结为“仓库管理”并将上述采购供应环节的业务都授权仓管人员办理，不仅没有实行不相容职务分离，还将不相容职务授权一人行使，增加了内部控制的风险。

除了上述两项制度外，公司还建立了办公管理制度、人员岗位职责制度、奖惩制度等，但这些制度也只是公司行政管理制度和人事管理制度中的一部分，而且是非重要部分。

5. 公司重要业务活动无规章制度可遵循，制衡约束机制缺失

通过专项审计发现，公司没有设立专门的财务管理部门，仅仅配置一名主管会计和兼职出纳，没有配置相关财务部门负责人，也没有建立相应的财务管理和会计核算制度。公司的主办会计和出纳员虽然由街道派出，并代表街道对公司的财务管理活动实施监督，但是财务会计人员的针对财务收支活动的监督职能难以发挥。在公司的现行财务管理机制中，主办会计并不负责对公司财务活动实施全面管理，不参与公司重大财务决策，也无法对财务收支业务的合理性、合规性进行审核，其工作仅仅局限于会计记录。因此造成主办会计对每项财务收支业务只管记账，不管审核与监督，出纳只管开票、收钱、付款，不管资金来源、开支去向的被动局面，公司财务管理机制异常薄弱。在会计核算方面，由于主办会计难以掌握公司的财务收支大动态信息，与公司业务活动、财务活动紧密联系的会计核算工作成为一座“孤岛”，会计活动中不仅没有各项费用开支标准，也没有成本管理和核算的内容，既没有按工程项目计算工程成本，也没有按会计期间计算经营成本，成本核算成为一笔糊涂账。

通过观察，我们发现公司没有建立专门负责管理材料物资采购、储存、供应的管理部门，没有建立完善的采购、储存、供应管理制度，采购合同的设立、招投标、入库、验收、领用、发放等这一整套关键的环节都没有相应的制度规定。在实际工作中，也就难以形成材料物资采购、储存、供应的有效管理机制。仓库管理员身兼数职，材料物资请购、采购、验收、保管、供应由仓库保管员“独家”办理，不相容职务没有分离，无法建立有效的控制流程和合理的制约手续等。通过现场盘点我们发现，存在很多材料出库及入库不登记的现象，导致盘点表上面的数额与实际数额存在很大出入。

在审计中我们发现公司存在大量的小额采购业务控制手续不完整的情况。首先，供货商的选择上面没有执行相应的控制手续。尽管小额采购可以不通过政府采购招标程序，但是这并不意味着采购方可以随意选择供货商，企业可以选择自行招标或者与材料使用部门及财务部门共同选择供货商，不应由分管经理或者仓库管理员一人决定供货商（在采购资料中我们没有发现对供货商实行集体选择的文件资料）。其次，采购手续和凭证不规范。在 2015 年 6 月购入化肥农药 17 795 元和 2015 年 7 月购入花卉草木款 92 850 元的业务中缺少送货及验收单等原始凭证，在 2013 年 2 月采购花卉 12 余万元和草木款 23 余万元的业务中缺少采购单等原始凭证。

6. 公司主要经营业务之绿化工程的管理制度不完善

审计中发现，公司业务主要涉及三种工程，分别是临时工程（对外承接的工程）、养护工程以及转包分包工程，但是相应的工程管理制度不完善。在对现有转包合同的翻阅中我们发现（先不考虑转包工程是法律、法规明令禁止的违法行为）公司存在工程平价转包、承接合同当期就转包，甚至存在将尚未承接的工程项目提前转包出去的现象。

（二）生产成本及各项费用情况分析

依据公司提供的部分《工程施工成本明细账》《2015、2016 年度明细分类账》及部分记账凭证等材料，我们对 D 公司苗木花卉采购、各项费用等成本情况分析如下。

1. 苗木花卉采购成本情况

（1）2010—2013 年的年度苗木花卉采购量非常大，据不完全统计，采购总额超过 2 500 万元，其中有将近 10%以现金方式支付。在涉及的供货商中，有部分已经在合作的第二、第三年被吊销或注销营业执照。在转账支付的款项中，我们发现部分款项收款人并非开具发票的公司，而是个人或第三方公司，我们认为这部分采购的真实性可能存在问题。

（2）2015 年苗木花卉采购 106 万元，2016 年上半年苗木花卉采购 37 万元，较之前下降比较多，这可能与公司目前主营业务以绿化养护为主有关。

（3）上述苗木花卉的采购与各年度的营业收入也有异常，最高为 2010 年的 58.95%，最低为 2015 年的 7.76%。

2. 管理费、汽油费、维修费、农用车费、挖机费等费用情况

（1）据初步统计，2010 年至 2014 年的管理费用占营业收入的 9%～10%左右，基本持平，但是 2015 年度的管理费用占营业收入的 19.98%，主要原因是 2014 年度的年终奖奖金为 92.8 万元，比 2013 年度增加 48.8 万元，食堂费用增加 9 万余元（招待费支出减少 5.6 万元），其他为公积金、税费、担保费及其他零星费用的增加。

（2）2013—2015 年的汽油费占营业收入的比重在 1.4%左右，但 2010 年到 2012 年的比重较高，在 2.4%左右，其中 2011 年达 2.94%。

（3）维修费用占营业收入的比重从 2010 年的 0.18%到 2015 年的 1.35%，有逐年递增的趋势。

(4) 农用车费用占营业收入的比重从2013年的1.44%到2015年的0.58%,有逐年下降的趋势。

(5) 挖机费用占营业收入的比重从2013年的0.41%到2015年的1.26%,呈现逐年递增的趋势。

3. 往来客户情况

我们对公司往来比较频繁的客户进行了调查,从调查中发现,有些客户的采购情况异常,有些客户在发生业务后不久就被吊销或者注销,有些客户的收款人不是客户本身,有些客户的股东或法定代表人与其他客户重合,这些异常客户值得我们关注。

(三) 工程转包与分包中存在的问题

法律、法规规定,主体工程不得转包,但从D公司转包合同金额、面积看,公司总体工程转包现象比较普遍。

1. 锡梅路河道、工业园区道路绿化养护修复工程转包多付工程款、合同计价错误

公司将2012年至2017年的锡梅路河道、工业园区道路绿化养护修复工程以3份合同转包给无锡林浩绿化有限公司,具体情况见表1。

表1 转包合同基本概况表

签约日期	服务年度	合同价款(万元)	结算价款(万元)
2012.01.01	2012	90.509 2	90.509 2
2013.01.01	2013、2014	84.226 5	166.575 7
2014.12.31	2015、2016、2017	92.266 4	116.266 4(已付) 160.532 8(余款)

审计调查发现:

(1) 2012年、2013年合同约定扣除某区城管局发包金额的10%的税金及管理费,2014年合同无此约定,3份合同均全额付款,未扣除10%税金及管理费。

(2) 2013年、2014年合同均延用2012年合同工程量,时间跨度达6年,实际工程量有无变化,未见核实资料,且2014年合同协议工程量大于附件清单工程量。

(3) 2013年、2014年两份签约合同价错误。2013年签约合同价为84.226 5万元,而根据合同单价乘以数量,实际合同价应为168.453 0万元,实际也是按166.575 7万元支付的。2014年签约合同价是92.266 4万元,实则应为276.799 2万元。存在故意规避招标红线的可能性,存在将来被行政审查发现并追究责任的风险。

2. 街道绿地养护协议虚增工程价款问题

2013年、2014年、2015年,无锡市某街道办事处与D公司签订了3份街道绿地养护协议，总体情况见表 2。

表 2　养护协议基本概况表

合同签订日期	合同内容	乙方签订人
2013 年 1 月	管护、套播黑麦草	吴明
2014 年 1 月	管护、套播黑麦草	吴明
2015 年 1 月	管护、套播黑麦草	许某(签名模糊不清)

审计调查发现，3 份协议附件中，黑麦草套播面积均相同，而实际情况是部分播种区已经改变性质，不需播种。例如 2013 年协议附件显示玉兰二期和玉兰三期套播黑麦草面积为 9 168 m^2 和 16 437 m^2，而该区域于 2013 年实施了建设停车位苗木移植工程，部分绿地已经改建为停车场。因此，套播面积必然减少，而 2014、2015 年协议附件中，玉兰二期和玉兰三期套播黑麦草面积仍然按照 9 168 m^2 和 16 437 m^2 计算。

以上问题表明：公司在工程转包中存在多计工程量、虚增工程价款的情况。

3. 转包协议结算支付无依据

公司 2009 年 12 月 31 日与无锡市某某花木经营部签订了绿化防护转包协议，将 2010 年、2011 年、2012 年 3 个年度的某生态园、某某路养护转包给乙方，并于 2010 年 6 月支付了第一笔工程款 18.08 万元。

审计调查发现：

(1) 没有约定具体工程价款，仅约定“按照某区及街道制定的标准结算”。

(2) 没有约定付款方式，第一笔支付 18.08 万元，无计算依据，无支付依据。

(3) 合同工程量为 435 589 m^2，无基础数据和计算过程。

4. 工程结算财务手续不到位

经审计发现，公司普遍存在工程项目收入与成本确认混乱，会计核算依据不统一的问题。合同收款、付款无法对应，凭证中确认施工收入、支付工程款项时，基本未附合同。确认收入和支出不是按照项目划分，也无明确有效的确认依据，比较随意，所附单据差异较大。如 2010 年 10 月 29 日，记 0008＃、记 0009＃主营业务收入确认，无银行进账单和合同执行进度依据，类似的情形具有普遍性。除少数转包业务有协议外，其余基本没有附件说明，缺少按照工程进度结算的合理有效依据。如工程施工采购苗木直接计入成本，后附有出库单、入库单和领料单或采购数目清单等，但签字手续不全。大量支付工程款或转包劳务费的凭证中，只有部分业务附有请付款审批单(但是并未直接支付，计入往来款项，且请付单、审批单放置比较混乱)，部分业务没有请付款单据。具体情况举例如下：

(1) 2010 年 8 月 30 日，记 0032＃支付李力零星工程款 104 968.50 元，银行存款转账，没附转包合同，有沈伟和王建的签名。2013 年 8 月 31 日记 0031＃支付李力修缮工程款 35 220.00 元，只有发票，无合同。

(2) 2010 年 6 月 30 日，记 0056＃请付分包给绿叶绿化公司的养护费 82 000.00 元，后附的转包合同甲方无签字，合同上的养护面积和全年的养护费为 1 228 038.00 元；而 2010 年 7 月 31 日，记 0014＃张劲松请付绿叶绿化公司分包养护费 82 300.00 元，存款支付，只有发票，无合同或协议说明和请付款审批单据，沈伟审批“按合同分季支付”，但从这两个月看不是按季结算，而且价格对不上。2011 年 1 月 31 日，记 0034＃支付绿叶公司养护费 82 383.00 元，除发票外无其他说明。

5. 合同金额变化，虽签订补充协议，但付款未及时调整

2010 年 D 公司与无锡市某绿化有限公司签订转包合同，金额 331 400.00 元，付款方式一季度支付 82 000.00 元，二季度支付 82 300.00 元，三季度支付 83 100.00 元，四季度支付 83 500.00 元，合计 330 900.00 元。2010 年 5 月签订补充协议，因施工，部分面积停止养护，合同金额减少，但 2010 年 6 月 30 日 56 号凭证，反映付款 82 000.00 元，2010 年 7 月 31 日 14 号凭证，反映付款 82 300.00 元，未减少第二季度的付款金额。

此外，我们还发现在签订的合同中，合同付款方与合同签订方、收款方不一致，路亚洲一个人代表多家公司签订合同，合同经手工修改后未加盖公章等工程合同管理不严、手续不完备的情况。

（四）管理费用方面

(1) 2011 年比 2010 年同比下降金额为 35.3 万元，下降比例为 18.78%。主要是由于业务招待费下降 20 万元以及中介机构费用下降了 10 万元。

(2) 2012 年比 2011 年同比上升金额为 37.4 万元，上升比例为 24.53%。主要是由于中介机构费用上升了 9 万元、担保费用增长 9 万元以及业务招待费上涨了 15 万元。

(3) 2013 年比 2012 年同比上升金额为 15.8 万元，上升比例为 8.3%。主要是由于工资及社保比上年增长了 24 万元。

(4) 2014 年比 2013 年同比下降金额为 23.4 万元，下降比例为 11.4%。主要是由于业务招待费下降了 20 万元。

(5) 2015 年比 2014 年同比上升金额为 92.3 万元，上升比例为 50.62%。主要是由于会计将以前年度计入工程成本的管理人员工资计入管理费用，比上年增长了 87 万元左右。

(6) 将 2016 年 1—6 月管理费用发生额折算为全年后，与 2015 年基本持平。上升金额为 9.4 万元，比例为 3.43%，主要是由于工资的细微变动。

在管理费用中，还存在差旅费列支不合规的现象，如 2014-1-31，25＃，差旅费报销单上写的均为油费，没有申请手续，出差事项不明；2014-1-31，13＃，业务招待费没有具体招待业务事项，没有审批过程。

（五）人力资源及薪酬管理方面

截至2016年7月23日，公司在册员工共计90人，其中管理人员8人，其余分别是内勤与档案，现场管理中的工程、养护、大棚、仓管和后勤等。审计过程中，审计人员对公司管理人员的职责分工、人力资源管理、薪酬发放等环节进行了重点关注，初步发现公司在人力资源管理及薪酬管理方面存在较为严重的问题，主要体现在以下几个方面：

（1）人员招聘随意性较大，且对技工的招聘没有资格认证要求。公司基层员工主要分为养护工人、临时工等人员，有资质的很少，有领导安排人员，一般招聘途径主要为熟人、亲友介绍。其中临时用工季节性和随意性较大，公司历年来均未制定用工计划。

（2）存在现金发放薪酬的情况。公司的养护人员、临时用工的人员工资发放在2014年11月以前主要以现金形式发放，2015年度的数据反映有近100万元的工资以现金方式发放。

（3）工资发放中还存在一人代领多人工资的现象。2010年1月30日记0046＃凭证（劳务发放表－支付2009年9月份到12月份除草费，现金支付），代领人叶一飞，共计代领9人，合计金额19 920元，这也不是个别现象。

由于存在上述一系列现象，本次审计对公司提供的全员花名册与2016年5月份实际发放工资单和出纳员提供的实际发放工资的考勤名册进行了仔细核对，发现：

① 公司工资每年呈上涨趋势，主要是由于年终奖、考核奖等每年大幅上涨，其中2011年较2010年上涨21万元，2012年较2011年上涨12万元，2013年较2012年上涨23万元，2014年较2013年上涨48.8万元。

② 公司基本员工工资大体呈平稳上涨趋势，但2016年6月份工资数额异常，是其他月份的两倍。

③ 从工资单上反映，蔡刚、刘山、王川南3人自2015年4月开始领取工资，人员性质为固定临时工，并领取了自2015年4月至2016年6月的工资，但在企业提交的员工花名册中却没有这3个人的姓名。

④ 公司工资、劳务费、力资费可能存在舞弊，其中最大的问题可能是虚报工作时间。

2010—2015年人工成本从196万元到452万元，出现逐年递增的态势，占营业收入的比重从2010年的9.23%到2015年的32.94%，其增长幅度超过了市场因素。当然，其增长幅度中也涵盖了营业收入下降导致的部分，但是2014年与2013年相比，两个年度的营业收入和利润水平相差较小，但是人工费增加了45万元，不符合常理。而2015年与2014年相比工程业务量明显减少，业绩下滑严重，但是人工费用不减反增，也是不正常的现象。

2016年上半年的数据反映，2016年1—6月份计入管理费用的工资在8万元左右，相对稳定。计入制造费用的工资分别为：4月份107 846.80元，5月份100 305.50元，6月份108 534.00元，稍有变动。但是计入生产成本的工资变化异常，4月份54 029.25元，5月份

84 488.00 元，6 月份 166 135.50 元，5 月份比 4 月份增长 56.37%，6 月份比 5 月份增长 96.64%，6 月份比 4 月份增长 207.49%。

从公司提供的《2016 年 5 月、6 月新区八标员工考勤表》中可以看出，2016 年 5 月份因雨休息一天，6 月份因雨休息 3 天。从气象局提供的数据来看，5 月份实际下雨天数 14 天，其中 4 天为中雨以上天气；6 月份雨天也是 14 天，其中 10 天为中雨、暴雨天。而上述员工的薪资支付方式为按每小时 7.5～9 元据实结算，故这部分工资存在舞弊的可能。

我们还发现，2015 年全年发生劳务费 68 万余元，其中李力一个人涉及 63 万余元。

由于公司用工性质的特殊性（地点不固定、人员不固定、时间不固定），且其至今未提供变动临时工的联系方式，本次审计对这部分人员的工资发放途径、薪金的最终流向未执行进一步的审计程序，也没有对全体职工的在岗情况进行全面审查。

（六）营业收入与成本核算不符合会计准则要求，财务成果核算不真实

经对公司 2010—2015 年经营业务收入和成本费用进行分析发现，总体上主营业务收入与成本核算不符合会计准则规定，收入确认缺乏合法依据与标准，工程成本核算不真实，费用列支不规范，财务成果信息有所失真。

1. 成本费用抽查情况

成本费用缺乏有效控制。如招待费开支额较大且无明细，2013-1-31，42＃支付招待费 16 532 元，开具的两张发票分别是无锡某大酒店 7 698 元、某某饭店 8 834 元，凭证后仅有发票，未见相应的请示单、招待何人、用餐明细等资料，反映出管理费用的管理使用缺乏必要的控制，随意性较大。2014-1-31，25＃，差旅费报销单上写的均为油费，没有申请手续，出差事项不明。2014-1-31，13＃，业务招待费没有具体招待业务事项，没有审批过程。

2. 利润缺少合理分配，有人为调节利润的现象

截至 2015 年底，公司已实现的未分配利润累计 8 463 538.95 元，但是对于企业利润分配、使用等均无相应的规定，某街道作为公司的实际出资人，如何行使出资人权利、取得投资收益等，目前均不明确。而且公司的奖惩考核机制不健全，不利于调动公司经营的积极性。

经询问财务会计人员得知，为了少缴企业所得税，公司每年会根据业务经营情况增开一定金额的发票虚增成本，从而减少营业利润，如 2015 年多开票 30 多万元。2015 年业务收入与 2014 年相比下降明显，经调查其主要原因是 2015 年度有 300 多万元收入未开票计入当年的业务收入，导致财务成果核算不真实。

3. 收入的确认与成本核算不符合会计准则要求

（1）查阅 2013—2015 年度的会计凭证发现，有关工程结算和款项收付记账凭证与所附的单据核对不符，会计人员记账和结算都是由工程部通知办理，缺乏必要的审核监督。

(2) 企业的营业成本均以工程施工当期实际发生数结转，油费是以实际购买金额作为结转金额，而未以工程进度结转，2014 年度油费 486 265.76 元在领用过程中缺乏控制。

(3) 材料采购直接计入营业成本或工程施工科目，没有按工程项目进行成本归集与分配，营业成本均以工程施工当期实际发生数结转，而未以工程施工进度结转。收入确认时未通过往来科目核算，而直接计入银行存款。既有通过应收账款核算，又有通过其他应收款核算，明细写代收，对应账户关系不清晰[2010 年 1 月 30 日，凭证 0011＃，工程采购材料，直接借记工程施工，贷记其他应收款(待收)12 900.00 元，附件发票注明往来，领料单，收款人和领料主管都是张锋]。

(七) 辅助材料采购及其他方面

经本次审计发现，公司在物资的采购、存储、领用方面管理混乱，盘点库存发现账实不符，入库手续审核不严格，存在入库金额和送货单金额不一致等问题，采购的农药和化肥验收入库未及时登记，领用也未据实入账，保管不严格，还有未入账的现象等。

四、 法审计结论与建议

(1) 公司缺乏治理层。《中华人民共和国公司法》规定，股东人数较少和规模较小的公司可以只设 1 至 2 名监事，董事、经理及财务负责人不得兼任监事。但是 D 公司只设立总经理，全面负责日常经营，未设立监事，不召开股东会，公司缺乏治理层，无法对公司经营进行有效管理。应完善公司治理结构，健全存货采购及工程管理等关键性内部控制制度，并监督落实到位。公司注册资本达 1 000 万元，连续三年经营收入达 2 000 万元，公司员工 150 人(包括固定工和临时工)左右，虽算不上大企业，但可算得上一个中型集体企业。公司应建立健全现代化管理体系，传统的管理模式必须改变。简化机构设置、提高经营效率不是固守家族式、家长制管理模式的理由。基于这种考虑，公司至少应该设置：财务管理部门、工程管理部门、采购部门、人事管理部门，同时还需要在采购部门下单独设置合同管理岗位。

(2) 公司缺乏健全的内控管理制度。公司虽然已经有部分管理制度，但是制度不完善，且流于形式。上述制度的缺失导致公司无法进行流程化管理，相互之间缺少监督和控制，可能会给有关人员留下舞弊的空间。

(3) 健全财务管理制度，加强财务人员力量，出纳员不宜兼职担任，严格遵循《企业财务通则》和《企业会计准则》，加强公司的成本核算。

(4) 建立健全公司的财务成果分配机制，加大领导干部绩效考核力度，调动员工工作积极性和主动性。

(5) 存在管理层舞弊和职务侵占的可能。在本次法审计过程中，基本能够确定存在苗木花卉采购不实，与供应商串通虚假采购，劳务费、临时工工资虚假列支的问题，在工程转包过程中也有虚增工程成本的现象，这些现象后面都有管理层舞弊和职务侵占的可能。

(6) 可能产生的法律后果。由于公司实质是一家乡镇集体企业，如果不对其加强管理，会给有些管理者可乘之机，侵占集体资产，导致集体资产的流失，情节严重的话构成刑事犯罪。对治理层来说，如果疏于监督，也会承担领导责任。

第四节　案例研究的结论、意义

从上述两起个案的法审计全过程来看，村居审计作为政府审计在基层农村的最前端审计，不仅是村居经济监督的重要手段，也是确保党和国家“三农”政策得到有效贯彻的重要途径。“三农”事业的发展，比任何时候都迫切和必要，如果不及时创新政府审计体制机制，构建政府审计与社会审计的公私合作关系，就无法克服常规审计的短板与弱项，无法顺利达成审计全覆盖目标。而对政府购买社会审计服务的研究，不能单纯地着眼于政府购买社会审计服务行为本身，而要将研究视域拓展到村居经济监督机制的运行实践中去，重点分析失效成因，从而进一步从中归纳政府购买社会审计服务已经或即将面临的问题，据此设计政府审计支持村居监督机制并对其进行法律规制。除跟踪法审计具体项目外，作者以 A 乡和 B 镇为重点考察对象，同时还考察了其他乡镇，得出的基本结论是村居经济监督现状堪忧，存在普遍性失效问题，村居经济监督经常性失效的成因非常复杂，村居审计失效是村居经济监督机制失效的根本原因，虽然以法审计的引入为目标的政府购买社会审计服务是改革创新的优选路径，但其实施也面临同样复杂的问题。

一、村居经济监督现状：普遍性失效

(一) 村居政治生态：“一权独大”或“两权对抗”

当前村居政治生态的主要表现有两类。一是“一权独大”，以村支书为核心或以村委会主任为核心，形成绝对的独裁性质的领导权威，非核心的村支书或村委会则被弱化。二是“两权对抗”，即村支部和村委会形成各自权威及势力范围，各自为政，分化对立，导致一个村有两个政治领导中心。这种村居政治生态类型下必然产生与之相对应的村居经济治理模式，并决定了村居经济监督机制的有效性程度。无论是“一权独大”抑或“两权对抗”，其本质都是政治专权独裁，必然造成法治受制于人治、监督机制失效的恶果。

(二) 村居经济管理：经济独裁模式

顺应国家治理的总目标，村居经济管理也应上升到村居治理层面实施。“村居经济治理是对村居资产、资源和资金(简称‘三资’)相关事项的治理，村居‘三资’主要来源于

村居集体经济组织;此外,政府财政、村居居民集资及其他组织捐款也是村居‘三资’的来源。”①村居“三资”管理立足于村民和村居组织之间的委托代理关系,村居负责人作为村居组织代理行为的具体执行人,其应在代理权限范围内全力为被代理人服务,代理人通过授权和监督来管控代理人的代理行为,这种代理关系不同于一般的民事委托代理关系,其承载的是公共受托责任,代理行为和代理后果直接决定村居经济治理的成效,也直接考验着乡镇政府的公共服务能力和村居治理水平。但在“一权独大”或“两权对抗”的村居政治生态衍生出的村居经济管理模式下,这种法定代理权经常异化为独裁专权,公共受托责任落空,委托代理关系名存实亡,代理权并没有按照立法设定的理想模式去运行。

(三)内外监督机制:经常性失效

从制度设置上来看,目前村居治理所依靠的监督机制至少在形式上是较为健全的,村居内部有村务监督委员会,外部有乡镇政府建立的村居财务代理制度和村居会计委派制度,加上乡镇政府纪检、监察力量的配合、村居审计的组织实施,应该能形成有效的监督。而实际情形经常违背制度建设的初衷。村居政治和村居经济一体化独裁格局一经形成,村务监督委员会的人事安排实际上由村居负责人决定,村务监督委员会不再是一个独立的监督部门,而是沦为村居组织的附属职能部门,其主要工作任务往往异化为一是辅助好现有村居组织的管理工作,二是作为证明村居内部监督存在的宣传符号对外宣示并应对各种监督检查工作,彻底丧失了独立性和内部监督的功能。村居财务代理制度和村居会计委派制度在实践中经常遭到村居负责人为首的村居既得利益群体的顽固抵制,制度实施缺乏法律保障从而使其正常效能不得发挥。纪检、监察在履行外部监督职能时缺少有效监督手段,而乡镇政府没有专门的审计部门,无法全面指导村居审计的实施,使得村居审计组织乏力且理念、手段、方法落后,不能准确、有效地发现和披露问题,难以形成外部监督的专业支撑。

(四)监督手段:专业性匮乏

监督机制的效率和效果很大程度上依靠监督手段的有效性,在村居经济内部监督普遍失效的情况下,源自外部监督的纪检、监察面临较大的监督压力。纪检、监察工作的特点是问题反应式监督和惯例巡查工作方式相结合,这使得外部监督难以常态化,监督实践也多停留在听取村居负责人的专题汇报和对举报问题的个别处理上,监督覆盖率和工作效率偏低,而村居经济监督对违纪违法问题的发现、识别、判断有一定专业上的要求,没有村居审计的专业支撑也很难形成准确的监督评价和监督结论。目前的村居审计独立性缺乏保障、村居审计没形成政府审计主导下的乡镇政府审计监督体系,乡镇政府缺乏整合审计资源的能力,缺乏购买社会审计服务的经验,内力不足,外力难借,所以无法对村居经济监督机制

① 郑石桥,吕君杰,张耀中.产权残缺、村居经济内部治理失败和外部审计:理论框架和例证分析[J].新疆财经,2016(3):19.

形成有力专业支撑。

二、村居审计失败与村居经济监督机制失效

（一）村居负责人权力异化："职务相对小、权力绝对大"

村居负责人位于我国基层治理的最前沿，处于国家行政管理链条的最前端，直接面对农民实施管理，形成"上面千根线，下面一根针"的管理格局。其面临的自上而下的行政监督压力很大，平级监督基本流于形式，自下而上的监督更是无力形成，这种特点的监督体系导致村居负责人在其行政管辖范围内享有绝对大的权力，形成"一言堂、一支笔"的村居行政管理模式。村居组织管理工作不公开、不透明，慵懒混沌、暗箱运作成为常态，对村民不同意见只一味压制、不做疏解，村民民主和村民自治无从实现，这一切成为诱发村居干部贪腐行为和激化农村社会各种矛盾的最主要因素。

（二）能人型管理模式：村居经济的振兴良药抑或致命毒剂

"在乡土中国的传统农业社会，生活依靠土地的供养和家庭的保护，形成以血缘和宗法关系为核心的人际关系模式。中国人对人伦和社会秩序的遵守和维护是以家庭、家族为基础的，更多体现出对亲情和地缘的爱惜，充分展现出特殊主义的价值模式。"①当前村居社会的人际关系模式依旧带有更多成分的传统基因。调查中发现，无论所在的地域经济发达与否，很多村镇的村居经济效益很好，一直保持增长势头，或因城镇化带来了工业发展机会，或因集中自身优势资源发展村居经济的走出去战略实施成功，而这些村居无一例外在计划经济年代有过贫困的既往，其脱贫史又多依靠村居能人的贡献，这些带领农民脱贫致富的村居能人顺理成章地走上村居领导岗位，在村民中享有极高的权威和声望，成为脱贫致富、振兴村居经济的良药。同时，这些村居能人往往身兼几职，既是村居负责人、又是村镇企业负责人、再是私企法人，导致三种性质的经济主体的资金、人员等资源公私不分、使用权混同，集体经济利益被任意挪用、侵占，能人又成为侵蚀村居健康的毒剂。村居还存在特殊的人际传播，在关系本位的乡村社会，这种特殊的人际传播更是集中展现了人与人交往的独特性及心理和行为特征，在乡村日常生活、政治活动、经济建设等方方面面发挥着极其重要的沟通、影响和说服效果。② 面对村居能人的贪腐，村民基于自己是村居经济发展成果的享有者以及长期尊重、感恩、服从能人的人际关系惯性，大多选择接受容忍这种村居经济管理中的违纪和违法行为，并在特殊的村居人际传播中相互说服达成集体默认。

（三）村民自治：民主意识薄弱、自治能力不足

村居经济内外监督双重失效成因可归纳为以下几点。第一，村民自治能力不足。村民

---

① 杨玉宏."差序格局"思想的现代诠释[J].学术界，2013(2).

② 费爱华.话语交易：乡村社会及其治理中的人际传播[M].杭州：浙江大学出版社，2003.

自治和村民理财小组自我理财能力的实现程度一方面需要立法的保障，另一方面取决于村民的综合素质。现在农村社会人口素质较为普遍的情况是知识青年通过高考和务工两条途径流入城市，很少留在家乡务农，村民的文化水平较低、民主意识薄弱，所以村民自治容易形式化、样板化，各种制度上墙，各种潜规则力行不衰，村居负责人实际控制村民理财小组。所以，村居经济治理要靠外部监督力量的强力介入，并指导重建、改造、创新村居组织的内部监督机制。第二，农民惮于维权。特殊的乡土人际关系形成了以村居干部为首，包括与村居干部有特殊利益关系的村民在内的既得利益群体，当权益受损村民选择维权时需要面对一个相对庞大的既得利益群体，这种悬殊的力量对比消灭了农民的维权信心。第三，缺少村居审计支持。村居审计对村居经济的覆盖率较低，村居审计监督没有体系化，审计理念落后，审计效能低下，审计创新不足，审计工作起始于财务资料、终止于财务资料，没有拓展到对财务资料记载的会计信息所对应的行为、事实的审计。

（四）政府审计资源匮乏导致村居审计失败

“村居审计，是指涉及村居的各项审计工作，其主要职能：一是对涉及农村的财政资金和项目进行审计和调查；二是接受当地政府的委托开展部分村居财务收支审计和经济责任审计；三是与纪委、民政局、农业局等部门联合开展农村基层组织及财务资产检查；四是联合农经部门进行村居改造及财务收支审计；五是购买社会服务，由会计师事务所等社会中介机构对实行财务自我管理的村居开展审计。”①《国务院关于加强审计工作的意见》提出，加强对“三农”、社会保障、医疗、扶贫、救灾等重点民生审计。目前，村居审计的常态是失效甚至失败，其原因主要有：第一，由村居组织委托的社会审计其本质属于自我监督，其审计目标经常异化为只掩饰问题不揭露问题，是审计式包装；第二，乡镇政府没有设置专门的审计部门，所以由乡镇政府统一购买社会审计服务从而系统组织村居审计的机制尚未形成，没有形成政府审计主导下的村居审计监督体系；第三，村居审计监督权的运行体系缺乏法律规制，经常处于无法可依的状态；第四，村居审计理念和方法创新不足，面对日益复杂的村居经济现状，现有村居审计的效率低下、效果平庸。

三、政府购买社会审计服务的障碍

以村居审计为分析范本，我们可以得出一个基本结论，虽然村居经济监督失效的成因复杂，但村居审计的失效甚至失败是一个最为主要的原因，村居审计改革创新要通过政府购买社会审计服务的改革创新去实现，而政府购买社会审计服务恰是政府审计体制、机制、理念、方法创新的优选路径，但其当前面临诸多障碍，急需加强法律规制以谋求根本解决。

---

① 秦之泰.国家治理视角下村居审计探讨[J].审计研究，2015(1)：25.

（一）经验匮乏，失范无序

就全国范围而言，上海市于 2010 年出台《关于市级财政专项资金实施注册会计师审计制度的暂行办法》，首开政府购买社会审计服务的先河。在总结既有地方经验的基础上，2014 年财政部财务审计司发布《关于支持和规范社会组织承接政府购买服务的通知》，自此北京、天津、广州、湖北、安徽、江西、四川等部分省市就审计服务、会计服务、管理咨询等项目开始购买社会审计服务实践①。由于地方情况各异，各省市购买社会审计服务的范围狭窄、侧重点各异、购买经验不足、各自为政、做法不一，大部分省市还处于观望状态，而《政府采购法》的规定比较原则，很难形成统一有效的具体规范和指引。诸多因素使得一方面政府审计缺乏有效的社会审计资源支持，另一方面已经开展的购买社会审计服务经常处于失范无序的状态。

（二）立法滞后，制度缺失

目前已经开展政府购买社会审计服务的省市均以政府文件中指导性目录为实施依据，尚不能直接纳入《政府采购法》中统一予以规范，也没有具体的部门规章或地方性法规出台，立法滞后导致政府购买社会审计服务的主体、范围、程序、权利义务、冲突及救济等方面缺乏法律的调整和制度的规范。此外，相对于政府审计的范围和功能逐步扩大的趋势，以财务报表为主要审计对象的注册会计师的执业准则呈现出一定的专业局限性，其审计范围和功能并不能适用于政府审计的所有要求，所以要围绕社会审计服务支持政府审计的目的及时修订和补充注册会计师执业准则。

（三）风险放大，管控乏力

政府购买社会审计服务过程环节较多，主体多元，关系复杂，需要处理好合同关系的建立、主体职能的替代、责任履行的交接、服务产品的生产及质量监控等一系列事务，法律规制的薄弱现状以及公权凌驾于私权之上的行政管理惯性，极易导致政府审计完成过程中各类风险的产生和放大，例如，审计目标背离风险、审计质量下降风险、合同管理风险、合同履行风险、审计舞弊风险、权利救济风险等一系列风险。面对诸多风险，如果没有科学系统的法律体系加以严格规制，对风险成因予以事前预防、事中管控、事后救济，就无法排除购买过程中的各项风险，也无法达成政府审计全覆盖的基本目标。

（四）义务位移，责任空白

政府购买社会审计服务合同一旦订立，政府审计机关作为政府购买社会审计服务的具体实施部门，即将其部分义务交由社会审计组织代为履行，政府审计机关按约支付对价，尽管这种义务位移并不代表政府审计机关作为政府审计义务主体的法律责任发生任何变化。但一个可能的负面结果是：政府部门自身极有可能规避宪法和法律的固有责任，从而将公

---

① 各省市 2016—2017 年政府购买公共服务指导性目录。

法责任以契约义务的名义推卸给承接公共服务生产的私人主体，导致公法责任履行的失控。实践中，或基于自身审计资源的客观局限，或基于“懒政”意识，部分政府审计机关存在借购买行为逃避义务和责任的趋向，而预算资金的紧缺和政府审计机关契约意识的薄弱使得社会中介组织在承接政府审计外包时经常面临“无权活多钱少”的局面，所以经常表现出只愿承接业务不愿承担责任的趋向，两种趋向相互推诿之下导致“责任真空”出现，最终损害的是政府审计的公信力和公民的基本权益。

四、加强政府购买社会审计服务法律规制的意义

“政府作为公共服务的唯一提供者，缺乏竞争机制，必然导致低效率与低质量，另外，行政机关在特定领域专业技术知识的局限，也会影响公共服务的效率和质量。”[①]政府审计要顺利完成其审计全覆盖的国家治理基本目标，离不开社会审计服务的支持。政府购买社会审计服务是诸多政府行为中公私合作的特殊类型，它将公共领域和私人领域、公共服务行为和市场经济行为进行了嫁接和融合，对其他尚未开展的政府购买公共服务具有引领作用和参考价值，其实施的成败直接影响政府审计的绩效和国家治理的成效，所以应对政府购买社会审计服务的宗旨、目标、模式、方法、范围、程序、权利义务、纠纷解决加强法律规制，以保证行为及过程的合法、规范、科学。

政府购买社会审计服务改变了政府审计机关独立完成政府审计的单一公共服务供给模式，公域和私域、公益和私益的交叉融合中，法律关系和法律调整模式逐步复杂化，即原来由公法调整的模式转换为公法和私法的协同调整，政府审计机关在外包部分审计事务后并不因此减免丝毫公法责任，而在购买社会审计服务的契约关系中，政府审计机关又要接受私法的调整并承担相应的私法责任。所以，政府购买社会审计服务的法律规制只能加强，不能放松。

---

① 杨桦，刘权.政府公共服务外包：价值、风险及其法律规制[J].学术研究，2011(4)：54.

第三章 政府审计公私合作基础法律关系:基于政府购买社会审计服务的分析

政府购买公共服务涉及公私主体协同合作完成公共服务，公私主体的经济属性和法律属性各异，必将导致其权利义务关系的差异与冲突，所以研究政府购买社会审计服务行为及其法律关系，应以政府购买公共服务为背景，具体到政府购买社会审计服务领域，以购买过程为分析框架，界定主体属性，进而研究主体间的权利义务关系。

第一节　政府购买社会审计服务主体界定

王浦劬、莱斯特·M.萨拉蒙建立“三元主体”分析框架并以政府购买公共服务过程为坐标对政府购买公共服务主体展开分析，认为公共服务供给者、生产者和消费者对应于公共服务供给、生产和消费三个环节，由此可以界定政府购买公共服务主体为购买者、承接者、使用者。①

就政府购买社会审计服务而言，其主体也可划分为购买者、承接者、使用者，其中购买者主要是国家各级审计机关及其他各级行政机关、事业单位。与一般政府购买公共服务的购买者不同，社会审计购买的主要目的是支持政府审计，所以国家各级审计机关是社会审计服务最主要的购买者。由于政府审计的工作量非常大，超出了现有政府审计机关的承接能力，所以目前对涉及政府投资较小的项目一般由各行政主管部门自行委托社会审计机构审计，同时向审计机关报备，即在需要购买社会审计服务的政府审计项目中，核心项目由政府审计机关购买社会审计服务并对项目进行全程监督管理，非核心项目由各主管行政机关购买社会审计服务，并报备审计机关，审计机关负有监督责任。承接者主要是依法完成工商登记和行业登记、资质声誉良好、专业胜任能力与政府审计工作要求匹配的会计师事务所、管理咨询公司等社会审计机构。使用者是社会公众，社会公众是审计公共服务对象，是公共受托责任的真正意义上的委托方和授权方。

从法律的视角来看，政府购买社会审计服务主体，即指政府购买社会审计服务法律关系的主体。法律关系是指根据法律规范所产生的，以法律上的权利义务关系为内容的特殊的社会关系。② 政府购买社会审计服务各关联主体通过参加政府购买社会审计服务活动形成彼此间的权利义务关系。政府基于公共受托责任开展政府审计工作，并以审计公告的形式向全社会公布审计结果，各级政府机关对审计结果涉及的问题依法采取措施予以处理，所以审计公告是全社会公布，是审计公共服务的重要形式。政府审计资源的局限导致政府审计质量及效果的提升必须借助社会审计力量，政府购买社会审计服务就是按照一定程序

---

① 王浦劬，莱斯特·M.萨拉蒙，等.政府向社会组织购买公共服务研究：中国与全球经验分析[M].北京：北京大学出版社，2010.

② 苏晓宏.法理学原理[M].北京：法律出版社，2013.

订立契约并支付对价向社会审计机构购买政府审计项目必需或急需的社会审计服务。但政府购买社会审计服务不只是一种简单意义的购买行为，单纯的购买行为只涉及购买者和承接者，而政府购买社会审计服务是从购买行为出发而建立一种政府审计与社会审计的协同合作关系，其契约关系内涵中包括了审计公共服务供给关系、政府审计与社会审计公私合作关系，政府审计机关对其他行政机关购买社会审计服务监督管理关系、政府审计机关购买社会审计服务的自我管理监督及独立第三方再监督关系等关系属性，这使得政府购买社会审计服务具有与购买一般公共服务不一样的主体及权利义务关系特征。

政府审计机关是审计公共服务的供给者，审计公共服务通过何种途径和方式向社会公众提供呢？其基本的途径和方法是政府审计及审计公告。政府购买社会审计服务的根本目的是在克服政府审计资源局限的基础上进一步提高审计公共服务的质量和效果，通过更加优质、高效的审计公告质量，保障社会公众对政府审计工作的知情权，使其得以顺利参与到对政府履行受托责任情况的监督中来。社会公众作为政府购买社会审计服务的主体，其意义在于以下几点。

第一，畅通社会公众参与国家审计监督的渠道。审计监督权的来源是人民授权。《中华人民共和国宪法》第二条规定："中华人民共和国的一切权力属于人民。"人民是民主国家的真正主人，人民将公共财产交托政府机关及国有单位管理使用，这种管理权的基础是受托责任，对管理使用的情况需要一个具有专业能力的独立第三方来监督，即由政府审计来监督，政府审计结果反映了政府履行受托责任的情况，除向各级人大报告外，应及时以审计公告的形式向全社会公布。法律意义上的公民是纳税人，也是审计授权人，其通过审计公告获知政府履行受托责任的情况，进而依法参与到对政府履行受托责任的活动中来。《中华人民共和国宪法》第九十一条和第一百零九条规定了审计监督权的独立行使及组织保障。《中华人民共和国宪法》第九十一条规定："国务院设立审计机关，对国务院各部门和地方各级政府的财政收支，对国家的财政金融机构和企业事业组织的财务收支，进行审计监督。审计机关在国务院总理领导下，依照法律规定独立行使审计监督权，不受其他行政机关、社会团体和个人的干涉。"第一百零九条规定："县级以上的地方各级人民政府设立审计机关。地方各级审计机关依照法律规定独立行使审计监督权，对本级人民政府和上一级审计机关负责。"行政权是一切公权力的表现形式，公共服务是继经济调节、市场监管、社会管理之后已经被明确的最新的政府职能。政府提供公共服务履行受托责任的权力来自人民的授权，这是一切公权力的基础，也是政府购买社会审计服务的权力基础。国家审计监督权具体行使过程中，因其具有较强的专业性，社会公众没有参与国家审计监督的渠道，政府通过购买社会审计服务提高政府审计质量和效果，最终向社会公众提供优质高效的审计公共服务，使社会公众有机会有途径参与到国家审计监督中来。

第二，更大程度实现公共利益。从某种程度上来讲，权利即利益，权利的行使无一例外是为了实现利益，无论这种利益属于公共利益还是私人利益，这也是权利的价值所在。权利总是与利益相关联的，利益是权利的重要表征。如果说私权利代表的是个人利益，那么，作为权利的派生物，源于公民共同授权的公权力，代表的利益只能是公共利益，而不是私人利益，也不是部门利益。“众意与公意之间经常总有很大的差别；公意只着眼于公共的利益，而众意则着眼于私人的利益，众意只是个别意志的总和。”①具体来讲，公共利益就是符合社会全体或大多数成员需要，体现他们的共同意志，让他们共同受益的那类利益。同时，公共利益具有开放性、非排他性和层次性的特点。② 公共利益的概念确定存在一定难度，公私的边界是模糊的和无法确定的，需要更多取决于“涉事者”个人的理解和领悟。③ “公认的公共领域或者纯粹的公共利益是不存在的。”④

公共利益是社会公众的利益，追求公共利益的实现不仅是社会公众的愿望和理想，更是政府的职责所在，政府审计工作的根本目的是监督公共资金、公共资源的有效使用，督促政府及其工作人员勤勉尽责，履行好公共受托责任，最终目的还是保证公共利益最广范围、最大程度地实现。社会公众作为政府购买社会审计服务的主体之一参与进来，将会使政府购买社会审计服务超越一般的购买行为，成为保障社会公众对政府审计知情权实现和公共利益最大化的重要途径。

第三，审计公共服务的无偿消费性。公共服务与私人服务的不同之处在于：虽然它们都是为了满足公众需求，但公共服务是政府运用公共权力和公共资源向公民提供服务，私人服务是基于盈利的目的运用私人资源提供服务。⑤ 社会公众作为审计公共服务的消费者与一般的消费者不同，其享受审计公共服务不是通过个人的购买行为，而是由审计机关提供。审计公共服务的生产有三种方式：一是由审计机关独立生产提供，二是由审计机关与社会审计机构合作生产提供，三是由其他行政机关报备审计机关后，独立向社会审计机构购买提供。无论哪种生产供给方式，社会公众作为消费者对审计公共服务的消费都是无偿的。正因为社会公众的消费行为与政府购买社会审计服务是脱节的，审计公共服务消费者只有参加到政府购买社会审计服务的过程中来，才更加有利于对审计公共服务生产供给的监督。

新公共服务理论为建立责任政府、法治政府提供了理论指引，公共服务不再是一种简单的管理活动，必须上升到治理层面，政府审计机关面对不断增长的审计公共服务需求，不能无限制地通过增加财政预算、扩编机构和审计人员来解决，无限扩大政府审计机关的规模不仅不会从根本上解决矛盾，还会带来诸如审计公共服务水平、效率下降等适得其反的

---

① 卢梭.社会契约论[M].何兆武，译.北京：商务印书馆，2003.

② 周义程.公共利益、公共事务和公共事业的概念界说[J].南京社会科学，2007(1)：77-82.

③ 张康之.公共行政中的哲学与伦理[M].北京：中国人民大学出版社，2004.

④ 靳永翥.论政府治理的公共性、地方性与合法性——一个关于“治理”的文本分析框架[J].行政学理论，2007(6)：5-8.

⑤ 王浦劬，莱斯特·M.萨拉蒙，等.政府向社会组织购买公共服务研究：中国与全球经验分析[M].北京：北京大学出版社，2010.

效果。改革审计公共服务生产供给机制，借力于民，向社会审计机构购买审计服务，让社会公众参与到审计公共服务的生产供给过程中来，将会使审计服务生产供给在降低公共成本的同时更加富于效率和质量。

第二节　政府购买社会审计服务主体间权利义务关系

政府购买社会审计服务主体之间的关系属于审计关系的一部分。“审计关系实际上是审计关系人之间的一种社会关系，它包括了审计人与审计委托人、审计人与被审计人、审计委托人与被审计人三组关系。”①具体来看，政府基于受托责任管理公共财产、公共资源，社会公众是委托人，政府与社会公众之间形成委托代理关系，而审计是社会公众对受托责任履行情况进行监督的需要，所以审计委托人从根本上来讲是社会公众，我们可以将之表述为一级审计委托，政府接受审计委托后，指令审计机关完成具体的审计工作。政府购买社会审计服务在具体实施中分成两类：一是由政府审计机关为完成核心政府审计项目而向社会审计机构购买社会审计服务，二是由其他政府机关报备审计机关后，向社会审计机构购买社会审计服务以完成小型政府审计项目。我们将之表达为二级审计委托。审计关系中，审计委托人包括社会公众、政府审计机关、其他政府机关，审计委托人与审计人、审计人与被审计人形成契约关系，这是审计关系中公私合作关系建立的基础。

一、 购买主体与承接主体：审计机关与社会审计机构

本节以政府审计机关为主要购买主体展开讨论，对其他政府机关报备审计机关购买社会审计服务暂不涉及。

政府购买社会审计服务中，政府审计机关首先要实现一个观念的转换，即政府审计机关与社会审计机构之间的关系由以前的领导与被领导关系转变为按照政府采购法及相关法律规定建立契约关系，将政府购买社会审计服务纳入市场经济的机制中去实现。《中华人民共和国采购法》第四十三条规定：“政府采购合同适用合同法。采购人和供应商之间的权利和义务，应当按照平等、自愿的原则以合同方式约定。”“购买主体要按照合同管理要求，与承接主体签订合同，明确所购买服务的范围、标的、数量、质量要求，以及服务期限、资金支付方式、权利义务和违约责任等，按照合同要求支付资金，并加强对服务提供全过程的跟踪监管和对服务成果的检查验收。”②

政府购买社会审计服务契约关系是审计契约关系的一部分，所以不能将政府购买社会

---

① 孔敏.审计契约关系的理论分析[J].福建广播电视大学学报，2005(2)：20-23.
② 《国务院办公厅关于政府向社会力量购买服务的指导意见》(国办发〔2013〕96 号)

审计服务契约关系仅仅理解为购买者与承接者之间的正式契约。实际上该契约关系还包含其他利益主体之间的权利义务关系，即审计契约反映出正式契约和非正式契约两个方面。从内部看，审计契约是审计组织关于要素投入的契约安排，从外部看，审计契约是审计者与不同利益主体对彼此关系的约定。审计契约通过内外两个层面发挥作用，分别为审计质量提供专业胜任能力与独立性的支持。①

“法律关系主体作为法律关系的参与者，必须具有外在的独立性，能以自己的名义享有权利和承担义务，具有一定的意志自由。这种意志自由在法律上的表现就是权利能力和行为能力。”②政府审计机关作为购买主体首先要承担购买契约中约定的基本义务，例如明确购买社会审计服务的具体要求和标准，按照市场价格标准保证购买资金的及时支付，负责对政府审计与社会审计协同的管理，对政府审计项目实施进行全过程管理，负责对政府项目效果进行评估，对购买的社会审计服务水平予以评价等等。社会审计机构作为承接主体，应该首先确保其具有承接政府审计外包项目的资质，并具有参加审计法律关系的资格，作为能依法独立享有民事权利和承担民事责任的法人组织，社会审计机构应具备超强的专业胜任能力，至少在政府所购买的社会审计服务范围内，其专业胜任能力要在全国或地方处于领先水平。对社会审计机构专业胜任能力的具体要求，无法在一般契约中具体约定，所以在正式契约之外要以非正式契约补充规范各主体的权力义务关系，进而需要在契约关系之上建立政府审计与社会审计的公私合作关系。

政府购买社会审计服务的契约具有民事契约的初始属性，至少承接方要通过契约完成获得合同利益的实现，该合同利益的属性是私益性质，但政府购买社会审计服务契约的根本目的不是为了私益的实现而是为了公共利益的实现，即向社会公众提供更好的审计公共服务。围绕这个目标，购买主体与承接主体之间的契约性质应向关系契约的性质转变，并最终向建立政府审计与社会审计公私合作关系的方向推进。政府购买社会审计服务契约的发生是政府履行受托责任、提高公共服务水平的需要，实现公共利益是其首选目标。为达成公共利益目标，民事契约的初始属性会发生一定变化，契约关系中将更多体现公共责任的因素，关系契约导引正式契约与非正式契约的互动与互补，购买主体作为公主体将承担更多的公共责任，而私主体在契约关系中将会被要求适当抑制对私益的追逐。这种抑制并未违背公平原则，一是私主体对社会责任的承担本就是其法定义务，政府购买社会审计服务的契约关系中，公共责任向私主体的转移是其承担社会责任的必要；二是从单个的、具体的契约关系来看，承接主体承担更多的公共责任会导致其投入更多的审计资源，抑制了其私益的实现，但如果放在关系契约之上的公私合作关系来看，更多的公共责任承担、更多的审计资源投入，会给承接方带来更强的专业胜任能力、更高的政府认可和社会评价，最终

① 刘国常，赵兴楣，杨小锋.审计的契约安排与独立性的互动机制[J].会计研究，2007(9)：90-94.

② 朱景文.法理学[M].3版.北京：中国人民大学出版社，2015.

会带来远超私益抑制损失的远期利益，这也是为什么要将政府购买社会审计服务契约关系纳入关系契约视域来理解的原因所在。

英国 Birkenhead 勋爵曾在案例中强调过："如果立法机关基于公共目的明示或默示授予某人或某一机关一定的职权和职责，此人或机关不得拒绝履行这些职权和职责，不得签订与正当行使这些职权和履行这些职责相冲突的合同，也不得做出与此相冲突的行为。"也就是说，当具体的合同条款与法律规定的对公共权力机关的授权相冲突时，公共权力机关将不能使用这一合同。[①] 美国学者 Martha Minow 也赞成："当宪法的明确条款只针对政府主体时，如平等保护和正当程序保护，政府不能在合同上没有写明这些义务时就把任务包给私人主体。"[②]这种被加入公共政策目标和公法义务的政府合同被叫作黏附合同。对于黏附合同，承接主体只能是要么接受要么拒绝。

二、 购买主体与消费主体：审计机关与社会公众

新公共服务的一个基本理念是"服务于公民，而不是服务于顾客"。"公务员不是仅仅关注'顾客'的需求，而是着重关注于公民并且在公民之间建立信任和合作关系。"[③]审计公共服务的消费主体是社会公众，政府审计机关是审计公共服务生产供给的直接责任方。由于政府审计资源的局限，政府审计机关在完成审计公共服务供给时，往往不是直接的生产者，而是由社会审计机构来完成审计公共服务的部分甚至是全部的生产，这和政府审计机关自用的服务不同。审计公共服务的生产和供给不是简单的生产与消费，其关系到政府公共服务职能的履行、政府与公众之间的互信，以及公民对国家治理的参与等一系列关系国计民生的核心事项。

政府作为公共服务的主要供给责任方，"必须不断地了解和掌握大多数国民的意向，根据其专门的知识和经验，以其自身的职责制定出始终一贯的政策，为实现该政策而充分发挥领导和指导作用，从无限存在的行政需要中优先选定对于国民来说是最为有益的政策，并准确而迅速地付诸实施。"[④]我国行政型审计体制中，政府审计机关除政府审计及相关职能外并不负责管理其他具体的行政事项，政府审计机关只通过审计监督权这种行政权力的运用，监督政府公共受托责任的履职情况，以维护社会公众利益。社会公众作为公共受托责任的委托方，其监督权的行使必须经由审计机关审计监督的渠道，因为对政府公共受托责任的监督具体是通过对公共资金、公共资源使用绩效及公共政策执行效果来实现的，需

---

① 彼得·莱兰，戈登·安东尼.英国行政法教科书[M].5 版.杨伟东，译.北京：北京大学出版社，2007.

② Martha Minow. Public and Private Partnerships：Account for the New Religion[J]. Harvard Law Review，2003(5)：1229.

③ Janet V. Denhardt，Robert B. Denhardt.新公共服务：服务，而不是掌舵[M].3 版.丁煌，译.北京：中国人民大学出版社，2010.

④ 杨建顺.日本行政法通论[M].北京：中国法制出版社，1998.

要专门的审计专业技术和审计专业经验支持。政府购买社会审计服务是政府审计机关对其行政权力的具体行使，政府审计机关在决定购买社会审计服务前，应充分了解社会公众对审计公共服务的需求，根据社会公众对审计公共服务的具体需求来确定购买社会审计服务的质量水准，并在了解民意的基础上经过专家论证和风险评估程序，最后在决策环节经过审计机关常务会议或全体会议讨论，由行政首长在前列所有程序基础上做出决定。2019年9月1日，《重大行政决策程序暂行条例》正式施行，审计公共服务作为专业技术性较强的公共服务类型，其决策行为应更加慎重，决策程序应更加严格。

在新公共服务"服务公民"的理念推动下，行政管理改革和公共服务改革不断推进，责任政府和法治政府建设并驾齐驱，政府与社会公众的关系也面临全新的变化和重大的考验。党的十八大报告对深化行政体制改革提出了明确要求："行政体制改革是推动上层建筑适应经济基础的必然要求。要按照建立中国特色社会主义行政体制目标，深入推进政企分开、政资分开、政事分开、政社分开，建设职能科学、结构优化、廉洁高效、人民满意的服务型政府。"党的十八届三中全会进一步指出："必须切实转变政府职能，深化行政体制改革，创新行政管理方式，增强政府公信力和执行力，建设法治政府和服务型政府。"转变政府职能，不断提升公共服务的质量、效果，按照不同公共服务类型深化服务内涵，并探索更加精细化的法律规制路径，成为当前行政权行使的核心内容。

行政权是国家行政机关或其他特定的社会公共组织，对公共行政事务进行直接管理或主动为社会成员提供公共服务的权力。行政权的实质内容是管理公共行政事务和提供公共服务。在当代社会，行政权绝不仅仅是消极地执行法律。除了对公共行政事务进行管理以外，行政权的最大使命就在于不遗余力地为社会成员提供优质的公共服务。① 服务型行政权的行权状态将更加积极主动并富有效率，行政权的行使不再是政府单方面的行为，社会公众的充分参与从而推动合作行政的发展是行政改革的方向。

三、 承接主体与消费主体：社会审计机构与社会公众

政府购买社会审计服务契约关系中，社会审计机构和社会公众之间并不存在实际契约关系，社会审计机构只是依据购买契约向政府审计机关提交社会审计服务，审计公共服务的供给是由政府审计机关汇总完成，似乎承接主体与消费主体并不发生直接的契约关系。总观我国政府购买社会审计服务的现状，各地方尚处于起步阶段，经验匮乏，尤其是政府购买社会审计服务的市场意识落后，购买资金预算保障不充分，导致政府审计机关购买决策轻率，社会审计机构参与意识不强，社会公众更是意识不到政府购买社会审计服务与其切身利益有何关联。实际上，承接主体与消费主体均是政府购买社会审计服务法律关系的主

① 杨海坤，章志远.中国行政法基本理论研究[M].北京：北京大学出版社，2004.

体，承接主体参与政府审计的权力来源是政府审计机关基于行政权行使需要而进行的委托，而政府审计机关行政权的来源是社会公众基于公民权的委托，承接主体向政府审计机关履行合同义务的最终指向是公共利益，承接主体向政府负责的最终含义是向社会公众负责，社会公众作为审计公共服务生产供给的最大委托方有责任积极参与到审计服务生产供给中来，承接主体应和购买主体一起负有向社会公众参与审计服务生产供给开放畅通一切渠道的责任。

合作行政背景下公共服务完成的基本路径是公私协力或公私合作，面对日益复杂并不断增长的公共服务需求，已经没有一个足够强大的政府可以应付一切公共事务。“政府的工作趋于到处一样化；相反，个人和自愿联合组织则会做出各种不同的实验，得出无穷多样的经验。”①“公共服务主观诉求的多样化、涵盖领域的复杂化以及消费感知的差异化也从外部催化了供应上的多元合作。”②审计公共服务生产供给过程中，政府审计机关作为购买主体其市场经验存在一定程度的不足，虽然积累了大量的政府审计工作经验，但同时也形成了审计工作经验单一的特点，但政府审计机关在国家审计政策制订及把握，政府审计决策及管理、监督，对社会审计、内部审计的监督指导，对审计公共服务质量水准的宏观方面具有不可替代的优势。社会审计机构长期经受市场经济的考验，具有极其灵活的工作机制和应变能力，在顺应市场需求承接各类复杂的审计专业工作中，形成自己的核心竞争力和专业胜任能力，这恰恰是政府审计机关缺乏的审计资源，也构成购买社会审计服务的基础。社会公众通过对社会监督的参与形成对审计公共服务的最终评价，虽然这种评价不是基于专业判断形成，但却是审计公共服务的需求内容和创新目标。

承接主体是政府提供公共服务的重要社会力量。“公共服务性质以及新特征使得公共服务的提供呈现更加社会化的趋势，即除了依靠政府与市场的力量，还包括社会组织、社会群体和个人参与提供公共服务，这些社会力量是出于责任感、公德和对公共利益的维护，更能以公共服务受用者的立场去倾听诉求，能提高公共服务的回应性。”③民主社会的进步性体现在公民权实现的渠道更加畅通，政府履行公共责任的需求迫使政府不再被动地了解民意，而是主动凭借公共信息渠道去了解包含公共服务需求在内的最广泛民意，而政府提供公共服务的无限努力与不断增长并日益差异化的公共服务需求的确形成一对难以调和的矛盾。解决这一矛盾的根本办法就是将政府和市场的作用同时发挥起来，调动社会组织、私人群体等一切社会力量参与到公共服务的生产供给中来，建立公私合作机制，政府要承担起对这一公私合作机制的组织管理责任。在公共服务生产供给的公私合作机制中，政府除了自我强化公共服务生产供给能力外，更要注重对社会组织的培养，政府对社会力量不能只是使用甚至是利用，而是要将政府与社会力量看成是生产供给公共服务的共同体，共

① 约翰·密尔.论自由[M].许宝睽，译.北京：商务印书馆，1959.

②③ 竺乾威，朱春奎.社会组织视角下的政府购买公共服务[M].北京：社会科学文献出版社，2016.

建协同，相互支持。政府要及时纠正自己的超常行为，把社会组织的自我管理能力培养起来，把政府承担的部分公共服务职能让渡给第三部门，形成政府与第三部门组织良性互动和良好合作的善治模式。①

社会公众是特殊的消费主体。“公民美德的理念体现了为公共服务的观念，至少在民主理想中是这样。”“民主公民权的理想自早期就已经意味着公民为了促进社区的改善而应该承担的某种责任或义务。”②公共服务消费是公民权的应有之义和重要内容。“新公共行政从本质上来说，为公共服务提供公平的解决方案，这不只是意味着为所有的人提供同样的服务，而是意味着要为那些更需要服务的人们提供更高层次的服务。”③社会公众基于消费主体的身份参与到公共服务的生产供给关系中来，是对公民民主权的行使。社会公众是公共服务的消费者，同时负有更多的责任与义务，这是民主社会公民权发展的必然趋势，也是民主行政改革的必然结果。审计公共服务向社会公众提供的同时，更加期待社会公众对审计公共服务效果的信息反馈，作为审计监督权真正意义上的委托授权方，社会公众对审计公共服务生产供给的参与是不可或缺的重要因素。

第三节　政府购买社会审计服务契约属性界定及权利冲突解决

一、政府购买社会审计服务法律关系属性：平权型抑或隶属型

“法律关系是根据法律规范产生、以主体之间的权利与义务关系的形式体现出来的特殊的社会关系。”④政府购买社会审计服务法律关系是指购买主体、承接主体、消费主体之间形成的法律上的权利义务关系，权利义务既可以被规定在法律规范中，也可以被设置在购买协议中，更存在于现实的法律关系中。对权利义务的认识要循由从法律规范到契约约定再到法律事实的线索，切实关注现实法律关系的实际形态及属性。

“法律关系按照主体之间的相互地位，可以划分为平权型的法律关系和隶属型的法律关系。平权型法律关系，即法律关系主体之间地位是平等的，相互之间没有隶属关系。”“隶属型的法律关系，即法律关系主体之间存在隶属关系，一方服从于另一方。”⑤政

---

① 杨选.转型期我国“政府再造”面临的六大冲突[J].中国行政管理，2006(5)：34-36.

② Janet V. Denhardt，Robert B. Denhardt.新公共服务：服务，而不是掌舵[M]：3 版.丁煌，译.北京：中国人民大学出版社，2010.

③ Janet V. Denhardt，Robert B. Denhardt.新公共服务：服务，而不是掌舵[M]：3 版.丁煌，译.北京：中国人民大学出版社，2010.

④ 朱景文.法理学[M].3 版.北京：中国人民大学出版社，2015.

⑤ 朱景文.法理学[M].3 版.北京：中国人民大学出版社，2015.

府购买社会审计服务法律关系中，政府审计机关或其他机关基于契约关系向社会审计机构购买社会审计服务，对双方的权利义务内容在契约中加以约定，应属于典型的民事法律关系。购买社会审计服务只是审计公共服务生产供给的一个初始环节，单凭购买行为本身并不能完成审计公共服务的全部产成，而是需要各公私主体的共同参与、协同、合作。政府审计机关购买社会审计服务的目的是达成公共服务的行政管理目标，基于契约关系将政府审计项目中可以外包的部分委托社会审计机构完成，这就使得政府购买社会审计服务兼具行政合同的属性。“行政合同，也叫行政契约，是指行政主体为了实现行政管理目标，与相对人之间经过协商一致所达成的协议。行政合同是现代行政管理中重要的方式，是行政权力和契约关系的结合。”①购买社会审计服务契约订立后，政府审计机关承担比其单独生产审计公共服务更大的责任，政府审计机关对政府审计与社会审计合作的项目负有监督管理责任，具有行政优益权，在法定特殊情势下可以对契约行使单方面变更权和解除权。

从政府购买社会审计服务法律关系实践层面上来看，对契约属性是归属民事契约还是行政契约，不同主体基于各自利益出发有不同的认识和期待。部分政府审计机关存在两种消极倾向：一是希望通过民事契约将更多的政府责任推卸出去，二是希望行政管理权尤其是行政优益权的保有上按照行政契约来处理。社会审计机构鉴于审计机关对其尚有业务监督权责，两者之间的行政管理惯性尚存，不愿意按照行政契约来规制两者的权力义务，即使签订了民事契约，也担心民事契约的效力受到行政权的干扰。社会公众的期待也具有两面性，一方面希望能借助社会审计机构等社会力量提高审计公共服务的水平，革除部分审计机关政府审计效率低下、质量不高的积弊；另一方面又对以盈利为目的的社会审计机构投入审计公共服务的努力程度和道德自律信心不足，从而希望政府审计机关能全面领导、监督审计公共服务的生产供给，并真心接纳社会公众的监督。

审计公共服务的政治性、法律性、社会性等多重属性决定了政府购买社会审计服务法律关系属性体现出“平权型”与“隶属型”交叉的特点，多元主体利益的冲突及期望的差异导致契约属性和契约关系的复杂性，国家审计监督权服务国家治理的多重目标要求我们应超越一般契约关系的范围，将政府购买社会审计服务法律关系放在公私合作的政治、法律、社会的大背景中来分析，才能得出准确、科学的研究结论。

二、政府购买社会审计服务契约属性：公私合作契约

（一）公私合作关系概念的提出

全球范围内的公私合作浪潮发展迅猛、势头正劲，各国由于政治、经济、法律制度的差

① 张树义，张力.行政法与行政诉讼法学[M].3版.北京：高等教育出版社，2015.

异对公私合作关系这一概念理解不一,解释不同,但在基础设施领域和公共服务领域,越来越多地运用公私合作制度来完成政府资本与社会资本的合作、政府力量与民间力量的协同,以期降低公共行政、公共服务的成本,提高公共行政、公共服务的效率。美国学者E.S.萨瓦斯自19世纪70年代行政改革浪潮掀起之时开始了对“民营化”的探索研究,民营化是新公共管理对当代行政管理改革观察后的基本结论,传统行政学只关注于政府改革本身,希望通过持续的改革达到行政管理制度的完善和行政效率的提升,公共选择理论却另辟蹊径,聚焦于政府与社会的合作关系,在向公众提供公共服务和产品时,从完全依赖政府向更多调动激发社会力量参与过渡,萨瓦斯认为民营化就是新公共管理,“一系列创造性改革的通用标签,其最显著的特征是将市场机制引入政治领域……起催化作用的政府是一种把政策指定(掌舵)同服务提供(划桨)分开的体制,而权力转移、公私联合、伙伴关系等是起催化作用的最主要的手段”。①

民营化形成之初往往被作为一种极具革新意义的管理工具来看待,随着民营化的发展,逐渐被赋予了社会治理的含义。更少政府成为全社会追求的目标,公共服务成为新公共管理的重要职能,政府希望以更少的成本产出更好的公共服务。社会公众对公共服务的满意程度决定政府存在的价值,因此政府迫切希望借力于民并适当让渡权力于民以提高社会治理水平,谋求更好的新公共管理绩效和更坚实的执政基础。政府与社会力量在公共服务中的角色定位十分关键,当政府垄断公共服务的生产时,就会带来行政管理成本的上升。面对公共服务需求的不断上升,无限制扩大政府机构和管理层级的做法是没有出路的,一个日趋庞大臃肿的政府往往是一个日益倒退的政府,它给社会带来的只能是灾难。当公共服务的生产更多委托社会力量去完成时,可以节省行政管理成本,但同时也会产生交易成本,政府的管理责任不是减轻而是加重了,“对那些属于政府‘天职’的公共服务,政府应该是一个安排者,决定什么应该通过集体去做,为谁而做,做到什么程度和水平,怎样付费等问题”。②

以政府审计为例,我国责任政府、法治政府的建设进程速度之快超越了包括政府和社会机构、社会公众在内的所有主体的预期。国家治理活动对政府审计机关代表政府提供审计公共服务提出了极高的要求,审计全覆盖的国家审计监督目标对政府审计的质量建设、数量提升、方法创新、路径革新做出全面要求,以现在我国的政府审计资源以及行政型审计体制的行政管理模式,几乎不可能完成政府审计支持国家治理目标的实现。政府审计机关通过购买社会审计服务,降低行政管理成本,同时在与社会审计机构的公私合作中学会以市场经济的理念去控制交易成本,管理好政府审计与社会审计的关系是审计公共服务创新的必由之路。

---

①② E.S.萨瓦斯.民营化与PPP模式:推动政府和社会资本合作[M].周志忍,译.北京:中国人民大学出版社,2015.

目前，我国学界和实务界对公私合作关系的认识刚刚开始。更多是从公共基础设施项目中的公私合作关系来理解、界定，认为其“首先是指公共部门和私营部门共同参与公共生产和提供公共物品与服务的任何制度安排；其次是指一些复杂的、多方参与并被民营化了的基础设施项目；再次是指企业、社会、行业、民间权威组织和政府为改善城市状况而进行的一种正式合作”。① 也有从经济管理角度来阐释公私伙伴关系（Public-Private Partnerships，PPP），“指公共部门和私人部门为提供公共服务而建立起来的长期伙伴关系……私人部门希望与公共部门合作参与提供公共服务，主要是出于追逐利润的动机。公共服务产业往往具有某种自然垄断性质，竞争压力和投资风险相对较小，收入稳定，可以获得长期利润，对私人部门具有吸引力”。② 我国对公私合作制度的引进刚刚开始，尤其是公共服务领域里的公私合作制度，很难对公私合作下一个全面、准确的定义，“尤其值得注意的是，国家、经济、社会等这些公私合作制所涉及的核心要素总是处在不断的变化当中……一种宽泛的公私合作制概念自然没有实际意义，但过于苛刻狭小的公私合作制定义也将使那些在公私合作领域内的新模式被排除在公私合作制概念之外”。③ 从法律的维度来考量，公私合作关系至少可以这样来理解，即公私部门基于协作提供公共服务的需要而以正式契约关系为主、非正式契约关系为辅建立的长效、共赢的合作关系，其契约关系是公私部门之间各合作项目契约关系的集合。

（二）政府购买社会审计服务公私合作：采购型抑或任务完成型

前文已论及，政府购买社会审计服务是政府审计与社会审计合作关系的发端，其以关系契约理论为指引，旨在建立互助互信、长效共赢、科学稳健的公私合作关系，以此为基础构建审计公共服务的生产供给机制。“从制度安排的角度可以将公私合作制划分为采购型公私合作制和任务完成型公私合作制……采购型公私合作制是相对于传统的公共采购方式而言的。它以采购对象的整个生命周期为导向，涵盖了计划、建设、融资和运营等环节……任务完成型公私合作制的出发点不是基于公共采购的需要，而是存在单由公共部门不能独立承担或不能很好承担的公共任务。这个任务的完成，需要引入私人部门所掌控的资源。”④ 采购型公私合作制主要适用于基础设施建设领域，其强调政府与社会资金资本的合作，任务完成型公私合作制超越了简单的生产购买关系，更强调政府与社会智力资本的合作。“知识经济时代，物质资本为企业带来的价值越来越有限，智力资本将逐渐成为21世纪新经济模式下企业最重要的战略资源。”⑤

政府购买社会审计服务是典型的任务完成型公私合作制，政府看重社会审计机构的智

① 宋波，徐飞.公私合作制（PPP）研究：基于基础设施项目建设运营过程[M].上海：上海交通大学出版社，2011.

② 张万宽.公私伙伴关系治理[M].北京：社会科学文献出版社，2011.

③④ 李以所.德国公私合作制促进法研究[M].北京：中国民主法制出版社，2013.

⑤ 王芸，陈蕾，洪碧月.事务所智力资本、竞争战略与审计市场绩效间的关系检验[J].财会月刊，2017(15)：95-101.

力资本，社会审计机构也主要依靠智力资本的投入来完成与政府审计机关的合作。当然政府审计机关与智力资本的合作本身也包含与资金资本的合作，因为社会审计机构智力资本的生成需要持续投入大量的资金成本，而参与政府审计项目本身也要依靠资金成本的支持。所以政府购买社会审计服务不是简单地从社会审计机构购买公共产品或公共服务，而是政府审计与社会审计合作完成审计公共服务。

（三）公私合作契约属性

公私合作制本身就不是一个单一的概念，其体现出政治性、经济性、社会性、法律性等多重属性，这一切必将从公私合作契约关系中得到反映，使得公私合作契约呈现出多重属性，具体体现在：

第一，公私合作契约的集合性。单个的公共产品或公共服务的购买并不形成公私合作关系，只能是一般的、具体的契约关系，公私合作目标的达成靠长期的、一个一个具体的公私合作项目目标持续积累达成，所以公私合作契约也是由一系列公私合作项目契约组成，各契约之间具有总分关系或承续关系。以政府审计中的领导干部经济责任审计为例，政府审计与社会审计合作后，不仅要对被审计单位的各任主要领导干部履行经济责任情况进行历史审计，还要对现任领导在任期内履行经济责任情况进行跟踪审计，审计的广度和时长决定了该项政府审计是通过长期的一系列项目契约去完成公私合作目标。

第二，行政契约与民事契约的互补性。奥拓·迈耶创设的传统行政法理论聚焦于行政处分这一核心，认为公法范畴与私法范畴应泾渭分明，行政机关只负责执行国家意志，国家与公民之间不存在平等关系，行政契约没有存在的必要和空间。行政法学发展到行为形式理论阶段仍然秉持公权力优越于私权力的价值选择，偏向行政一方从而忽略私人意志和私人行为的行政法现象和意义。从行政国家到法治国家，给付行政逐步取代干预行政，市场经济的发展使得一个国家的政治、经济、社会等方面的治理形势日益复杂化，国家治理需要无比强大的政府和无比卓越的行政能力，而国家财政预算不足以支撑政府的无限扩张，合作行政成为必须。调动一切社会资源、社会力量参与到合作行政中来是行政管理发展的必然趋势，公法和私法的融合、公权力与私权力的交叉日益成为行政改革的主流，行政契约成为公私合作的重要形式。“行政契约手段是公私合作最主要的工具。行政机关完成行政任务除在实务上运用最广泛的行政行为方式，行政机关可选择与人民合意的方式完成行政任务，此合意的行政行为方式即为行政契约。”①公私合作是国家行政创新的核心部分，其制度本质就决定了合作行政含义中应包括接纳私人主体借助私法手段参与公共服务等行政任务的完成，在这样的法律关系中，私法的意思自治既要受到必要的尊重与保障，也要受到一

① 陈军.变化与回应：公私合作的行政法研究[M].北京：中国政法大学出版社，2014.

定的抑制，行政机关要把握公法原则与私法原则的适用平衡。“公私合作的私法契约作为行政私法行为，虽然以私法方式实施，但要受到宪法基本人权的约束，要受到管辖权的约束，还应受行政法其他一般原理原则的限制，比如信赖保护原则、比例原则等的约束。”①公私合作是合作行政的具体实施路径，其契约关系呈现行政契约与民事契约的互补特性，公私主体的协力、公法私法的融合、公法手段与私法手段的并用，给行政任务的低成本高效完成提供了更多的制度保障和实现空间。

第三，公私合作契约的长效性。个别的、偶然的政府购买公共产品或公共服务不能称之为公私合作关系，零散的几个政府购买公共产品或公共服务的契约不能称之为公私合作契约。在公私合作过程中，公益和私益有融合有冲突，为达成共赢目标，会对阶段性公益和私益的实现或抑制配比做自执行调整，即共赢目标是依据公私合作契约的长效性来实现的，公私合作契约的长效性决定了公私合作关系的稳健性，从而决定了公私合作目标实现的可能性。

第四，公私合作契约目标的唯一性。虽然公私合作要达成公益和私益的共赢目标，激发私人主体参与公共服务的积极性和创造性，但公私合作契约目标是唯一的，即公私主体协力合作，优质、高效完成公共服务或公共产品的生产和供给。如果背离这个目标，公私合作契约就是普通的行政契约或民事契约，就没有必要另外再产生一个公私合作契约的概念。

三、 政府购买社会审计服务公私合作关系中权利冲突及解决

(一) 权利冲突的含义

权利和义务关系始终处于一个共存、互动、互转的权利义务系统之中，始终表现出其一致性和相对性。“即使是最强者也决不会强得永远做主人，除非他把自己的强力转化为权利，把服从转化为义务。”②市场经济必定为法治经济，一定意义上“为利益而竞争”，也就是“为权利而斗争”——自由竞争无不通过权利冲突而实现。③ 马克思曾经说过：“一个人有责任不仅为自己本人，而且为每一个履行自己义务的人要求人权和公民权。没有无义务的权利，也没有无权利的义务。”④我国《宪法》第五十一条对公民行使自由和权利的正当方式做出了明确规定：“中华人民共和国公民在行使自由和权利的时候，不得损害国家的、社会的、集体的利益和其他公民的合法的自由和权利。”权利行使的自由限定在一定的界限里而不能绝对化，即禁止权力的滥用。“所谓权力滥用，是指权利人行使权利的目的、限度、方式或

① 王太高，邹焕聪.论给付行政中行政私法行为的法律约束[J].南京大学法律评论，2008(春秋合卷)：41.

② 卢梭.社会契约论[M].何兆武，译.北京：商务印书馆，1980.

③ 郭明瑞.权利冲突的研究现状、基本类型与处理原则[J].法学论坛，2006(1)：5-10.

④ 朱景文.法理学[M].3版.北京：中国人民大学出版社，2015.

后果有违法律设置权利的本意和精神，或者违反了公共利益、社会利益、公序良俗，妨碍了法律的社会功能和价值的实现。”①权利滥用的结果不仅会导致权利人自己的利益受损并承担相应的法律责任，还将侵犯其他权利人的合法权益。

“一项权利如果神圣到无边无际，其他权利只能在其余辉下苟延残喘，那么这一权利就不再是权利，倒像是上帝、真主等一元神的宗教。而现代法治国中的权利恰巧不是一花独放，而是百花齐放。”②法律规定的权利内容和契约约定的权利内容是理想的权利应该的状态，权利在法律关系中的实然状态总是会出乎我们的意料，最为详尽的理论指引和制度设计都会受到严峻的现实挑战，其最经常的状态即表现为权利的冲突，而公正、科学、公平地界定权利、厘清权利边界、合理配置权利是避免权利冲突的良方。具体而言，“权利冲突就是指两个或者两个以上同样具有法律上之依据的权利，因法律未对它们之间的关系做出明确的界定所导致的权利边界的不确定性、模糊性，而引起它们之间的不和谐状态、矛盾状态”。③ 政府购买社会审计服务法律关系中，政府审计机关和社会审计机构的权利几乎一直处于冲突状态，就当前政府审计中的实践情形来看，政府审计机关的权利配置较多，对社会审计机构的权利配置重视不够或停留于文牍主义的承认上，如果后续救济不足，就会挫伤社会审计机构参与政府审计的积极性，最终影响政府购买社会审计服务公私合作关系的建立。

（二）权利冲突的成因

权利是“法律允许的自由，是法律所承认和保障的利益”。④ “人们奋斗所争取的一切，都同他们的利益有关。”⑤所谓利益，就是指一个人应该享有的和可以享有的有利于、有益于自己的物质的或精神的事物。全体的利益一致是由于与每个人的利益相对立而形成的。如果完全没有不同的利益，那么永远都碰不到障碍的共同利益也就很难被人感觉到；一切都将自行运转，政治也就不是一种艺术了。⑥ “我们主要是通过把我们所称的法律权利赋予主张各种利益的人来保障这些利益的。”⑦

“权利冲突产生的原因在于人的求利本性和资源的稀缺性。权利就是法律保护的利益。权利冲突的实质是利益冲突。权利冲突案件实际上就是利益纠纷案件……人追求利益、主张权利的活动既具有积极作用，也具有消极作用。一方面，人追求利益、主张权利的活动具有启动权利保护制度和利益协商制度、推动法律运行和法律进化的积极作用。另一

---

① 朱景文.法理学[M].3版.北京：中国人民大学出版社，2015.
② 郝铁川.权利冲突——一个不成为问题的问题[J].法学，2004(9)：3-6.
③ 王克金.权利冲突论：一个法律实证主义的分析[J].法制与社会发展，2004(2)：43-61.
④ 张文显.法理学[M].北京：高等教育出版社，2007.
⑤ 马克思，恩格斯.马克思恩格斯全集(第1卷)[M].北京：人民出版社，1973.
⑥ 卢梭.社会契约论[M].何兆武，译.北京：商务印书馆，2003.
⑦ 罗斯科·庞德.通过法律的社会控制[M].沈宗灵，译.北京：商务印书馆，1984.

方面，人追求利益、主张权利的活动也具有许多消极作用。”①权利冲突当然可以靠冲突各方协商解决，但协商并不能解决所有的权利冲突问题，强权的介入也可以让权利冲突归于平静，但要付出不公平的代价，所以权利冲突解决的最佳途径是政治、法律、经济、文化等制度力量的介入，尤其是法律的介入、规制和平衡。

“权利不是一种纯客观的东西，也不是一种纯主观的东西，而是一种主客观相结合的产物。这种主客观具体而言，其内容就是利益和价值(或价值观)。利益代表了客观的根由，价值代表了主观的需求。权利是不同的利益和不同的价值的体现和产物。权利的实质是如此，权利冲突的实质也是如此。因此，尽管权利冲突的表现形式有多种多样，但归结起来，权利冲突的实质是利益的冲突和价值的冲突。只不过有时表现为‘纯粹’的利益之间的冲突，有时表现为‘纯粹’的价值之间的冲突，更多地则表现为利益和价值合二为一的综合起来的冲突。”②在政府购买社会审计服务法律关系中，购买主体为政府审计机关或其他机关，承接主体多为社会审计机构，而消费主体是社会公众。各类主体社会地位不同、法律地位不同，代表各自的利益，这就会造成政府购买社会审计服务法律关系中各主体之间的权利义务的冲突，趋利避害是各主体行使权力实现利益的惯性使然，但冲突如果无法解决将会使得政府购买社会审计服务的目标落空，所以应在审计公共服务目标的统一规划下，运用法律制度及其他制度达成权利冲突各方的平衡和妥协。

(三) 权利冲突的解决

权利的冲突可以依靠冲突各方的协商去寻求解决，但反复协商会导致冲突解决成本的增加。所以关于权利冲突的解决，首先要考虑成本因素，以最低成本最高效率将权利冲突的危害降到最低值；其次，权利冲突的解决主要应依靠制度力量的介入来解决，尤其是法律规制的介入；最后，权利的解决要平衡各方利益，公私合作的原则即是以局部性、阶段性取舍达成最终的共赢目标。权利是应该受到平等保护还是区分高低位阶分设保护？“在否认权利平等保护的观念中，有一个重要理由，就是认为每种权利的社会意义和社会作用不同，因而权利种类不可能做到平等。我们前面说，不能以法律的效力等级决定权利的大小，同样也不能以权利的社会作用和社会意义来决定权利本身的地位。”③审计公共服务是政府购买社会审计服务的最高目标，购买者、承接者、消费者这三者权利发生冲突时，即可以通过判断哪一种权利中含有的审计公共服务因素最多，那这种权利就应该获得权利的最高排序。权利冲突的解决应从以下几个方面展开：

(1) 一切从中国实际出发

“尽管法学上关于权利的本质有多种学说，但权利反映的无疑是特定的利益，权利所代表的是一种为法律所认可和保障的利益，权利冲突的本质是利益之间的冲突。法律的重要

---

① 刘国利，谭正.人文主义法学视野下的解决权利冲突的原则[J].法律科学，2007(4)：15-26.

②③ 刘作翔.权利冲突的几个理论问题[J].中国法学，2002(2)：58-71.

使命之一是调整利益，实现不同利益之间的平衡。法律调整和平衡利益的方式是通过权利的设定使利益合法化，并以法律的强制力保障法律所认可的利益，从而实现社会秩序的和谐。”①本文所讨论的权利冲突是置于中国背景下政府购买社会审计服务领域来研究的，所以需要对研究视域做出缩限。

政府购买社会审计服务法律关系涉及各方主体权利的实现，对过程中权利冲突的解决首先要考虑中国国情以及国家审计的现实。中国审计事业从1983年开始恢复建设，以行政型审计为制度特征，国家财政支持国家审计的财力有限，政府审计资源一直处于不足和匮乏状态，政府审计机关公共服务的理念还比较落后，部分审计机关还停留在政府审计结果首先向政府其次向人大报告的落后状态，审计公共服务均等化的实现还有很长的路要走。面对政府审计资源的局限和越来越多的政府审计待审事项，部分审计机关借力社会审计的公私合作理念尚未形成，还停留在向社会审计机构借调专业人员协助政府审计的状态，即使订立了政府购买社会审计服务契约，也缺乏成熟的契约意识和严格的契约精神，契约履行过程中公权压制私权的情况屡有发生。

社会审计机构在权利无法得到足够保证的情况下，参与政府审计项目公私合作的意愿不强烈，但因为审计机关对社会审计机构负有监督职能，所以社会审计机构在契约关系中大多不能平等与审计机关对话并主张权利，行政隶属旧关系的影响至深，影响了政府审计与社会审计公私合作的基础，造成了公权过度扩张、私权过度抑制的权利格局。权利本身并无高低贵贱之分，各权利主体及其利益之间，一切要以审计公共服务均等化的目标来平衡权利格局和利益格局。

（2）确定权利法定边界

权利边界的模糊性使得权利冲突易于产生，最理想化的权利配置当然可以避免权利的无端冲突，而法律是否可以实现最理想化的权利配置呢？即使做出了划定法律权利边界的最大努力，也无法做到对权利边界模糊性的彻底克服。“权利边界的模糊性虽也是权利的本性，但其是基于人类经验的有限性而产生的，在人类不断的经历权利冲突的种种事态后，其模糊性是可以在一定程度上解决的。因此权利冲突之解决就成为一个如何在一定的范围内明晰权利边界，重新界定冲突着的权利其范围和边界的问题。”

政府购买社会审计服务公私合作关系中，审计机关和社会审计机构的权利边界常常处于模糊状态，现行法律的滞后使得界定权利边界无法落实，当审计机关和社会审计机构发生权利冲突时，哪方权利应得到保障，哪方权利应予以抑制，对冲突利益如何取舍，法律没有明确做出规定，审计机关行政管理实践中更是容易忽略这个问题，权利的边界常常被人为地模糊，因为界定清楚的权利边界会给审计机关带来更多的责任。

---

① 梁迎修.权利冲突的司法化解[J].法学研究，2014(2)：61-72.

在政府购买社会审计服务主体权利冲突的解决上，应该首先做到：第一，通过从《中华人民共和国宪法》《中华人民共和国审计法》《中华人民共和国政府采购法》等多层次的旧法修改以及《中华人民共和国公私合作促进法》等立法活动，确定政府购买社会审计服务主体权利三方主体权利内容及边界；第二，及时根据权利冲突解决的实践情形归纳立法的滞后点并及时反映到立法修改层面上来；第三，权利冲突要在公私合作平台上实现最灵活机动的解决。实践情形总是超越制度预设，法律的干预始终有一定的局限性，法律规定并不能彻底解决权利冲突的全部问题。"权利确实具有边界并且有其主观的和客观的基础。当然权利有边界并不是说权利的边界就是清晰的，而在很大程度上权利的边界是模糊的，并因此引发了很多问题，如权利之间的冲突。虽然权利的边界并不清晰而是模糊的，但权利还是有一定的范围的，并且在大多数情况下并不引发权利的冲突，各种权利之间能相安无事。从一定角度讲，法律不断完善的过程，就是不断地使权利的边界清晰化的过程。"①

(3) 重视公私合作关系基础上的利益协同

"和谐社会依赖市场经济、民主政治、法治国家等基本手段而实现。几乎所有的利益冲突均需通过权利机制来实现，其中完备的私法体系更是以对权利冲突之有效预防与化解而见长。"②权利冲突是利益不平衡的结果，消除权利冲突的成因还要从平衡利益着手。平衡利益要关注权利主体的共同心理，"趋利避害"是权利主体的普遍心理趋向，平衡利益往往通过权利的适当配置来实现，利益平衡不能仅仅停留在法律规定层面，关键要通过适用法律来实现利益的动态的、系统的平衡。

关系契约理论从一开始就直面利益协同问题，将契约缔结各方从此消彼长的利益对立的固有思维中解放出来，树立整体利益的长期实现观念，缔约当事人利益共同体的建立成为契约关系的基础，利益的冲突首先得到该共同体的自我调整执行机制的协同调整，利益实现从分立、零散的实现机制过渡到聚合、整体的实现机制，并呼唤政府购买社会审计服务领域内的公私合作关系的构建和发展，公私合作关系的发展是关系契约的递进和升华，也是解决政府购买社会审计服务领域内利益冲突的主要路径。

政府购买社会审计服务主体发生权利冲突时，应基于以下几个方面考虑解决方案。首先，遵循市场经济规律，借助市场经济的力量，在公私合作关系上寻求权利冲突的平衡和利益的实现。当事人之间应以关系契约理念依靠利益共同体的自我调整机制寻求解决方案。局部利益的取舍要服从整体利益的全局观念。其次，控制协商成本，当市场经济力量和公

① 王克金.权利冲突论：一个法律实证主义的分析[J].法制与社会发展，2004(2)：43-61.
② 郭明瑞.权利冲突的研究现状、基本类型与处理原则[J].法学论坛，2006(1)：5-10.

私合作关系纠纷解决自执行机制失效后，应及时引入法律等制度力量的干预。再次，权利冲突的解决要始终围绕审计公共服务均等化目标的实现来配置权利、平衡权利、决定利益取舍。

第四章 政府审计公私合作法律规制：路径与策略

政府购买社会审计服务作为审计公共服务供给创新的重要举措，对审计公共服务质量、效率、效果的增进与提升发挥越来越重要的作用，经过改革创新后的政府审计在政府审计维护财政金融安全、国有资产安全、资源环境安全、政府权力运行安全、民生安全、信息安全等国家经济安全的各个重要领域都成为不可替代的治理手段，为政府审计支持、推进国家治理体系和治理能力现代化打下良好的基础。以审计全覆盖为基本目标，政府审计作为国家治理的重要手段成为当前审计体制改革和审计机制创新的重点，这将对政府审计能力和绩效提出超高要求，而政府审计的审计资源十分缺乏，导致政府审计中应审未审、审而不严、疏于问责的现象多发，影响了政府审计依法独立行使审计监督权的权威和效能。政府购买社会审计服务，便于审计机关统筹整合审计资源、克服审计资源不足，高效履行法定职责、更好完成公共服务。但是政府审计购买社会审计服务的实践缺乏法律规范和指引，所以加强法律规制刻不容缓。

第一节　政府审计公私合作法律规制前提

一、审计公共服务是政府权力安全运行的基础

政府权力的来源是人民，政府权力运行的目标也是人民。“为人民服务”是政府权力运行的原则和价值取向，人民对政府权力的运行有监督的权力和必要性，人民对政府权力运行的监督不能只是停留在概念上，要有具体的监督路径和监督手段，最终需要监督制度保障。我国权力监督体系构成包括：“人大的预算监督、纪律检查机关的党纪监督、检察机关的检察监督、人民法院的审判监督、审计机关的审计监督、行政监督机关的监察监督和人民群众、社会舆论的监督等……因为审计具有地位的独立性、监督的专业性、信息的公开性等特征，在权力监督体系中具有重要地位。”①在权力监督体系中，政府审计以其专业能力主要负责完成经济监督职能。市场经济的发展使得政府权力运行中经济的因素越来越多，经济样态日趋复杂，经济违法犯罪的情况非常严峻，政府审计因其经济监督的主要功能成为其他监督运行的监督基础，社会公众对政府审计结果公告也越来越关注。十八届三中全会提出：“加强中央政府宏观调控职责和能力，加强地方政府公共服务、市场监管、社会管理、环境保护等职责。”②公共服务是政府的重要职能，审计公共服务是政府履职的重要形式，政府审计结果通过审计公告的形式向包括国家各监督主体在内的全社会予以公布，各监督主体依据审计公告结果依法采取监督措施，履行法定职责。

---

① 尹平，等.政府审计与国家经济安全论[M].北京：中国时代经济出版社，2011.

② 本书编写组.中共中央关于全面深化改革若干重大问题的决定辅导读本[M].北京：人民出版社，2013.

政府审计监督要有效克服审计监督低效、失效，保证优质、高效地提供审计公共服务，审计公共服务生产供给要坚持走改革创新的道路，政府购买社会审计服务成为近年来一个重要的创新尝试，各地纷纷开展政府购买社会审计服务，由于缺乏法律规制，政府购买社会审计服务的实际效果不尽理想，旧问题没有得到彻底解决，而新的问题又层出不穷。政府存在的合法性在于获得公民的信任或委托，而政府之所以能够得到社会或公民的信任，进而得以存在下去的最大理由是政府能够为社会或公民做他们不能做的事情。[①] 我国审计制度恢复之初，政府审计囿于体制原因，其监督政府权力安全运行的实际效果不能令社会公众满意，虽然 20 世纪初一场又一场审计风暴宣示了政府审计监督权力运行、肃贪反腐的决心，但社会公众从最初为审计风暴的结果而振奋不已转入对审计公共服务质量、效率、结果持续改善的理性期待中，社会公众是审计监督的初始委托方，但社会公众无法实施具体的审计监督，只有政府审计能整合审计资源为社会公众完成其无法完成的具体监督。

政府提供公共服务能力的有限性与社会公众日益增长的审计公共服务需求之间的矛盾冲突异常严峻，所以为了解决供求矛盾、理顺供求关系，公法（调整不平等主体间的法律）的策略选择是将社会合理的公共服务需求确定为社会或公民应当享有公共服务权利，同时规定政府应当承担其必要的直接或间接保证公共服务供给的法定职责。[②] 政府审计机关要从审计公共服务的直接生产者改变为“以向社会审计机构间接购买为主、自主生产为辅”的审计公共服务供应方，目前我国审计公共服务的供给还是“以政府审计机关自主生产为主、向社会审计机构间接购买为辅”的模式，所以要快速推进审计公共服务生产供给的改革，持续加大向社会审计机构购买社会审计服务的力度和比重，并及时将之制度化、法制化，而不是始终停留在创新实验阶段。

当前，我国公共服务供给存在总体水平落后、地区间发展水平不平衡及社会公众不满意等较为突出、亟待解决的几个问题，就审计公共服务供给而言，政府审计层级越高，审计公共服务的质量越能得到保证，政府审计层级越低，尤其是未设政府审计机关的乡镇以下的民生问题、“三农”问题最为突出的广大农村地区，政府审计的覆盖率普遍较低，审计公共服务的供给水平也十分低下，基层政府审计机关实施政府购买社会审计服务的条件大都不具备，这就引发一系列的问题，政府权力的运行往往在缺乏有效监督的制度环境中恣意作为，政府资源局限、政府审计无法借力社会审计等导致政府审计监督失效甚至失败。上章书中曾经论及，作为其他监督力量的基础，一旦政府审计监督低效甚至失败，将会引发多米洛骨牌效应，引发其他一系列监督的失效。所以审计公共服务的法制化是保证审计公共服务生产供给机制健全健康的前提，也是政府权力安全运行的基础条件。

---

① 卢梭.社会契约论[M].何兆武，译.北京：商务印书馆，1980.

② 袁曙宏.服务性政府呼唤公法转型[J].中国法学，2006(3)：49-51.

二、避免出现审计公共服务“责任空白”

政府购买社会审计服务的初衷是汇聚政府审计资源与社会审计资源以改善审计公共服务生产供给的现状，无论是对购买者、还是承接者，都意味着更多的责任担当。政府审计机关通过政府购买社会审计服务这种公私合作形式，并不意味着政府可以将其公共职责外包给社会审计机构，政府审计机关只是从事务性工作和专业技术性强的工作中解放出来，以便能够更好地组织、实施政府审计的公私合作项目，从宏观层面分析，政府责任不是降低了而应是更加强化了。因为政府从单纯自主生产审计公共服务到管理政府审计的公私合作项目上，突显后者的专业要求和法律要求更高。目前我国社会审计机构因政府审计与社会审计关系的固有不平衡等因素的影响，契约权力和利益难以得到有效保障，也存在排斥参加政府审计公私合作项目的倾向。所以，责任推诿的问题如果不予以解决，责任真空就难免存在，最后导致公共责任的落空和公共利益的受损。

政府购买社会审计服务合同一旦订立，审计机关即将其部分义务交由社会审计组织代为履行，审计机关按约支付对价，尽管这种义务位移并不代表审计机关作为履行义务主体的法律责任发生任何变化。但一个可能的负面结果是：政府部门自身极有可能规避宪法和法律的固有责任，从而导致传统公法理念被侵蚀以及公法义务体系全面失控，政府行为理论也使得大多数私人行为不必承担宪法责任，包括正当法律程序的要求，公法于是借道私法（调整公民、组织之间关系的法律）悄悄溜走了。[①] 实践中，或基于自身审计资源的客观局限，或基于“懒政”意识，部分审计机关存在借购买行为逃避义务和责任的趋向，而预算资金的紧缺和审计机关契约意识的薄弱使得社会中介组织在承接政府审计外包时经常面临“无权活多钱缺少”的局面，所以表现出只愿承接业务不愿承担责任的趋向，两种趋向反向推诿之下导致“责任空白”出现，最终损害的是政府审计的公信力和公民的基本权益。

三、审计监督权独立行使的公私合作保障

2015 年 11 月 27 日，中共中央办公厅、国务院办公厅印发了《关于完善审计制度若干重大问题的框架意见》及《关于实行审计全覆盖的实施意见》，其中明确规定：“有效利用社会审计力量，除涉密项目外，根据审计项目实施需要，可以向社会购买服务……推动完善相关法律制度。根据完善审计制度的需要，在充分总结试点及实施经验的基础上，及时推动修订完善审计法及其实施条例，健全相关配套规章制度，使各项工作依法有据，确保各项任务顺利实施。根据我国国情，进一步研究完善有关制度设计，切实解决重点难

---

① 敖双红.公共行政民营化法律问题研究[M].北京：法律出版社，2007.

点问题。”①

政府购买社会审计服务是政府审计管理创新的重要目的，旨在支持依法独立行使审计监督权的公私合作机制的建立，形成足够支撑国家治理体系和治理能力现代化的审计监督机制。政府购买社会审计服务的标的属性、主体、权利义务关系、程序、效果、公私合作关系等一切相关要素均应该纳入法律规制的范围。目前，政府购买社会审计服务仅靠《政府采购法》及《政府采购实施条例》不足以规制政府购买社会审计服务的全部行为和过程，需要理顺上位法的引领与下位法的承接，更需要《宪法》《审计法》等法律法规的一系列立法和修改，对审计权配置、审计独立性的强化、改革国家审计双重领导体制、改革省以下地方审计机关人财物管理均需要立法予以规制，对社会审计机构代表的社会审计力量，应立法予以促进发展，保障其参加政府审计公私合作项目的合法权益和渠道，关键是对政府审计与社会审计的公私合作关系应立法予以明确。在政府购买社会审计服务实践中，一方面要规范政府购买社会审计服务行为，引导行为符合政府购买社会审计服务的价值目标，成为强化审计监督权的有效手段，体现公私合作的利益共赢、长效合作的特征。另一方面要规范政府购买社会审计服务过程中的权利义务关系，法律规范与政府审计项目公私合作的自执行机制协同作用，及时化解权利冲突，对责任方依法追责，维护政府购买社会审计服务机制的合法性和稳定性。

政府购买社会审计服务在我国尚处于探索期，实践中亟待解决的问题很多，而很多问题的形成有其深层次的原因，要寻求根本的解决，要从国家审计体制机制的各个核心方面着手改革，而即使局部的改革也会牵一发而动全身，这就使得政府购买社会审计服务呈现十分复杂的性质，公法和私法的交叉、公益和私益的交互、公权利与私权利的冲突、公私合作的建立，这一切给法律规制提出了极高的要求，使得法律规范本身必须顺应政府购买社会审计服务的实践情形做出及时修改和完善。

第二节　政府审计公私合作法律规制基础

一、政府购买社会审计服务法治理念

政府审计购买社会审计服务法律规制建设不仅要依靠立法的完善，更要依靠各级审计机关的全力推动，而审计机关或由于公法规制的惯性思维或因为缺乏公法私法协同调整的意识，影响其推动法律规制建设的主动性和积极性的调动和发挥，所以必须率先进行思维

① 中共中央办公厅、国务院办公厅.关于完善审计制度若干重大问题的框架意见第三条，关于实行审计全覆盖的实施意见第六条[R],2015。

更新转换，树立全新的政府购买社会审计服务法治理念。

（一）治理理念

“作为国家治理体系最为重要的组成部分之一，国家审计法治化进程是国家治理的重要标志。”[①]审计机关通过购买社会审计服务，从琐碎、重复的常规性事务中脱身，既丰富了审计这类公共服务的提供主体和方式，又凭借社会审计技术力量的支持提高了公共服务的水平。审计机关在购买社会审计服务的行为完成后其管理责任不但没有减轻反而加重了，并且要完成从依法管理层次向依法治理层次的跃升。审计机关虽处契约法律关系中但并非仅仅是一个民事法律意义上的普通购买者，同时还承担着对社会审计组织及其提供的服务的遴选、评估、监督、考核职责，所以应突破旧行政管理的固有思维，用合同治理的法治理念和方法来规范审计机关和社会中介组织的公私合作关系，既不以势压人，也不放松监管，充分激发社会审计组织积极参加政府审计的主观能动性，确保政府审计绩效最大化。

（二）契约理念

现代经济学与法学对契约概念均有解释，现代经济学的契约概念比法学的契约概念宽泛。契约概念的法学释义是：“契约是指两人或多人之间为在相互间设定合法义务而达成的具有法律强制力的协议。”[②]在此概念基础上形成合意、自由、平等、公正的契约理念。多年的政府审计实践中，审计机关和会计师事务所等社会审计组织之间已经形成纵向领导和管理的传统关系模式，面对新型公共服务模式，审计机关一时很难摆脱传统关系模式的惯性影响，不能把自己放在与社会审计组织平等的地位上严格依据契约来建立公私合作关系，因此必然容易导致权利义务的弱化、契约遵守的随意性以及公权对私权的侵害等一系列负面行为的发生。所以将法律意义上的契约理念植入传统的行政管理理念是保证政府购买社会审计服务依法进行的重要前提条件。

（三）责任理念

审计机关要确立全新的责任理念，购买服务的开始意味着责任的进一步加重而非削减。“购买服务并不意味着责任的转移，政府移交的是服务项目的提供，而不是服务责任。”[③]政府购买社会审计服务有别于普通的购买行为，既受民法调整，也受行政法调整，其根本目的是为了提升审计机关的公共服务能力和促进公共服务均等化，审计机关既要坚守各项既有的法定职责，同时又要全面监督政府审计的质量，并对购买社会审计服务合同履行的过程和结果进行管控，社会审计服务介入政府审计后，将对管理提出更多精细化、多元化、复合化的要求，在新型公共服务供给模式中，审计机关处于纵向和横向两套责任体系

---

① 晏维龙.国家审计理论的几个基本问题研究：基于多学科的视角[J].审计与经济研究，2015(1)：3.

② David M，Walker，The Oxford Companion to Law. Oxford：Oxford University Press，1980.

③ 戴维·奥斯本，特德·盖布勒.改革政府：企业精神如何改革公营部门[M].周敦仁，等译.上海：上海译文出版社，1996.

中，面临更大的履责压力。

二、 政府购买社会审计服务现行法律规范体系

目前，政府购买社会审计服务仅靠《政府采购法》及《政府采购实施条例》不足以规制政府购买社会审计服务的全部行为，《政府采购实施条例》虽然对《政府采购法》做出必要补充，将公共服务购买纳入其调整范围，但其内容仍然过于原则化，政府购买公共服务的领域十分广泛，每个领域都有自己独特的法律规制要求，政府购买社会审计服务又是诸多领域中特殊性最为突出的，所以《政府采购法》及《政府采购实施条例》不能满足政府购买社会审计服务法律规制的深层次要求。从建立政府购买社会审计服务公私合作关系的角度来分析，没有一部法律能单独完成与此相关的全部法律规制，因此应立足目前的政府购买社会审计服务现行法律规范体系，并围绕政府审计与社会审计的公私合作关系建设目标来系统规划立法修改。

《宪法》对我国行政型审计体制做出了基本规定，对政府审计机关独立行使审计监督权做出了原则性规定，但《审计法》对审计监督权的独立行使承接不够，《宪法》内容缺乏实施保障，目前最为迫切的就是要对《宪法》相关内容修改，一是建立乡镇一级政府审计机关，以便在目前审计覆盖面最小的广大农村基层有效组织政府审计的实施，二是先解决省以下地方审计机关地位、职能、人事、经费独立问题，取得经验后逐步上升解决层次。而《审计法》更是面临诸多方面的调整需求，值得注意的是，对政府购买社会审计服务公私合作关系的法律规制并不适合写进《审计法》，比如对社会审计机构的培育，涉及《税法》的修改，对政府购买社会审计服务公私合作各方的问责，涉及《刑法》的修改，更多公私合作方面的内容需要制订专门的《公私合作促进法》来调整，目前可用于规制政府购买社会审计服务公私合作关系的法律条款散见于各部法律法规规章中，虽形成了法律规制的基础，但缺乏系统性，不能形成法律调整的合力，所以应以一部《公私合作促进法》来引领相关的法律法规规章，完成各有关法律条款的呼应和聚合，法律适用过程中也要充分注意到我国政府购买社会审计服务现行法律规范体系的现状，多探索创造性的法律适用。

第三节 政府审计公私合作法律规制路径

我国政府购买公共服务的实践已经开展并取得初步成效，从西方发达国家引入的经验在中国实践中得到进一步验证和丰富。与此形成反差的是，我国政府购买公共服务的立法相对滞后，法律规范严重滞后于政府购买公共服务的实践进程，对实践中出现的新情况、新问题无法有效规制，现有的法律法规规定过于原则性，而政府购买公共服务的各个领域情

况差异较大，所以需要上位法与下位法的协同调整和承接。作为政府购买公共服务一个重要组成部分的政府购买社会审计服务，很多情况下陷入无法可依的窘境。

一、修改《政府采购法》《政府采购实施条例》

关于政府采购的定义和范围，《政府采购法》第二条有明确规定："政府采购，是指各级国家机关、事业单位和团体组织，使用财政资金采购依法制定的集中采购目录以内的或者采购限额标准以上的货物、工程和服务的行为。"本法所称服务，是指除货物和工程以外的其他政府采购对象。虽然公共服务没有明确纳入该法的调整对象，但仅就语义理解而言，服务应包含公共服务在内。鉴于公共服务的概念已在诸多地方性法规和文件中被广泛使用，而《政府采购法》是指导政府购买公共服务的重要上位法，所以应对该法进行修改将公共服务的概念明确补入规定。2015年国务院法制办公布的《政府采购实施条例》只着重于对行政机关作为受益人的服务购买行为的规范，既没有将公共服务纳入其调整范围，也忽略了急需调整的政府购买公共服务的领域，从其目前实施的实际情况来分析，该条例尚需重大修改。政府购买公共服务的类型、领域非常广泛，《政府采购法》只能对购买公共服务的行为做出原则性规定，《政府采购实施条例》也无法详尽具体地规范各个政府部门职能管辖领域内的购买公共服务行为，且其后续修改制订需要地方经验的积累和支撑，而各个政府部门职能管辖领域内购买公共服务的实践又急需针对性强的法律规范调整指导，所以政府各个职能部门依据《政府采购法》和职能管辖领域内购买公共服务的实践需求，先行出台相应的部门规章将更具合理性和可操作性。

二、推进《公私合作制促进法》立法进程

目前公私合作制在全球兴起的风潮方兴未艾，在我国国家治理体系和治理能力现代化建设中，公私合作制是行政管理改革的一个重点，"作为一种制度安排，公私合作制是指在公共部门和私营经济之间的一种基于合约的长期合作，其目的是为了更加高效经济地实现公共任务，借此公私部门可以集中各自的优势实现资源互补，同时可以将潜在的风险合理分担。"①德国在公私合作制的立法建设上成绩斐然，值得我们借鉴，归纳起来有如下几点。(1)确立压缩财政，保证公共服务水准，改善公共服务质量的公私合作目标。(2)行政管理上设置公私合作制的专门管理机构——公私合作制特别行动小组，为乡镇层级上公私合作制的实施予以协助支持。(3)为改善我国实施公私合作制的法律框架和环境，在总结前期公私合作管理经验和法治经验的基础上，出台《公私合作制促进法》。第四，公私关系建设上，既注重民间组织与公共部门关系的发展，又注重民间组织独立性的保持，以发展出健

①② 李以所.德国公私合作制促进法研究[M].北京：中国民主法制出版社，2013.

康、科学的公私合作关系。[②]

就我国公私合作的现状来看，实践开展及理论探索多集中在基础设施建设领域，政府购买公共服务领域鲜有用公私合作制的理念去解释和规制，《政府采购法》不足以调整规制各领域的政府购买公共服务行为，而从法律层面来讲，公私合作制涉及民法、行政法、经济法等多个法律部门。从关系契约理论的视角来分析，政府购买社会审计服务包含正式契约关系和非正式契约关系的交叉和符合，这是政府审计与社会审计建立公私合作关系的契约关系基础，其法律调整除涉及上述法律部门外，甚至涉及宪法的修改，比如审计体制建设、审计独立性建设等内容。如果涉及公私合作制因素的法律规范散见于各个部门法中，在调整公私合作关系适用法律时，不仅无法保证法律适用的效率，而且还会引起法律的冲突，所以，除了在现有法律体系内及时修改涉及公私合作制因素的法律规范外，还应该专门制订《公私合作制促进法》，以引领相关法律法规，对公私合作制予以调整规范。

三、制定《审计机关购买社会审计服务办法》

在《政府采购法》的修订尚未完成的情况下，应由审计署牵头总结各地政府审计中急需社会审计介入的项目范围，广征意见、统筹规划，尽快以部门规章的形式出台《审计机关购买社会审计服务办法》，对政府购买社会审计服务的主体、内容、对象、方式、程序、合同管理、权利义务、法律责任等加以详细规定，全面指导购买社会审计服务的各个环节，立足为专业问题的解决提供明确具体的法律依据，同时为《政府采购法》的修改完善积累部门行业经验，领先完成政府购买公共服务领域中审计机关购买社会审计服务的法律制度建设。《审计机关购买社会审计服务办法》的制订应重点围绕以下问题：

第一，重点规定审计机关购买社会审计服务的前提条件。在审计机关政府审计资源不足的情况下可以向社会审计机构购买社会审计服务，所谓政府审计资源不足的情况应予以明确：一是审计人力资源的不足；二是部分政府审计涉及的专业技术缺乏，尤其是涉及互联网+等新兴行业的审计项目；三是涉及国家海外项目的政府审计。只有在《审计机关购买社会审计服务办法》明确的情况下，才能实施购买社会审计服务，以避免社会审计的无效购买或为回应政策而实施的形式主义的购买。

第二，界定购买社会审计服务范围。即哪些项目、多大规模项目中有购买社会审计服务必要的可以向社会审计机构购买，哪些项目可以由其他主管行政机关自行购买社会审计服务，由其他主管行政机关自行购买社会审计服务的项目，必须向审计机关报备，审计机关负有指导、监督职责。对经济责任审计以及涉及国家信息安全、金融安全、资源环境安全的政府审计，既不能因噎废食，在需要借助社会审计力量的情况下只考虑安全保密原则拒绝购买社会审计服务，也不能毫不设防，让社会审计机构全面参与政府审计项目中的涉密部分，关键是要在加强政府审计机关对涉密政府审计项目的整体领导和全过程控制管理的基础上，明确购买范围，细化可购买社会审计服务的判断标准。

第三，建立审计机关购买社会审计服务的预算决策机制。首先，从中央到地方，各级审计机关要内设专门负责购买社会审计服务的机构，不得由办公室或其他业务管理部门兼管购买社会审计服务相关工作，对购买社会审计服务相关工作要进行日常化管理。制定购买社会审计服务的议事程序和议事规则，杜绝不经集体讨论、决策而由个别领导拍板决定的情况发生。其次，制定审计机关购买社会审计服务专项经费报批制度。审计机关应于每个年度末根据下个年度的政府审计工作计划编制需要购买的社会审计服务计划，再根据社会审计服务购买计划，编制购买社会审计服务经费预算，经各级审计机关办公会议议决后，报送财政部门审核批准，市、区、县的审计机关同时还应该将社会审计服务购买计划向上一级审计机关报送备案。对批准、划拨的社会审计服务专项经费，各级审计机关要严格坚持专款专用的原则，不得以任何理由挤占挪用。

第四，建立审计机关购买社会审计服务的公私合作机制。首先，建立社会审计机构遴选机制，各级审计机关根据社会审计服务购买需要确定社会审计机构的遴选标准，主要从法律主体资格、专业资质、执业特长、专业竞争力等级、社会声誉、参与政府审计经验、参与政府审计意愿、遵纪守法情况、审计质量历史成绩等方面来考核社会审计机构，对符合遴选标准的社会审计机构，审计机关在征得其同意的前提下签订公私合作战略协议，建立适格（正当当事人）社会审计机构备选库，并进一步将各地适格社会审计机构备选库联网，搭建适格社会审计机构备选共享平台。

当前，社会审计机构专业胜任能力参差不齐，地区差异较大，实力较强的社会审计机构大多集中在经济发达地区，所以要保证各地社会审计服务购买资源的均衡，首先，就必须在全国范围内建立适合社会审计机构备选共享机制，保证对各级各地审计机关购买社会审计服务的均衡支持，避免形成地区差异和区域垄断。其次，建立审计机关购买社会审计服务的合同管理机制。对合同的订立、履行及履行结果的评价要实施动态的合同管理机制，购买社会审计服务合同时，应对以下事项要重点约定清楚：社会审计机构承接项目工作范围、工作内容，社会审计参与政府审计项目应执行的国家审计准则及法审计工作标准，社会审计机构所承接项目工作应该达到的质量要求及质量控制和质量责任的承担，政府审计项目公私合作关系中政府审计机关与社会审计机构各自的权利与义务，购买社会审计服务费用的构成及支付标准，保密规定、廉政纪律要求、审计人员的参加、回避与退出，审计结果的使用与报告。再次，建立社会审计机构发展支持机制。从微观层面上来讲，社会审计机构在特定专业领域的专业胜任能力比政府审计机关要强，但这并不能代表其具有承接政府审计项目的完全能力，前述中已经论及社会审计工作中执行的是注册会计师审计准则，由此形成的工作理念及方法不一定适合政府审计工作，所以在承接政府审计项目前，审计机关应对社会审计机构就国家审计准则、政府审计工作理念、方法、纪律等方面的工作内容进行培训，为政府审计项目公私合作打好基础。从宏观层面上来讲，审计机关对社会审计机构负有行业管理及业务指导职能，从政府审计与社会审计公私合作的长效目标着眼，审计机关要从政策指导、审计信息共享、审计资源互通、组织建设等各个方面全面支持社会审计机构的发展，将社会审计机构作为政府审计的一支重要补充力量来打造。

第五，制定审计结论形成及使用制度。社会审计机构参与政府审计项目的方式基本有两种，一种是只负责技术性分析发现工作，不就某一审计事项做出审计结论；另一种是在技术性分析发现基础上，就承接项目做出审计结论。审计机关在出具审计报告前，不能直接使用社会审计机构的审计结论，要对其进行审核认定，对审核过程和认定结果要在正式的审计报告中予以记载反映。审计机关审核后认为社会审计机构的审计结论存在程序或质量问题的，有权要求其予以修正完善并重新出具审计结论。审计机关未经实质性审核而直接在审计报告中使用社会审计机构参与政府审计项目所形成的审计结论导致审计质量事故的，应依法追究审计机关的法律责任。

第六，建立审计机关购买社会审计服务的问责机制。对社会审计机构及其工作人员的下列行为及情形，应予以问责：(1)承接政府审计项目后，擅自转包、转委托其他社会审计机构和个人的，未经审计机关同意，主要从其他社会审计机构借调人员从事承接政府审计项目的；(2)违反国家审计准则、违反政府审计程序、不服从审计机关对政府审计公私合作项目的指导和管理的；(3)因故意或过失造成政府审计严重质量事故的；(4)对被审计单位存在重大管理缺陷和重大违纪违法犯罪问题故意包庇不予以披露或不予以充分披露的；(5)接受被审计单位的不正当利益、通谋实施审计意见购买的；(6)违反保密纪律，将参与政府审计项目过程中获知的国家秘密、商业秘密、公民和被审计单位的其他信息泄露的；(7)不履行或充分履行政府购买社会审计服务协议约定的义务；(8)擅自使用社会审计机构的分项审计结论或审计机关的总项审计结论的，等等。对上述行为及情形，导致严重后果的，审计机关可采取终止委托、解除协议、追究违约责任、取消入选资格、移送司法机关追究刑事责任等一系列问责手段。对社会审计机构及其工作人员的下列行为及情形，应予以问责：(1)对政府审计公私合作项目不负组织、管理、监督责任，导致出现严重质量问题和政府审计失效甚至失败的；(2)违反社会审计机构遴选程序任意委托社会审计机构尤其是不适格审计机构的；(3)接受社会审计机构的贿赂或隐性非法利益的；(4)通谋舞弊，接受社会审计机构的审计意见购买；(5)以管理名义不遵守政府购买社会审计服务协议约定，侵犯社会审计机构合法权益的；(6)强迫社会审计机构不按照审计发现的事实出具审计结论，等等。对上述行为及情形，导致严重后果的，可以按照党纪国法，依法追究审计机关及其工作人员的行政责任、民事责任直至刑事责任。

四、政府审计独立性保障相关立法完善

政府审计独立性建设是政府审计价值基础，政府审计独立性是保证政府审计质量和政

府审计结果公正客观的前提条件。换言之,政府购买社会审计服务的目标是为了提高政府审计质量,从而支持政府审计独立性建设,而政府审计独立性建设又是强化政府审计与社会审计公私合作关系的制度支撑。“政府审计独立性的实质是审计决策不依赖、不屈从利益相关者的压力或影响,而政府审计体制是审计独立性的基础。”①“独立性是审计的灵魂和本质特征,是审计职业生存和发展的基石。”②政府审计和社会审计都属于外部审计,外部审计独立性程度直接决定了审计质量和审计结果的客观、公正性,也决定了审计监督权的行权效能。“审计独立性是用来保护公众利益的……审计活动是一个充满职业判断的活动,审计人员只有在这样一个独立的‘隔音空间’里才能做出中立、公正的判断。”③

(一) 政府审计独立性现行相关法律规定

我国现行法律对政府审计独立性保障已有规定。《宪法》审计机关设置和审计监督权的独立行使做出专门规定,其中第 91 条规定:“国务院设立审计机关,对国务院各部门和地方各级政府的财政收支,对国家的财政金融机构和企业事业组织的财务收支,进行审计监督。审计机关在国务院总理领导下,依照法律规定独立行使审计监督权,不受其他行政机关、社会团体和个人的干涉”。而第 109 条又明确规定:“县级以上的地方各级人民政府设立审计机关。地方各级审计机关依照法律规定独立行使审计监督权,对本级人民政府和上一级审计机关负责。”《审计法》第 5 条中对审计监督权的独立行使做出规定:“审计机关依照法律规定独立行使审计监督权,不受其他行政机关、社会团体和个人的干涉。”我国审计体制属于行政型,实行各级审计机关对本级人民政府首长负责的首长负责制,对此,《审计法》第 7 条规定:“国务院设立审计署,在国务院总理领导下,主管全国的审计工作。审计长是审计署的行政首长”。在第 8 条准确地规定:“省、自治区、直辖市、设区的市、自治州、县、自治县、不设区的市、市辖区的人民政府的审计机关,分别在省长、自治区主席、市长、州长、县长、区长和上一级审计机关的领导下,负责本行政区域内的审计工作。”接着在第 9 条中规定:“地方各级审计机关对本级人民政府和上一级审计机关负责并报告工作,审计业务以上级审计机关领导为主。”

(二) 政府审计独立性保障法律适用现存问题

从《宪法》到《审计法》的相关现行法律法规的滞后带来几个影响审计独立性的问题:

第一,审计体制限制政府审计独立性。我国行政型审计体制下,审计机关是各级人民政府的组成机关,同时还要接受上一级审计机关的领导,从这种双重领导的组织设置上来分析,政府审计不是严格意义上的外部审计,而是一种内部审计,当然政府审计的双重领导制带来行政权对政府审计活动的双重支持,有利于树立政府审计权威,强化政府审计调查

---

① 李笑雪,郑石桥.政府审计独立性、审计体制和审计权能配置[J].会计之友,2015(20):121.

② 高大勇.发挥审计约定书的作用,提高审计的独立性[J].山西财经大学学报,2007(1):191.

③ 陈汉文,黄宗兰.审计独立性:一项理论研究[J].审计研究,2007(1):24.

活动的强制力，但同时也对政府审计独立性造成一些负面因素，即政府审计独立性既受来自本级人民政府的行政影响，也受来自上级审计机关的掣肘。各级政府审计机关与本级政府之间的关系变得复杂微妙，充满诸多不确定性：一方面审计机关的人事任免和经费保障由各级政府负责，同时审计机关对本级政府的财政预决算问题、领导干部经济责任问题、环境资源问题、执行国家有关政策绩效问题进行政府审计，相对于各方，审计机关握有绝对的审计监督权，政府也握有绝对的人事、财政权，而一旦在政府审计中发生权力冲突，可以预见，审计监督权无法完成与政府人事权、财政权的最终对抗。《审计法》第 15 条注意到这一问题并规定："审计机关负责人依照法定程序任免。审计机关负责人没有违法失职或者其他不符合任职条件的情况的，不得随意撤换。地方各级审计机关负责人的任免，应当事先征求上一级审计机关的意见。"但这一条的规定过于原则，不够清晰，可操作性不强，对随意撤换审计机关负责人的问责措施没有详细规定，对地方各级审计机关负责人的任免虽然要事先征求上一级审计机关的意见，但征求意见后，如遇上一级审计机关与地方政府意见分歧，谁有最终的决定权，谁有最终的意见分歧裁决权。从目前的法律条文字面含义来理解是一种"商量着办"的模糊做法，实践中更多还是由本级政府说了算。立法的模糊，使得审计机关在各级政府的组织体系内，审计监督职能依附于大行政职能，审计机关依附于各级政府开展政府审计工作，政府审计独立性失去制度基础。

第二，审计经费不足影响政府审计独立性。《审计法》第 11 条对审计经费的保障做出规定："审计机关履行职责所必需的经费，应当列入财政预算，由本级人民政府予以保证。"纵观世界范围内法律监督机关的经费独立于行政机关的划拨供给是法治国家的通例，审计监督权的物质保障如果由被监督方决定将使审计监督失去基本的制度生存条件。实践中，审计机关经常面临制度性尴尬局面，按照中央审计全覆盖的统一战略部署，各级审计机关要扩大政府审计的覆盖面、拓深政府审计层级，这样做的一个最直接的结果就是触及地方政府及其各部门的一些深层次利益，审计机关非以不惜与地方政府破裂关系的决心是不足以全面完成审计全覆盖目标的，而地方政府的审计经费划拨大权在握，审计机关自身无法克服这一法律制度和行政制度的瓶颈，制度现实迫使审计机关回归与本级政府的旧有关系中去，对中央政策、法律要求只做运动式回应。审计经费不足还带来一个问题，即政府审计经费中，购买社会审计服务的预算比例逐年增长，如果这部分预算经费不足，首先会导致无法购买优质、高效的社会审计服务，最终影响政府审计的质量和效果；其次如果政府审计受审计经费不足的影响凭借行政权威强制低价购买社会审计服务，将会导致社会审计机构从成本因素考虑，减少对政府审计项目的专业投入；最后，如果长期不遵循市场经济规律支付购买社会审计服务的合理对价，将会大范围挫伤社会审计机构参与政府审计的积极性，破坏政府审计与社会审计的公私合作关系基础，导致政府审计事业失去社会审计力量的支持。

第三，审计机关和审计人员履职不独立而影响政府审计独立性。首先，审计机关上下级之间主要是领导与被领导关系，然后是业务指导关系，即上级审计机关可以基于行政命令决定各个具体政府审计项目的具体工作方向，甚至改变政府审计决定。政府审计实行项目制，工作特点类似于司法案件的审判，即政府审计项目工作组的主审和副主审及其他审计人员应基于法律和审计程序、审计技术方法对被审计事项独立完成专业判断，据此才能保证审计结果的独立性、客观性和公正性。而在政府审计实践中，本级审计机关和上级审计机关可以改变审计人员做出的审计决定，审计决定以公告形式发布前必须经过行政首长的核签批准，上级审计机关可以改变下级审计机关的审计决定，导致审计机关和审计人员履职独立性丧失。其次，审计决定的形成方式缺乏独立性。审计决定的特征与司法判决类似，当前我国司法判决已经实行审判法官案件责任的终身追究制，虽然给案件主审、承办法官以很大的专业压力，但同时也保障了法官依法办案的独立性。现行《审计法》没有明确审计人员对审计决定的终身责任制，实践中的审计决定都是集体决策的结果，而行政首长的核准审批为最后一个程序环节。对审计决定产生的质量问题和结论的失真如何问责，法律没有详细规定，实践中可能的结果是集体决策、集体负责，实际上是谁都不负责。最后，审计人员缺乏专业判断能力会影响审计独立性。政府审计与社会审计建立公私合作关系，目的是整合政府审计资源和社会审计资源，两者之间形成一个长期的专业能力互助平台，以确保审计发现的准确性、审计判断的客观性、审计结果的公正性。前章节中已经论及，在很多新兴领域，政府审计人员专业胜任能力要落后于社会审计人员，如果放任这一缺陷的存在，将会影响政府审计质量，最终损害政府审计的独立性。

（三）政府审计独立性立法完善建议

目前，从《宪法》到《审计法》等相关法律规定，普遍存在滞后于政府审计实践法律调整需求的情况，中共十八届四中全会《中共中央关于全面推进依法治国若干重大问题的决定》中明确地提出："完善审计制度，保障依法独立行使审计监督权。"立足国家治理的顶层设计和战略决策，立法应围绕政府审计监督权独立性进行一系列的完善。

第一，从行政型审计体制向立法型审计体制转变。世界范围内的政府审计体制有 3 种类型：政府审计机关向议会负责的立法型审计体制，政府审计机关隶属于行政机关的行政型审计体制，政府审计机关隶属于司法体系的司法型审计体制。借鉴各国经验并结合我国国情，立法型审计体制是最为理想的选择。中共中央办公厅、国务院《关于完善审计制度若干重大问题的框架意见》为我国审计体制从行政型审计体制向立法型审计体制转变设计了过渡办法，从 2015 年开始选择江苏、浙江等 7 个省市开展省以下地方审计机关人财物管理改革，强化上级审计机关领导，淡化各级审计机关对地方政府的人事、财政依附。但省以下地方审计机关人财物管理改革没有解决审计体制的根本问题。应从审计监督权的权力属性出发，从政府审计体制的最深层次进行改革设计，将审计机关从政府行政体系中脱离出来，将“一府两院”改设为“一府三院”，即政府、最高人民检察院、最高人民法院、最高审计院，各级审计院向各级人大及其常委会负责。“最高审计院统一指导地方各级审计院的工作，上级审计院指导下级审计院的工作。”①

第二，保障审计院的人事权和经济权的独立。应立法规定：最高审计院负责人是最高审计长，其任免由国家主席向全国人大提请并由全国人大及其常委会批准决定，各地方审计院负责人是地方审计长，其任免由上一级审计院审计长向地方人大提请并由地方人大及其常委会批准决定，各级审计院所需审计费用纳入年度预算报请同级人大审批，各级政府依法负有保证经费义务，但不再有审批权。

第三，推进上下级审计院关系的独立性。应修改《审计法》的相关规定，参照司法改革的相关做法和经验，规定上下级审计院之间不再是领导与被领导的关系，而是主要就审计业务的监督指导与被监督指导关系。各级审计院依法独立开展政府审计工作，不受包括上级审计机关在内的任何行政机关、单位、个人的任何干预和影响。上级审计院对下级审计院的政府审计质量和政府审计结论负有监督指导职责，《审计法》规定上级审计院对下级审计院监督指导履职的具体程序与要求以及履职不力的法律责任，对上级审计院依法经程序改变下级审计院的审计决定的情形，要做严格约定。同时在审计院内部，要保障审计人员履职独立性，实行政府审计项目审计人员负责制，审计人员同权同责，其履职行为不受审计院以及任何领导的干预，同时审计人员对政府审计项目形成的结论实行终身负责制，包括主审人员、副审人员在内的审计人员均应在审计决定书上签字，审计决定经集体讨论按照多数决程序做出，对任何不同意见和保留意见应记录在案。

第四，强化审计人员专业判断独立性。首先，在审计人员履职独立性受到制度保障的前提下，审计人员专业判断的独立性就显得尤为重要，即审计人员在政府审计项目中具备足够的专业胜任能力，对审计事项能够凭借自己的专业技术知识形成独立的判断，专业判断的独立性是保证审计质量优良和审计结论客观、公正的又一个前提条件。政府审计的资源缺陷和审计全覆盖目标实现之间的矛盾非常严峻，政府审计资源中最为缺乏的部分应是审计人员面对日益复杂的审计事项处理的专业胜任能力，这种专业胜任能力的形成不能靠单方面建设、短期培训，而要靠政府审计与社会审计的长期公私合作和协力共建，刚刚开始的政府购买社会审计服务只能解决一时之需，而不能从根本上解决政府审计中审计人员专业胜任能力的提升问题。其次，应在《审计法》中增加审计人员专业判断独立性的有关内容，审计机关与社会审计机构要共同致力于政府审计项目中审计人员的专业胜任能力提升，审计机关要严格设定政府审计人员的准入条件，鉴于目前政府审计体制机制改革以法审计为方向，所以应该要求从事政府审计的工作人员至少具有会计、审计、法学交叉的学科

① 孙平.从绩效审计的独立性谈我国审计管理体制的改革[J].审计理论与实践，2006(5)：32.

背景以及一定的政府审计工作经验,对社会审计机构拟参加政府审计公私合作项目的审计人员也要参照政府审计人员的选拔标准予以准入考核。简言之,社会审计人员即使在某一个领域具有专业技术特长,并不当然具有从事政府审计的准入资格,只有严控政府审计人员的准入标准,才能保证卓越专业胜任能力基础上的独立判断。总之,在《审计法》中应明确规定政府审计人员和社会审计人员从事政府审计项目的禁止性规定,对故意犯罪或特定过失犯罪被追究刑事责任的,因违反职业纪律被行政处分的,在政府审计公私合作项目中违反勤勉尽责义务导致质量事故的,应列举明确。

第五,构建政府审计人员的问责体系。对参与政府审计项目的政府审计人员和社会审计人员都应适用统一的问责标准。首先,对政府审计项目全过程记载,对过程中来自任何方面的干预或干扰都要如实记载,对审计结论形成过程也要书面记载反映,对持不同意见或保留意见的要记明理由,以便在产生审计质量问题或审计结果失真时形成问责依据。其次,《审计法》应对政府审计人员的执业纪律和义务予以明确,例如:政府审计人员不得接受社会审计机构和被审计单位任何形式的非法利益;除受审计机关的委派之外,政府审计人员不得利用自己的专业知识为任何单位和个人提供专业咨询或从事兼职工作并获取报酬;政府审计人员不得将从事政府审计工作中获知的国家秘密、被审计单位及关联方的商业秘密等信息、公民的个人信息做任何形式的披露;政府审计人员应坚决抵制被审计单位的审计意见购买行为等等。由此可知实行错误审计结论应予以终身追究制。《审计法》应补充规定对政府审计机关和政府审计人员的双重问责机制。政府审计人员故意形成错误审计结论构成行政责任或刑事责任的,依法追责。因过失形成错误审计结论并给被审计单位造成损失的,政府审计人员应承担民事赔偿责任。基于政府审计人员自证免责的需要,应规定政府审计项目尤其是政府审计公私合作项目工作档案管理细则,坚持政府审计全过程信息记载收集,为问责或证明免责提供证据支撑。

五、促进政府审计向县以下农村基层覆盖的《宪法》内容修改

我国《宪法》规定了四级审计机关的组织机构设置,最基层审计机关到县一级,乡镇一级不设审计机关。从政府审计的实践来看,以往的政府审计工作由于受政府审计资源的局限,只能抓大放小,审计重点指向行政机关、事业单位、大型国企,对广大的农村基层地区延伸覆盖不够。其实以乡镇、村为代表的广大农村地区,涉及公共资金、扶贫惠农资金、国有资源的体量十分巨大,政治经济情势复杂,待审事项十分烦琐,而政府审计在乡镇以下缺乏强有力的组织实施,所以导致大批的政府审计盲区的出现,从而影响了党和政府"三农"政策在广大农村地区的贯彻和落实。

土地、矿藏、水域、森林、草原、海域等国有自然资源分布在广大农村地区,对国有资源使用管理情况的政府审计专业要求很高,往往需要借助社会审计力量,而政府购买社会审

计服务组织实施管理的难度较大，所以为达成审计全覆盖目标，首先要通过《宪法》的修改，在我国增设乡镇一级审计机关，形成五级审计机关，目前我国很多乡镇政府因政府审计工作的实际需要，已经率先在乡镇政府内部设立了审计机构，承接协助县一级审计机关的政府审计工作，但这种机构设置于法无据，开展政府审计工作时受到诸多限制，所以要尽快在乡镇一级专设审计机关，加强政府审计在乡镇一级的组织实施力量，为政府购买社会审计服务在村居审计中的实现提供组织与制度保障。《审计法》要根据宪法的修改完成原则性规定的具体化，对乡镇审计机关的名称、组织、职能、权利义务、责任等做出详细规定。

第四节　政府审计公私合作法律规制策略

一、构建双重问责机制

世界范围内不同社会制度和法律制度的国家在民营化的公私合作中对政府责任的承担无一例外秉持高度一致的观点，即政府履责的方式虽发生了变化，但其法定责任不能因此而有丝毫的减免，“国家并不能因为民营化就可以放弃或推卸其所负的种种公法责任，国家只是可以尝试通过私人组织、私法手段更有效率地实现这种责任而已。”[①]审计机关和社会审计组织的公私合作关系中，公私主体都难以仅靠自律克服自利的本能，一方面，审计机关除有权人员出于贪腐私欲追逐回扣等非法个人利益等现象外，其更倾向于追逐无法律风险的部门利益，即将其法定责任的履行推给社会审计组织，懒政怠政。另一方面，社会审计组织依据合同实现经济利益，除合同义务外，不愿额外承担非合同义务，但往往慑于审计机关的强势地位，对其强加的义务不便直接拒绝，只好虚假承接，敷衍履行，最后必将导致义务位移、责任真空、谁也不负责任的结果。所以要通过审计部门规章的制定，构建双重问责机制，一旦出现政府审计质量问题，要严格依照问责机制分清责任、严肃问责，对社会审计组织的问责要严格按照合同约定的内容进行，而对审计机关硬性增派的非合同义务项下的工作责任应由审计机关承担，避免责任混同和问责不能，同时也应给社会审计组织拒绝承担非合同义务提供法律保障。

二、建立信息公开制度

除政府审计涉及的不宜公开的信息之外，政府购买社会审计服务的所有信息都应按照《中华人民共和国政府信息公开条例》予以充分披露。保障政府审计质量的一个优选途径

---

① 何平.政府购买公共服务的现状和问题[N].学习时报，2013-12-23(3).

就是吸引最优秀的社会审计组织通过竞争性投标参与政府审计工作。无须讳言，目前审计机关对用于购买社会审计服务的公共资金预算非常有限，对优秀的社会审计组织缺乏吸引力，如果再出现因信息不对称而导致的不公平竞争，一方面会影响社会审计服务参与政府审计的积极性，另一方面也助长了权力寻租、通谋通标等贪腐风气，破坏了政府购买社会审计服务的市场秩序。所以要通过加强法律规制，将独立关系非竞争性这样一种委托购买模式进一步升级为适合我国国情的“开放合作购买模式”，[①]保证开放的充分性和竞争的公平性，对购买社会审计服务的决策依据、公共资金来源和预算、社会审计服务内容、招投标程序、合同文本及相关文件、投标方资质、合同履行的进展和结果、购买的审计项目绩效评估等信息，除审计机关依职权主动公开外，同时可以依申请向社会公开。

三、 健全监督评估机制

（一）监督机制

政府购买社会审计服务的监督机制应由审计机关内部监督、社会力量外部监督组成。审计机关内部监督包括：内审部门对专项公共资金申请、资金流向、划拨进度、资金使用绩效等进行监督，质量控制部门对购买社会审计服务的合理性、适当性、数量、质量、绩效等进行监督，纪检部门对购买社会审计服务过程中可能发生的渎职、贪腐等违纪违法犯罪行为进行监督。就目前的实践操作来看，审计机关并未成立专门的质量监督部门，具体实施购买的业务部门既承担对购买过程的指导职责又承担监督职责，形成单一的自我监督格局。只有建立在审计机关党委统一领导下的内审部门、质量控制部门、纪检部门协同作用的综合性内部监督机制，才能对政府购买社会审计服务形成有效监督。政府审计的一个基本目标是保障纳税人的钱得到合理充分使用，政府购买社会审计服务即是为了提高政府审计绩效更好完成政府审计的目标，所以社会公众作为公共服务的接受者最有资格也最有积极性对购买公共服务的过程及结果进行监督，社会监督的特点是广泛零散，但其监督力量坚实、监督手段丰富，国家审计机关应以部门规章的形式对社会监督的动员、组织、信息渠道、反馈处理、激励、处罚等予以明确规定，深度发掘社会监督的潜力，充分发挥社会监督的作用。

（二）评估机制

评估机制将监督进一步具体化，对政府购买社会审计服务的价格、性价比、审计机关管理责任、社会审计组织专业胜任能力、社会审计服务的质量和绩效进行全面的评估。评估的独立性、专业性、公正性是建立评估机制的目标，对审计机关内部监督的弱化可能和社会监督的泛化可能形成有力的纠偏和补强功能。《审计机关购买社会审计服务办法》要对评

---

① 林闽钢，周正.政府购买社会服务：何以可能与何以可为[J].江苏社会科学，2014(3)：104.

估机制 4 个主要方面的内容予以规定。(1)评估主体。应由审计机关以外的律师、会计师等专业人士组成，审计机关可派员加入评估工作组，但只应负责组织协调工作而不参加具体的评估工作。评估成员应从评估专业人才库中摇号选择、定期轮换，并由审计机关支付相应工作报酬。(2)评估标准。评估标准既要遵守《政府采购法》的相关规定，又要契合政府审计的专业特点，重点围绕社会审计组织专业胜任能力、审计机关管理责任、社会审计服务质量、社会审计服务绩效进行评估，使用可量化的参数指标制定出评估标准体系。(3)评估方法。评估方法既要坚持社会化，更要坚持常态化。既要要发动更广泛的社会力量参与到评估工作中来，更要确保评估本身的专业水平处于相对高端的地位，因为评估是对专业工作成果的更为专业的检视。评估专家是流动的，但对评估工作的管理要坚持常态化，还应形成一系列的规章制度，比如评估专家在具体审计项目中因涉及利害关系人的回避制度等。(4)评估结果。根据评估结果，对提供社会审计服务的社会中介组织予以奖励惩戒，构成违约责任的予以严格追责。如评估结果揭示出违法犯罪线索，或交由纪检部门追踪调查或移交司法机关处理。

四、 完善司法救济制度

(一) 行政复议和行政诉讼救济

社会审计组织在承接业务过程中认为自己的权利遭受不公正待遇或侵害，可以先行投诉或提起行政复议，对反馈结果不满意或对行政复议决定不服的可以提起行政诉讼(我国《政府采购法》第 58 条规定:“投诉人对政府采购监督管理部门的投诉处理决定不服或者政府采购监督管理部门逾期未做处理的，可以依法向人民法院提起行政诉讼”)审计机关与社会中介组织合作完成政府审计的过程中，公权与私权、公益与私益经常处于既合作又冲突的状态，而在实力不对称的公私关系格局中，私权私益更易受到侵犯，所以为了避免下列行为的发生：审计机关通过合同转移自己的法定责任；在招投标过程中披露信息不充分或做误导性披露；地方审计机关在合作对象选择上设置地域限制不以专业胜任能力作为首要遴选条件等行政行为；甚至通过发布行政规章来将具体行政行为上升为抽象行政行为，必须完善行政复议和行政诉讼救济制度，使得政府审计中公私合作关系的冲突与纠纷得到公正及时解决。

(二) 民事诉讼救济

在政府采购社会审计服务中，审计机关与社会审计组织之间形成平等民事法律关系。在合同履行过程中，双方都存在违约的可能，合同订立时，审计机关往往重在设定作为项目承接方的社会审计组织的义务而对其权利不做约定或模糊约定，社会审计组织或是急于中标以增强行业影响力或是基于经济效益目的，对合同条款多不敢及时提出异议。合同履行过程中，审计机关易于通过违约行为任意加重承接方的责任，承接方也易于通过违约减少成本相对提高项目收益。由此产生的纠纷，应按照民事合同纠纷解决的主要途径寻求解决：协商、调解、仲裁、诉讼。在民事合同争议解决实践中，这4大争议解决途径在运用数量上依次递减，形成一个金字塔结构。① 金字塔结构解决模式充分释明了民事合同纠纷解决的成本效益原则。政府采购社会审计服务合同履行过程中，双方关系的不对称决定了社会审计组织不敢也不愿显性违约，即使违约也大多采用隐性违约的方法，而审计机关更易出现显性违约的情况，这就需要司法机关在对违约本质加以甄别的基础上解决纠纷。

（三）刑事诉讼救济

政府采购社会审计服务中发生的犯罪行为的危害性远远大于民事违约的危害性，因其从根本上损害了审计机关的公信力，直接影响了政府审计的质量和成果，进而抑制了政府审计作为国家治理重要手段的功能发挥，最终侵犯了全体公民的合法权益，所以对因此发生的犯罪行为要防控结合、综合治理、重点打击。通常，我们采取的措施如下所述。首先，政府审计往往涉及国家机密，而社会审计组织的介入使得泄密风险加大，所以对审计机关工作人员故意泄露国家机密罪、社会审计组织非法获取国家秘密罪要重点预防和打击，以保证政府审计的安全。其次，对因官商勾结、权力寻租而发生的受贿罪、行贿罪、滥用职权罪、玩忽职守罪等要及时查处、查漏补缺，完善监督制度。最后，对审计机关工作人员签订、履行合同失职以及社会审计组织严重虚假履约行为均应追究其刑事责任。

全面深化改革的历史使命使得国家治理面对前所未有的重任和挑战，在国家治理监督体系中，审计监督与法律监督承担着最为重要的监督职能，两者的协同和支持显得尤为必要，为实现审计全覆盖目标，首先要解决好政府审计资源有限和政府审计职能强化的矛盾，而政府审计能力和效果的提升必须通过审计创新实现，政府购买社会审计服务成为审计创新的重要内容和政府审计与社会审计公私合作的优选路径，政府审计的一切创新和改革需要独立、公正、系统、科学的法律规制，这是政府审计成功服务国家治理的一切前提和保障。

---

① 王丛虎.政府购买公共服务理论研究：一个合同式治理的逻辑[M].上海：经济科学出版社，2015.

第五章 政府审计公私合作实现机制

政府购买社会审计服务作为审计公共服务供给制度的一项重大改革，不仅关系到国家审计全覆盖具体目标的实现，更决定宪法赋予的审计监督权的实现程度，进而对国家监督体系的效能和国家治理的效果产生深刻影响。因此，该项改制工作的完成为政府购买社会审计服务的目标和价值的顺利实现提供坚实科学的机制保障。政府购买社会审计服务的实现机制应由政府审计与社会审计公私合作的法审计工作机制、政府购买社会审计服务公私合作风险控制机制、政府购买社会审计服务公私合作协调机制构成，各个分支机制相互支持、相互协同、和谐运转、修弱补强，构成政府购买社会审计服务的实现机制，全面优化政府购买社会审计服务的程序、质量、效率、效果。

第一节　政府审计与社会审计公私合作：法审计工作机制

法审计是近年来一种创新型审计，为克服“屡犯屡审、屡审屡犯”的政府审计失效甚至失败，我国政府审计实践中迫切需要创新型审计——法审计理念、技术和方法的引入，而因为法审计的实行涉及法学、会计学、审计学、计算机科学等多个学科知识的综合运用以及高超复合的专业技术方法的推广使用起到决定性的作用。目前我国政府审计囿于审计专业人力资源的匮乏，无法全面实施法审计，应经济发展需求率先开展法审计业务的是部分会计师事务所，就全国范围来统计，开展法审计业务的会计师事务所等主要集中在北京、上海、广州和江苏、福建、浙江、广东等省的大中型城市，经过反复实践部分优秀会计师事务所与优秀会计师积累了丰富的法审计从业经验，为政府审计中购买法审计这种创新型审计服务提供了产品来源及购买基础。

如前所述的村居经济范围内的各类经济实体中，以公司这种经济组织形式最为常见并最具代表性，而在公司中普遍存在的管理层舞弊，又称高管舞弊。多年来这种弊病一直是经济监督的重点和难点，对其治理的低效甚至是无效给政府治理带来很大的困扰，理论界和实务界始终在努力寻找高效的解决方法，尝试以法学和审计学相结合的跨学科方法为管理层舞弊的治理提供理论支持。在政府审计围绕审计全覆盖目标服务国家治理的新形势下，管理层舞弊治理应趁势突破管理层面上升到治理层面来寻求最佳解决的方法，而治理的创新和成功很大程度上取决于法律监督、审计监督的协同效能。公司管理是经营权层次上的活动，公司所有权人向经营权人授权，采取授权范围内的合法经营手段，以实现经营目标。公司治理则是企业所有权层次上的活动，科学的公司法人治理结构讲究如何向职业经理人授权，如何科学地对职业经理人进行监管。[①] 公司内部审计和外部审计以及舞弊查证

① 刘兴成.公司治理向何处去[J].法人，2016(2)：6-7.

后诸多的法律追责等案例证明，每一种监督手段均有其局限性，而监督手段之间的协同尚难形成和实施，导致对公司管理层舞弊的治理乏力，从而诱发和助长了公司管理层舞弊的蔓延和泛滥，导致其向全员舞弊的极端状态发展，这种现象在集团公司以下的分公司、子公司尤其普遍，舞弊蔓延的集群化效应和后果侵蚀了公司经济体的生命和健康，最终污染了市场经济的大环境，突破监督手段的局限和相互割裂的状态，针对当前我国企业界管理层舞弊的性质和特征，开展法审计治理，刻不容缓。

一、 常规审计支持下的管理层舞弊治理失效成因

（一）治理层和管理层缺乏对等互信

公司高管在企业界形成一个职业经理人阶层，作为企业精英阶层并没有形成自有成熟的忠诚、勤勉、守法、敬业的阶层文化，诸多全国性职业经理人行业组织并没有实际担负起诚信文化建设、行业自治自律等管理职责。以公司大股东为代表的所有权人构成公司治理层，与职业经理人为主形成的公司治理层之间没有形成平等、尊重、互信的合作关系和契约精神，公司和职业经理人在建立劳动合同关系时均处于秉持完全自利原则和利益最大化目标的急功近利的庸俗化雇佣心态中，导致双方关系从产生起就自携低稳定性、高风险性亚健康因素，成为管理层舞弊的原生诱因。对公司治理机制的顽疾和瓶颈，常规审计从未将之纳入考虑的范围。换言之，常规审计尚未涉及对制度执行、政策落实的审计监督。

（二）人力资源审核缺乏审计介入

公司人力资源部门在录用员工尤其是录用高管时，普遍存在重资料审查轻背景调查、重专业技能轻道德品格的现象，入职考核只关注竞聘高管的专业水平，对其学习生活经历多为书面审查，一般而言，只要竞聘高管无犯罪记录，公司人力资源部门都会视为品德合格。对高管的前期供职经历及离职原因通常不做深入调查，为高管舞弊者通过不断跳槽谋取非法舞弊利润并洗白身份提供了机会。西方发达国家的很多著名公司的人力资源部门在录用高管时，首先完成专业水平考评，其次完成学习生活等经历调查，最后完成道德品格调查，录用后还要坚持公司高管道德水平常态化跟踪和控制工作，一旦发现异常征兆，会及时予以人事调整，减灭舞弊发生机会。一个松弛的人力资源准入制度会将潜在的或资深的舞弊者引入公司，形成舞弊发生的隐患。对于人力资源的审核，常规审计一向没有将之纳入职能范围内，在公司实践中管理层对人力资源舞弊的认识非常模糊，即使是审计部门与人力资源的协同调查把关也很少见，而人力资源舞弊洞开的天窗，将会给公司经营带来不可估量的损失。

（三）内部监督乏力

公司性质虽有不同，但内设的监督部门主要有 3 种类型：一是法务部门、审计部门、纪检监察部门分立，二是法务部门、审计部门、纪检监察部门合并成审计监察部，三是只在总经理办公室设法务岗位、审计岗位、纪检监察岗位，规模小的公司连法务岗位和审计岗位都

不设,只在需要年报审计时外聘审计师完成事务性工作,或涉诉时外聘律师做应急性诉讼工作。从管理序列上来看,公司内部监督部门与其他部门相同级别且经常处于非核心地位,从劳动合同关系上看,法务人员和审计人员与其他部门员工同属于企业员工性质。在没有董事会特别授权的情况下,法务工作主要是内部合同管理和外部涉法事务协调,审计工作多为常规性审计。当舞弊被揭露时,外聘审计师和律师主要完成取证、起诉、追责等工作,舞弊对公司的侵害后果已经形成,损失往往难以挽回。在现存的公司管理机制中,内部监督部门在高管舞弊防治工作中难有作为,内部监督力量无法涉及高管舞弊的大面积盲区,导致监督不能作为,在舞弊高管占绝对权力优势的公司中,监督者大多受到排挤孤立,甚至沦为舞弊同谋。

(四)法律预防空置

法律实施的两个基本途径是:事前预防和事后惩戒。一方面,法律事后惩戒做得成功,违法违规者意识到错误并加以改正,这就达到了法律事前预防的目的;另一方面,法律事前预防工作做到位,能够减轻和消除法律事后惩戒的巨大压力。只有两者协同作用、相互补充才能使法律有效协调各种社会关系,以实现社会正义、安定和协调发展。① 由于公司管理层舞弊日趋复杂,越来越多地结合财务舞弊、营销舞弊、人力资源舞弊等多种舞弊手段实施,而公司法务部门的法律预防工作多从合同审核入手,一般不涉及对财务资料的审核,并且很多像虚报费用、冒领工资等财务舞弊是不需要订立合同作为发生依据的,所以很难从合同审核中发现舞弊线索。公司经营管理实践中,法务部门很少担当预防治理公司管理层舞弊的职能,法律预防多停留在规划层面而绝少落实。

(五)审计功能弱化

近年来,政府审计职能上升,"其本质是国家治理框架下一个内生的具有预防、揭示和抵御功能的"免疫系统",承载着维护国家安全与促进廉政建设的功能。"②公司审计工作必须顺应国家审计的新形势,全面强化审计功能。公司内部的常规化内审工作,因其权力和地位的限制,无法充分完成公司管理层舞弊审计的专项工作,外部独立审计师因其缺乏对公司经济管理实际情况的深入了解,使得外部审计只限于对财务会计信息真实性及合规性的审计,而更多情况下公司管理层舞弊呈现的特点是,财务会计资料及其所记载数字内容是准确的,但其对应的经营管理事实是虚假的,而审事实、审行为则超出了常规审计的专业视域边界,需要审计功能的进一步强化。所以,就目前内部审计和外部审计的现有功能和实践而言,均无法充分完成对公司管理层舞弊的查证和防治。

(六)法与审计协同不够

"协同治理,就是在开放系统中寻找有效治理结构的过程,协同治理理论追求各个子系

---

① 陈爱娟.法律预防功能及发挥[J].安庆师范学院学报(社会科学版),2008(4):44.

② 刘家义.以科学发展观为指导推动审计工作全面发展[J].审计研究,2008(3):3-9.

统之间的相互竞争与协作，促进系统整体地从无序到有序，进而发挥系统的最大功效。”①公司管理层舞弊的路径复杂、手段复合，作为公司内部最重要的两类监督力量，法律监督如果只停留在合同的审核和规章制度的制定等常规法务工作层面，实际上起不到对公司内部舞弊的监督作用，审计监督如果只停留在对财务会计信息真实性合规性的审核，却不涉及数据对应事实的查证，也无法触及公司内部舞弊的核心区域。所以，要从公司治理层面完成顶层设计，促进法律监督和审计监督克服自身的局限和惰性，只有两者充分延伸、融合协同，才能相互避短补强，有效纠弊，形成针对公司管理层舞弊的系统协力和治理合力。

二、法审计含义

法审计，或称法务审计、法务会计，其理念、技术、方法来源于审计学科发展中对法学、会计学、审计学、计算机的多学科知识的融合以及对国际国内经验的综合借鉴，如果放在政府审计的背景中来看，其内涵更深、外延更广。法务会计和舞弊审计的产生、发展与审计师查错揭弊责任的历史演进密切相关，是会计职业界顺应审计目标演变及社会公众期望变化的必然结果，查错揭弊是会计职业界的历史责任，近年的中国审计市场实践表明，在舞弊审计、法务会计专业领域经验丰富的四大国际会计公司较之本土会计师事务所并没有体现出更好的审计质量。② 所以在政府审计上升为国家治理的主要手段以及审计全覆盖目标提出的国家审计新形势下，立足舞弊审计、法务会计的既有经验基础，从公司治理的视角和范畴内来界定法审计概念是十分必要的。法审计作为交叉学科和综合性技术方法，是法与审计及相关学科在理论、技术、方法、路径等多方面的结合，对公司管理层舞弊从审计全覆盖的治理角度出发，对舞弊的征兆、样态、手段做全面的预判，进而据此设计调查方案和治理方案，从审数据扩展到审行为、审事实、审绩效，结合法律调查取证方法，对查证属实的舞弊行为做出初步定性归责分析，从个案处理到规律发现，并有针对性地完善内控制度和实现公司治理创新。

三、法审计起源

法务审计最早在 17 世纪的英国法庭审理中就已经出现，主要是由兼具会计、法律专业知识的专业人员以专家证人的身份就涉及会计事项的证据向法庭发表专业意见，所以 Forensic Accounting 在很多专著中被翻译成法庭会计，其快速发展期是 20 世纪 40 年代，美国在 1941 年曾经由 FBI 雇佣 200 名会计师对侵犯国家利益的重大舞弊展开调查，取得良好成效。随后，法务审计（法务会计）在英、美、加拿大、澳大利亚、日本等国发展形成特定的职业阶层，法务审计师（又称法务会计师、舞弊审核师）的准入标准高于律师和注册会计师，它

---

① 李汉卿.协同治理理论探析[J].理论月刊，2014(1)：138-142.

② 刘明辉，胡波.法务会计、舞弊审计与审计责任的历史演进[J].审计与经济研究，2005(6)：10-13.

不是两者的简单叠加,而是在跨专业背景下经过高层次教育才能取得相应的职业资格。在英、美等国,法务审计师的业务收入远远高于律师和注册会计师,在大型律师事务所或会计师事务所中,虽然名称各异,但都开设了法务审计部门,其在诉讼支持、专家辅助人、经济犯罪调查、企业舞弊治理、损失计量、投资绩效审计、管理层经济责任审计、破产清算、隐匿财产追踪、公司内控制度建设等基础业务之上,根据经济活动的发展变化,不断扩大业务领域,成为具有较高业务成长性的行业。

2000 年,我国以复旦大学李若山、中国政法大学张苏彤为代表的学者翻译介绍了西方的法务审计(法务会计)教材和专著,部分法律专业和会计专业的学者也开始对该学科开展研究,当时在法律实践和会计实践中,律师和会计师偶有合作,但多因学科背景和话语体系各异,效果不甚理想。除了我国检察机关系统内设置了针对经济犯罪中涉及会计证据进行鉴定的司法会计制度外,实践中并无法务审计(法务会计)制度和职业阶层。但是,在理论研究的影响下,部分先知先觉的律师事务所、会计师事务所已经开始在其组织内部设立法务审计(法务会计)部门为企业提供反舞弊治理咨询服务并获得初步成功,其中福建国龙会计师事务所是全国最早开设该项业务的,目前该所业务发展状况良好,带动了省内一大批律师事务所、会计师事务所跟随模仿,在我国诸多省份中业务发展已成一定气候的也仅有福建一省,所以实践需求强烈和法务审计(法务会计)的发展滞后形成巨大的反差,这也正是该项业务发展的潜力空间所在。

四、 法审计原则

公司管理层舞弊的法审计治理,是一项科学系统的工程,不是法与审计在某个舞弊调查项目的临时合作或局部舞弊治理,而是经营管理的全局防控,所以应积极探索研究法审计机理和原则用于指导实践,并在实践中反复检验,不断地夯实理论基础。

(一) 法审计发现原则

舞弊审计学的舞弊留痕假设,指的是凡财务舞弊行为都会不同程度在会计资料上留下痕迹,这些痕迹是舞弊审计的重要线索,只要循迹调查取证,就能顺利完成舞弊调查。从法审计的视角来分析,公司管理层舞弊不局限于财务舞弊手段,其往往与管理舞弊、经营舞弊、生产舞弊等手段相互结合或单独实施,甚至在会计资料上的数据信息是合规的,如法务部门通过虚假诉讼和过度诉讼与外聘律师合谋骗取代理费用,该类舞弊的特点是管理行为发生舞弊而管理费用发生合规、财务数据真实,所以坚持法审计发现原则就是要从查寻财务舞弊痕迹出发,更多关注管理舞弊痕迹、经营舞弊痕迹、生产舞弊痕迹等多种舞弊痕迹,以求发现路径的多元化和发现方法的复合化。

(二) 法审计全覆盖原则

审计成果是审计项目实施效果的最终体现方式,全覆盖背景下提升审计质量,最终就是要提升审计成果的质量。① 审计全覆盖原则不仅是政府审计的重要原则，也是社会审计和内部审计尤其需要重视和遵循的原则。审计全覆盖原则要求法审计从微观上兼顾舞弊的成因、样态、手段等各方面，从宏观上要兼顾时间的过去现在和将来以及管理涵盖的全部空间和全员，并始终保证程序的合法性，虽然不能苛求有限的法审计监督力量在有限的时间里做到绝对意义上的全覆盖，但法审计一定要坚持全覆盖的原则和方向，唯其如此，才能不断地提升法审计的发现能力、确保其科学合理性，并形成巨大的震慑力和防治力。

（三）效率最高、效果最优原则

"法律的效率包括两个方面，一是法律制度对社会发展的影响；二是法律制度本身的效率。要保证法律的生产与供给的高效率，就要运用效率这一价值标准对法律的制定和实施过程进行检验和评价。"②基于法律效力考量开展专业活动是法审计的应有之义，法审计同时兼具公司管理行为功能，应围绕公司利益最大化的根本目标开展，法审计的效率往往决定其防损、止损和挽回损失的程度，但对公司管理层舞弊的查证和处理却不能像司法追责那样只依程序进行即可，如何处理关系到公司的社会声誉、公司市值甚至前途命运。所以，一定要同时坚持效率最高原则和效果最优原则，谋求两者的最佳结合和最高性价比。

五、 法审计对常规审计的突破及创新实现

管理层舞弊的法审计治理目标，一是要突破法监督和审计监督的低效甚至无效，二是要克服法监督和审计监督的分裂和片面，三是要追求法律方法和审计方法的融合和创新，四是要防惩结合、重在防治。

（一）舞弊成因管控和舞弊征兆预判

舞弊审计学、法务会计学以舞弊三角理论来解释舞弊的成因，认为舞弊的成因由压力、机会、自我合理化组成三角关系为成因互动模型，舞弊防治要重点针对这三类成因。③ 舞弊压力的疏解、舞弊机会的减灭以及舞弊借口的杜绝都要依靠公司内控制度的顶层设计、目的明确的公司政策制定以及对法律法规的正确高效适用，只有这样才能将立法技术与审计分析结合起来达到有效管控舞弊成因。舞弊审计学、法务会计学认为舞弊的发生均有征兆，只会表现为或显性或隐性，发现征兆是舞弊调查的第一步，但有征兆并不能确定舞弊事实的存在。法审计融入了法律分析方法，提高了舞弊调查的能力，对舞弊征兆和征兆的发展及可能对应的样态做出预判，按照违法或犯罪构成理论对舞弊行为作构成要件的法律分析，对舞弊开展从违规、违法到犯罪的进程特征分析，使舞弊调查能遵循查证违规、违法、犯

---

① 刘玉波.审计全覆盖背景下提升审计质量的思考[J].经济研究导刊，2016(5)：186-187.

② 李树.经济理性与法律效力：法经济学的基本理论逻辑[J].南京社会科学，2008(8)：110.

③ 张苏彤.法务会计研究[M].北京：中国时代经济出版社，2009.

罪的规律，并在调查中做到有的放矢。

（二）审及常规审计的盲区、审达常规审计无法达到的层级

对企业而言，无论是内部审计还是外部审计，其审计的重点是核查财务会计资料的合规性、合理性，对财务会计资料记载反映的事实多为形式审查，偶有深入，也囿于调查手段的局限无法深入。法务审计将审计调查方法与法律调查方法结合，从核查财务会计资料入手，既核查财务会计资料的合规性、合理性，又核查财务会计资料记载反映的经营事实的实然状态，更通过深度调查发掘比对财务会计资料记载反映的经营事实的应然状态，从而得出最客观、最准确的法务审计结论。例如，某公司销售经理出差南京，按公司出差标准入住南京金陵饭店一晚，但该销售经理当晚实际借宿在朋友家，第二天早晨去酒店向不需要发票的客人讨得一张发票回单位报销，常规审计在审计该销售经理出差事由、路线时间、会计凭证、报销单据时不会发现任何问题，但虚报费用舞弊却已实际发生。对很多大型企业而言，类似的常规审计盲区长时间、大批量存在，非运用法务审计不足以克服。

（三）证据取得和证据分析

法律取证和审计取证虽然都围绕证据的客观性、真实性、关联性，但证据意识和证据要求存在一定差异，法律取证对证据的形式和内容要比审计取证严格，因证据要符合庭审质证的要求。法审计在证据取得和证据分析方面克服了法律取证和审计取证的各自缺陷，具体体现在以下几点。(1)证据价值判断。普通审计取证多关注账实不符的相关证据，对账实相符的部分不再取证。法审计既要关注关注账实不符的证据，更要关注账实相符掩盖下的虚假事实关联证据。而法律取证通常是在审计结论发现的问题基础上进行事实取证，法审计取证贯通了两者的证据价值判断，避免了对证据的误判和遗漏。(2)消除取证阻力。普通审计工作中经常遇到被审计对象的阻挠，尤其是会计人员的对抗，审计人员在消除取证阻力方面力经常不从心，而法审计人员，对所有的对抗和阻挠人员，具备专业处理能力，可以依法进行法律告诫，并可根据需要依法申请采取证据保全措施，消除取证阻力。(3)证据识别。因法审计人员具备最严格最全面的证据观和综合分析的能力，所以在面对证据的判断和取舍时，能够去伪存真、去粗取精，发挥证据的最大证明效力。

（四）事实核查和差异发掘

根据舞弊留痕假设理论，通常情况下，通过对财务会计资料的核查可以发现舞弊线索。法审计对事实的核查不再局限于从财务会计资料入手，而是扩展到对管理、经营、生产等资料一切记载公司及其成员职务行为的所有资料中去发现舞弊线索，首先核查资料记载的内容和实际发生的事实是否对应，其次要发掘应然事实和实然事实之间的差异，最后要在核查显性差异后重点关注隐性差异，因其包含了被故意隐蔽的成分。事实核查和差异发掘已经超越了传统审计的工作方法，更多结合了法律调查的方法，甚至融入了犯罪侦查的手段，提高了事实核查的层级并拓延了差异发掘的深度，保证了舞弊查证的精准度。

(五) 从审数据到审行为、审事实、审政策的审计全覆盖趋向

政府审计目前遵循审计全覆盖原则,虽然目前的审计力量无法充分完成这一目标,但坚持这个方向是正确的。第一,旨在消灭舞弊的生存空间和一切生存条件;第二,坚持全时空覆盖和追责,对舞弊行为人构成强大的威慑力;第三,在全社会形成成熟浓厚的反舞弊文化和社会氛围。当前政府的管理力量有限,还无法顾及内部审计和社会审计(注册会计师审计)的规划、创新和发展,但企业中的内部审计和外部社会审计的发展也必然会遵循这一发展方向,投资绩效审计、人力资源审计、高管经济责任审计、企业政策执行效能审计等专项审计成为实践需求的必然,而只有法务审计才能胜任审计工作的各项创新。比如,某餐饮集团公司异地开设分店,4 年总投资 1400 万元,其间只有一次内部审计,第五年因资不抵债而关停。集团公司决定对分店开展法务审计后发现,虽然账册、凭证及管理文件看似规范没有暴露问题,但分店管理费用发生时一直存在虚高和忽略性价比的问题,其财务账理不合逻辑,表现在分店因工作接待而发生的宴请多在其他几个固定的饭店而不在自己店里进行,还有店长违反竞业禁止义务秘密与他人在同一街区开设饭店,不断无偿借用本店人力物力擅自输送到该店,后续调查发现,该店长有故意搞垮该店再借朋友名义承包该店的舞弊计划,这些舞弊行为和事实非法务审计不足以发现。

传统审计方法以财务数据的审核为主,很少对事实的深入审核。鉴于公司管理层舞弊手段的复杂多样且极具隐蔽性,很多舞弊不再需要通过财务舞弊手段来完成,所以仅凭对财务数据的审核是很难发现新的舞弊类型,比如,餐饮采购多用现金交易结算,舞弊人员只在贵重食材的成色上以次充好,公司员工出差时借宿朋友家却使用真实的住宿发票来报销,采购部门负责人制定采购政策时围绕亲戚的工厂产品特征来制定采购标准,这些不同的舞弊行为都可以不在财务会计资料上反映,所以,只有扩展到审行为、审事实、审政策才能针对舞弊手段的升级变化而强化法审计效能。

(六) 堵漏补缺止损,法务审计绩效的可计量

通过法务审计工作,既可以查明企业内部潜在舞弊的发生端倪,也可以查实正在发生的舞弊事实,而不是等待舞弊造成实际损失以后再去追责追偿,其介入企业经营管理的预设性和前置性,保证了对舞弊致损的最大程度防护和挽回,克服了法律预防技术的单一性和司法处理的滞后性,成果明显,绩效可计量,这正是法务审计价值的可量化特征,也是法务审计业务收取费用的依凭。

(七) 公司监督体系创新

按照国家治理理论的最新成果,审计监督和司法监督成为国家监督体系八大监督力量中最核心的两大监督力量和国家治理的重要手段,国家治理的近期目标是有效整合审计监督和司法监督,最大程度发挥国家监督体系的效能。同理,经济实践中,公司监督体系的分散乏力、肤浅成为影响公司绩效的强大诱因,公司治理中监督体系的改造也势在

必行，从法务审计的既有实践成果来看，一些大型公司在完成专项反舞弊法务审计后，公司治理层对法务审计的治理成果十分肯定，趁势对公司既有监督体系和相关制度进行了大幅度改造，将内审部门、法务部门、纪检部门合并为法务审计部门，引进专业人才和培训现有法务人员和审计人员，并在外聘律师事务所法务审计部门帮助下建立法务审计的工作机制，克服企业原有监督力量的分散和片面，促成监督合力的形成和效能提升，外聘律师事务所也可借机创新法律顾问的路径和方法，在凭借法务审计监督机制对企业财务、经营、管理等信息常态化管控下，顾问律师所提出的策略对企业法律风险的防控将更具科学性和合理性。

（八）法审计结论和法审计报告

法审计结论不是普通的审计结论，也不是普通的法律意见，应是两者的结合同时又完成了一定程度的功能超越，其必须依靠强大的证据基础。审计证据是审计质量的主要保证，审计证据是指审计人员获取的能够为审计结论提供合理基础的全部事实，包括审计人员调查了解被审计单位及其相关情况和对确定的审计事项进行审查所获取的证据。在审计过程中，随着对问题的认识不断深入，审计人员需要持续地分析、判断取得的证据是不是有用，是不是能组织有效的证据链来支撑结论。① 法审计报告应包含证明舞弊事实的证据链，证据链的形式和内容均能达到庭审质证的要求，在此证据基础上，形成对舞弊行为的定性分析和归责分析，最后完成对舞弊行为的处理建议。

法审计报告不同于一般的审计报告，其内容既包括法审计的结论及支持结论的相关证据，也包括对审计出的舞弊主体和舞弊事实的初步法律定性，法审计结论不是常规审计结论与法律意见书的简单叠加，而是基于多维视角多元技术分析后得出的一个大管理结论，使得董事会和舞弊高管可以据此预见未来的司法处理结果和对公司经营管理的影响，从而据此决定公司管理的应对措施和个人的悔过措施。法审计报告对最终司法处理结果提前预测分析，同时把舞弊的发生、发展、结果、责任、处理建议、治理警示等内容均涵盖进去，据此可以发挥多重效用：第一，可以及时震慑舞弊人员，促使其主动收手、坦白退赔；第二，不仅揭露舞弊，更要给公司防治舞弊献计献策；第三，允许将舞弊人员移交司法处理保留一定的缓冲期，处理的结果关系到对大公司核心高管舞弊的处理，关系到公司的市值和社会声誉，所以法审计报告的全面预设和预见的作用实际上为公司董事会的处理决策提供了最详尽的咨询意见和预案准备。由此我们看出，法务审计报告具有司法预判决书的效应，避免了高昂司法成本的发生，也避免了到司法判决阶段经济损失难以挽回的局面。从既有的法务审计实践来分析，法务审计报告一旦出具，舞弊高管大多愿意主动退赔。同时，公司董事会也可以结合公司的具体情况，采取更加灵活的处理措施，或披露，或移交司法机关，或有

① 裴艳.从“审计证据”探讨到“证据链”[J].中国审计报，2016(7).

限披露,内部处理,或不做披露,私下和解。这一点,诉讼处理无法做到。

法审计从理念、路径、机制、方法等方面全面突破了常规审计的局限和弱项,成为强化审计功能的必由路径,所以法审计是政府审计与社会审计公私合作的首选公私合作机制,也当然成为政府购买社会审计服务以提升审计公共服务质量和绩效的创新点。具体到经济管理实践中来讲,管理层舞弊的法审计治理,不能停留在闭门造车式的理论推演上,要在公司反舞弊实践中完成对法审计经验的归纳并进而上升到理论总结,经济监督是国家治理的重要手段,审计是实行经济监督的利器,公司作为企业最主要的组织形式是构成国家经济生命体的细胞,其健康程度决定国家经济生命体的健康水平,公司管理层舞弊因其影响大、侵害深构成对公司经济健康的最大威胁,融合并超越法律监督和审计监督常规功能的法审计是管理层舞弊治理的优选路径和创新方法,理论界和实务界应在国家审计的大背景下围绕法审计主题开展更多的研究和实践。

六、 村居经济监督机制失效的法审计治理

发展村居经济要政策先行、科学规划,同时要加强法律规制的建设。在进行村居治理体系顶层设计时,首先要加强村居党支部建设,构建村居政治绿色生态运行系统,为发展村居经济打好坚实的政治基础,党建工作和发展村居经济两条线应相辅相成,不可任意偏废,那种唯经济发展指标为上的发展思路必将带来拔苗助长、饮鸩止渴的恶果,村居经济监督机制的内外协同的成功,审计机关组织村居审计及社会审计服务的购买作为重要创新监督手段的介入,使得村居经济治理支持村居治理服务“三农”建设目标有了具体的实现路径,而管理和法制的有效结合,法审计治理手段的运用,更为村居治理提供了强大的制度保障。

(一) 构建健康、文明、清明的村居政治生态

一个健康、文明、清明的村居政治生态是建设透明、公正、高效村居经济的前提条件,也是村居治理成功的关键,其基本治理路径应为:第一,保证党对农村基层工作的绝对领导,充分发挥村支部对村居治理工作的引领作用;第二,加强村委会建设,明确村支部和村委会的权力边界和职责边界,建立两者在村居治理中的协同工作机制,同时建立问责机制;第三,进一步完善《村民委员会自治法》及相关法规、规章、制度,注意立法层级内容的承接性,切实保障村民民主、村民自治的充分实现,使得村居治理的每一个重要环节都有法可依;第四,打造全方位、立体化监督体系,针对监督体系的薄弱环节,重点建设村居内部监督机制。

(二) 创造透明、公正、高效的村居经济环境

1. 改革“双带”型(带头致富、带领村民致富)村官选任标准

在选拔村居能人担任村居负责人时,不仅要考察其“双带”能力,更要考察其人品及个人致富过程中的信誉和遵纪守法情况,保证其政治素质和管理能力双过硬。

2. 划清公益和私益的边界

要注重选拔村居能人中的党员担任村居负责人，新任村居负责人应基于党员对党的农村发展事业贡献的自觉性投身村居经济管理工作，不能基于公私交易的目的利用职务形成的影响力为个人谋利。对村居负责人的贡献，村居组织应以充分的政治荣誉和适度的经济奖励给予回报，同时要坚决杜绝村居负责人对集体财产的任意支配甚至侵占，鼓励依法取酬，禁止非法获利。

3. 防治村居负责人公私兼顾和非法利益输送

首先，禁止村居负责人同时身兼公职和私职；其次，严防村居负责人利用关联交易将集体利益向利害关系私企隐蔽输送，利用公共职权影响力变相侵占集体资源；最后，制止村居负责人用公权力形成的影响力担保债务、新设债务。一些村居负责人就职后盲目扩大个人私企规模需要大量举债，而债权人趋之若鹜、慷慨解囊，冲的就是他们亦官亦商的身份。

（三）完善村居经济内外监督机制

1. 重点建设村居经济内部监督机制

村务监督委员会等村居内部监督机构的监督权源于《村民委员会组织法》的授权，因其在村居经济内部和村居经济运行的第一线，在其独立性保障充分的前提下，对村居经济建设中的任何问题都有能力及时发现和反馈，是监督机制最有效的探头和触角，可以最深入地延伸到村居经济的最前端沿，所以该机制应是建设的重点。

2. 加强内外监督的协同

村居经济内外监督的协同不够严重影响了监督机制总体效能的发挥，重外部监督、轻内部监督的思维惯性打破了内外监督的平衡，使得内部监督空置、外部监督低效，外部监督的主要力量是村居审计、纪检、监察，村居审计作为政府审计的一部分是专业经济监督，与全面监管违法违纪的纪检、监察有本质的必然联系，其相互之间的协同有助于腐败监管主体之间的资源整合与专业互补，有利于凝聚反腐合力。① 和局部协同同样重要的是，从整体上加强村居经济内外监督的协同可以有效克服内部监督独立性不足和外部监督长效性不稳的缺陷，实现监督效能和监督效率的最大化。

3. 创新监督手段

监督机制的顶层设计再完美，也需要具体监督手段去实施。村居财务代理制和村居会计委派制从一定程度上起到监督村居经济的作用，但其监督作用受限的情况更多发生，纪检、监察的非全程性监督的特点也制约了其监督作用的发挥，审计则不同，它是以系统方法从行为和信息两个角度独立鉴证资源经管责任中的代理问题和次优问题并将

---

① 王会金.反腐败视角下政府审计与纪检监察协同治理研究[J].审计与经济研究，2015(6):10.

结果传达给利益相关者的制度安排。① 村居审计作为村居经济监督的重要手段，既要遵循政府审计的一般规律，更要针对村居经济监督的实际需求从机制、理念、方法等诸方面进一步创新。

（四）村居审计监督体系的法审计创新

1. 组建乡镇政府审计机关

我国1982宪法规定建立政府审计制度，五级政府、四级审计机关、乡镇一级政府没有审计机关。随着我国农村改革的不断深入，乡镇经济组织的审计需求已经突显，为了满足这些审计需求，不少的乡镇政府事实上已经以各种名目设立了具有国家审计性质的乡镇政府审计机构，但都是以内部审计身份存在。这些组织对乡镇政府审计机关作为优先审计主体，存在稳定和相当规模的需求，从独立性和成本效益原则两个视角，为了满足乡镇审计需求，组建乡镇政府审计机关是完全必要的。② 由乡镇政府审计机关直接领导村居审计工作，便于建立政府审计主导型村居审计监督体系，并可有效开展村居审计工作。同时，要从立法上完成对《中华人民共和国宪法》第91条和109条的修改，将设立审计机关独立行使审计监督权的主体向下扩展到乡镇级政府机关。考虑到国家审计对法治国家建设的重要性，借鉴外国宪法关于国家审计的规定，建议在修改宪法时将我国国家审计范围、国家审计机关、审计长、审计基本程序等内容一并写入宪法。③

2. 实现村居审计全覆盖目标

"所谓审计全覆盖，就是在一定周期内对依法属于审计监督范围内的所有管理、分配、使用公共资金、国有资产、国有资源的部门和单位，以及党政主要领导干部和国有企事业单位领导人履行经济责任情况进行全面审计，实现审计全覆盖，坚持党政同责、同责同审，做到应审尽审、凡审必严、严肃问责。"④村居审计面对的情况比较复杂：一是被审计对象点多面广，审计盲区面积大，村居干部对村居审计工作抵触、不理解、不配合的情况较多，审计壁垒较多；二是村居经济活动的属性多元、样态复合，对审计技术水平要求较高；三是面对国家每年拨付的大量的涉农民生资金，担子重、责任大，涉农民生资金流动到村居层面是最后环节也是最容易出问题的环节，所以一定要确立村居审计全覆盖目标，围绕公共资金的流向和所在，不仅做到时间、空间的全覆盖，还要做到相关主体的全覆盖，更要严格审计证据的形式和内容，不断地创新审计技术方法，做到数据、行为、事实、"三农"政策执行效果的全覆盖，即使在村居审计资源匮乏的情况下，也要坚持村居审计全覆盖的原则和方向，打击各种逃避监督的机会主义和侥幸心理。

---

① 郑石桥.政府审计本质：理论框架和例证分析[J].会计之友，2015(12)：18.

② 王家新，郑石桥，吕君杰，张耀中.论建立乡镇政府审计机关的必要性：基于审计需求和审计主体的理论框架[J].审计与经济研究，2016(1)：34.

③ 程乃胜.国家审计全覆盖视域中的我国审计法律制度之完善[J].法学评论，2016(4)：41.

④ 蔡春.我国国家审计进入"全覆盖"新时代[N].中国审计报，2015-12-14，第007期.

3. 推广村居巡回审计庭的应用

2013年12月26日，淄博市政府制定出台《淄博市村居审计办法》，整合构建起以区县审计机关主导、以乡镇农经、财政等内部审计为基础、以社会审计机构为补充的村居审计队伍，创新“村官直审”“村居巡回审计庭”等审计方式，开展了村居负责人经济责任、村居财务、建设项目、专项资金等审计。[①] 村居巡回审计庭在实践工作中取得了较好的效果，是村居审计与村居内部监督以及纪检监察协同工作的成功范例，值得推广，其经验具体如下所示。第一，村居巡回审计庭通过借助法庭庭审的模式和程序公开，在村民中树立依法解决问题的权威性，赋予了村民对村居审计的参与权，从而审计结论容易获得村民的接受和认可；第二，村居巡回审计庭创新了村居审计的工作方法，审计人员通过分析以往的财务资料，了解案情发展到当庭向有关人员了解审计线索甚至审计证据，通过引导关联方之间的质证，提高了审计证据来源的客观性和真实性；第三，村居巡回审计庭通过开庭的方式，展示审计过程和结果，增强了审计报告的公信力度和社会宣示效果；第四，村居巡回审计庭将村居经济矛盾各当事方及监督各方汇集到庭上集中办公，建立了与信访、纪检、监察等部门的协同工作机制，创新了纠纷调处工作方法，提高了村居社会矛盾调处解决的效率。需要注意的是，村居巡回审计庭不是法定的法庭审理活动，诸如调查、取证、质证等权利应限于审计监督权行使范围而不能僭越到司法权力的界线内。

4. 加强社会审计支持村居审计

目前，村居审计面临的任务繁重但村居审计的资源和力量十分薄弱，乡、镇、街道政府囿于法律授权尚不明确，还无法实现政府审计对村居审计的全面领导，面对大量的待审计村居经济领域，最切实可行的办法就是向社会审计中介机构购买社会审计服务以支持村居审计，村居审计购买社会审计服务应属于政府购买公共服务领域范畴，我国现有的《政府采购法》等法律法规有限，尚且无法对该领域有效实施法律规制。所以，要保证村居审计购买社会审计服务的目标和效果，除实践先行，大胆探索外，要加快立法进度，提高立法质量，同时，要建立村居审计购买社会审计服务的遴选机制、成本控制机制、合同管理机制、质量控制机制、纠纷处理机制、问责机制，确保社会审计支持村居审计的效果。

第二节　政府审计公私合作关系协调机制

正式契约与非正式契约的良性互动，契约关系各方日趋强烈的自执行契约意愿及努力，将契约利益的实现纳入新型的公私合作关系中寻求实现，关系契约理论对此做出了基

① 杜贞耐，钟卫国，张强.淄博村居审计的做法和问题分析[J].审计研究，2015(12)：42.

本解释。“在一种不断重复的关系下，主体双方的合作可通过自执行合同的形式获取更高的收益。”①从当前政府购买社会审计的既有实践来分析，一旦政府与入选的社会审计机构在初次购买社会审计服务合作成功后，公私双方继续合作的愿望十分强烈，初次搭建的公私合作基础越好，就越有利于持续实现更低成本更高收益的绩效目标，政府审计项目的良好效果和公私合作双方利益的共同实现促使一种超越单纯契约关系的新型公私合作关系的出现，仅仅依靠法律意义的约定已经无法准确描述这种新型公私合作关系的丰富内涵。公私合作双方在既有契约内容的基础之上，进一步设定超越契约基本约定的多元目标，双方基于对双赢目标的追求和对长效收益的期待，从契约约定内容出发又不拘泥于契约的约定，让公私合作关系发挥出最大的效应。

一、 政府审计与社会审计公私合作关系选择：从政府本位到社会本位

国家审计“免疫系统”理论认为国家审计是国家治理的核心部分，其本质是国家治理大系统中内生的具有预防、揭示和抵御功能的‘免疫系统’，其目标是实现国家良治、保障国家经济安全运行、社会科学发展，更好保障人民利益。② 这是对国家审计本质的最新认识。自1983年我国恢复国家审计制度以来，行政型审计的体制机制特征决定了国家审计带有明显的政府本位的特征，审计机关是政府行政体系中的一个职能部门，其人事权、经济权实际由本级政府控制，审计工作主要对本级政府负责；同时审计机关的审计工作还要接受上级审计机关的领导，在行政色彩浓厚的双重领导体制下，审计机关的一切工作始终围绕政府的指挥棒来转，审计结论也主要是供政府决策参考。审计结论是否向社会公开、公开多少取决于政府意志而不是法律的规定及社会公众意志，社会组织、社会公众对政府审计结果的知情权都难以得到保障，更不用说参与到政府审计工作中去了，秉持政府本位理念的政府审计体现出服务政府而不是服务公众的特点。国家治理能力与治理体系现代化建设就是要保障一切社会力量、社会公众参与到国家治理中来，政府要依法履责，建立社会公众参与国家治理活动的有效机制。审计机关要克服一切制约审计监督权独立行使的阻碍，摆脱对政府的行政依附，还权于民，向民借力，与社会力量、社会公众合力形成有效的审计监督力量，最有效的形式就是尽快建立政府审计与社会审计的公私合作机制。

现代国家职能体系中公共服务职能所占比重越来越大，政府的“服务型”特征也越来越明显，以政府本位主导下的政府审计显然已经不能满足国家治理体系和治理能力现代化的建设需要，政府审计体制机制同时也发生深刻的变化，国家审计体制的分工也日益明确，政府审计范围不再局限于对政府机关、事业单位、国有企业，从被审计主体导向型向公共资金、公共资源跟踪型发展，社会审计主要针对非公共资源的交易、使用、分配、绩效等进行鉴

---

① 宋波，徐飞.公私合作制(PPP)研究：基于基础设施项目建设运营过程[M].上海：上海交通大学出版社，2011.

② 刘家义.论国家治理与国家审计[J].中国社会科学，2012(6)：60-72.

证、核查、监督，政府审计越发体现出公共性和服务性特征，同时政府审计面临巨大的挑战，经管理论上有诸多探讨和假设，政府审计体制机制改革也在不断加大力度，但我国审计机关目前还无法脱离政府行政系列，政府审计监督权的独立性缺乏制度前提和立法跟进，只有临时性、局部性的改革措施支撑，政府审计监督权的独立性保持举步维艰。前面论述中已经论及，加强政府审计与社会审计公私合作制建设是强化政府审计独立性的一项重要改革举措。

"国家审计的社会本位理念是指国家审计要以维护人民群众的利益为根本目标，允许政府部门以外的多元社会主体参与，涵盖国家治理活动的全部范畴，服务于政治、经济、文化、环境、国防等社会全面发展。"①基于社会本位理念，由审计机关垄断政府审计工作已经不符合国家治理的根本要求，政府审计的公共服务性变得越来越重要，除立法、行政、司法各机关履职要依重政府审计结果据以决策外，社会公众对政府审计结果知情权的要求更为强烈。审计机关在加强对政府审计工作依法领导的同时，要以更加实事求是、诚恳积极的态度开放政府审计的参与渠道，发动社会审计机构等社会力量，尤其是社会公众参与到政府审计工作中来，以公私合作关系为基础，优化整合国家审计体系内的各种审计资源实现审计全覆盖目标和审计公共服务的均等化目标，全面提升政府审计质量和效果。

"国家审计的社会本位理念的核心内涵是'公开、责任、服务'精神，而'参与、协同、共享'则是'公开、责任、服务'的外化和实现路径。"②首先，政府审计的公开性一是要将政府审计结果公开发布，二是要开放社会力量和社会公众参与政府审计的合法渠道。国家治理活动的公开性决定了政府审计的公开性，社会公众作为公共受托责任的委托方凭借什么样的现实渠道参与国家治理活动呢？"在我国，由于传统力量的强大和演变的路径依赖性，使审计公告制度实际上还游离于法律和社会之间。但是从中我们可以看到社会力量不可阻挡的强大力量。可以合理预期，这股力量最终会促使审计公告制度完成其法律化进程，而作为个体权利之一的知情权也将会得到制度化的保障。"③在我国行政型审计体制下，审计公告形成过程及结果的独立性受到行政型审计机制的挑战，立法的缺失导致政府审计信息披露的强制性没有法律强制力保证，而国家治理实践的超前意识形成高于目前政府审计职能所及的要求，政府审计处处遭遇制度尴尬而不得不戴着镣铐跳舞，经常要靠领导权威发动审计风暴运动，以回应国家治理需求和社会公众的审计公共服务均等化需求。"信息披露是国家审计得以成为推动国家治理完善的基础机制。通过信息披露的间接方式为公众提供政府及其他公营单位对公共财产管理、使用的真实、合法、效益等信息，而非直接对经济

① 孟焰，周卫华.国家审计理念的演进：从政府本位到社会本位[J].审计与经济研究，2016(5)：6.
② 孟焰，周卫华.国家审计理念的演进：从政府本位到社会本位[J].审计与经济研究，2016(5)：7.
③ 尚兆燕.审计结果公告制度：法律社会学的解释视角[J].审计研究，2007(3)：18.

社会活动进行宏观调控或微观管理，是国家审计实现国家治理目标的独特之处。”①风暴式审计与运动式反腐一样，只能成为一种临时性措施或激发措施，审计公告制度要通过立法修改将之纳入新常态建设。其次，政府审计公开性得到保证的前提下，社会公众的民意基础也有了即有的保障，基于准确完整政府审计信息基础之上形成的民意也会最大限度地保有充分客观和足够理性，民意形成如果对政府审计信息渠道足够依赖并长期信任，那么社会公众会自觉抵制其他失真信息渠道甚至是反华敌对势力的信息渠道，在互联网+和人工智能日益普及的时代，任何阻抑知情渠道的努力都是徒劳的。当然，政府审计信息公开进程要辩证把握，与立法修改和国家审计体制机制改革的进程匹配，做到欲速且达，达而不过。要保证社会公众虽以间接方式参与国家治理活动但能取得直接切实的效果，这正是审计机关的职责所在。最后，审计公共服务的生产和供给要从审计机关垄断的格局中解放出来，突破垄断格局中审计机关“做不了、做不好”的瓶颈，以政府购买社会审计服务契约为基础建立政府审计与社会审计公私合作关系，加强政府审计职业共同体建设，培育审计公共服务的精神，贯彻审计公共服务理念，政府审计服务社会公众是政府审计服务国家治理的应有之义。

二、 政府审计与社会审计公私合作关系基础：政府审计协同治理

（一）政府审计协同治理的提出

从审计机关对政府审计的垄断性管理开始，政府审计体制机制已经经历数次改革，政府购买社会会审计服务从管理实践到法治实践均有进步，政府审计整合系统内审计资源以及与社会审计合作开展政府审计工作逐渐成为常态，政府审计实践中已经具备政府审计协同治理实践的初步规模，为政府审计与社会审计公私合作关系的最终建立作出良好的先期开拓。“政府审计协同治理是指按照协调合作的协同管理思想，对由国家审计治理内部和外部资源所组成系统的各子系统，进行规划、重组、调配和资源共享，从而获得政府审计服务国家治理整体功能效应大于各个子系统或各组成部分作用力之和的协同效应。”②关系契约理论主张建立关系契约参与人共同体的建立，共同体成员不只是靠契约关系相互联系，为追求共同利益的实现，共同体具有自我调整机制，以协同权利义务和利益的冲突。政府审计协同治理反映出对关系契约理论的承续和运用，其具体表现为：首先，政府审计管理理念发展为政府治理理念，政府审计管理理念下，审计机关几乎是政府审计的唯一主体，即使社会审计机构偶有参与，也占比很小处于非常基础的辅助地位，而基于政府审计治理理念要敢于对政府审计的行政型垄断予以变革，在坚持审计机关的领导和依法审计的前提下，

---

① 胡贵安.国家审计完善国家治理的基础机制与基本路径：兼论国家审计公告制度的国际比较[D]//审计全覆盖视域下的国家审计监督与审计法修改完善学术研讨会论文集，2016：86.

② 王会金，戚振东.政府审计协同治理研究[M].上海：上海三联书店，2014.

发动一切可以发动的公私主体参与到政府审计中来，各主体协同作用，以从整体上提高审计公共服务水平和效果。其次，重塑政府审计监督权威。目前法律赋予政府审计的权威不够充分，对抵触、抗拒审计监督的制裁较弱。发动尽可能多的公私主体参与政府审计治理，就是要借助各主体的自有权威，为政府审计监督权威形成支撑合力。最后，参与政府审计治理的主体既要靠正式契约关系规范，也要发挥非正式契约关系的调整作用，建立公私主体合作关系，将公私主体的协同纳入法律规制范围。

（二）政府审计协同治理的公私合作含义

1. 从控制到协同

国家治理要求行政管理模式应从控制转向协同。政府审计改革首先要解决两个根本问题：一是将国家审计体系内的既有资源做有效整合；二是将一切公私主体既有的有利于政府审计的资源做有效整合，第二个问题对审计机关的要求很高，因其整合的体量和复杂性性很高，但这一工作的方向是明确的。政府审计与社会审计公私合作关系，就是要强化审计机关与社会审计机构和社会公众的协同，尽管政府审计项目契约关系建立在审计机关和社会审计机构之间，但社会公众是重要的参与方。审计机关对政府审计工作的方向、重点、路径、方法等规划因素的考虑应更多采纳吸收社会审计机构及社会公众的意见，审计机关的一个新的工作重点就是协同整合各公私主体的资源优势，一是要激发社会力量参与政府审计的积极性；二是要确保优势资源向政府审计的汇聚，而所有协同工作都应严格依法开展。

2. 从离散到合作

行政型政府审计体制导致审计机关习惯以行政命令的形式开展审计工作，这不仅导致政府审计质量不稳定以及政府审计效率的低下，更是造成了政府审计机关内外审计资源的离散，克服这种离散，要开展政府审计的协同治理，更要建立长期稳定的公私合作关系。在公私合作关系中，既不能放弃审计机关对政府审计的领导，也要克服行政命令的过多干预；既不能完全将政府审计与社会审计公私合作关系完全市场化，也要保持政府审计与社会审计公私合作关系的平等、互信、共享、互助。

3. 从被动执行到自动执行

“政府审计社会协同治理要求，政府审计要突出强调要素间协同、配合的思想，关注与环境变化的适应性……重视外部资源的充分利用，把政府审计治理内外部资源结合起来纳入协同范畴，强调政府审计组织架构也要呈现强调自组织、自学习、自协调地适应环境变化。”①行政命令主导下的政府审计当然也可以调动审计机关内外部审计资源，但在这种调动下，公私主体对政府审计的参与是被动执行行政命令而非基于积极的意愿而主动参与，很难达到整合审计资源的根本目标。从契约关系到关系契约再到公私合作关系，政府审计

---

① 王会金，戚振东.政府审计协同治理研究[M].上海：上海三联书店，2014.

与社会审计的共同体得以建立，基于利益目标的一致性和实现机制的和谐默契，共同体机制体现出突出的自动执行的特征，贯彻到组织实施的各个环节。

三、 公私主体互信机制

政府审计与社会审计公私合作关系中，审计机关与社会审计机构均要转变观念，摆脱长期以来行政垄断环境下的旧关系因素的影响，在政府购买社会审计服务契约关系基础之上建立真正平等、互信、互助、共赢的公私合作关系。具体来讲，审计机关与社会审计机构的现实关系中，审计机关处于强势地位，如果审计机关将这种强势带入政府购买社会审计服务契约关系来，将会摧毁双方的基本互信，首先导致契约关系的复杂化，缔约成本和履约成本也会随之上升，信任基础薄弱的公私合作关系必将带来契约风险发生的较高概率，处于弱势地位的社会审计机构必将会分力去预防契约风险的发生从而影响其对履约资源投入的充分程度，最终影响政府审计公私合作的效果。

政府审计机关的审计监督权的行使从根本上来将来自于人民的授权，即社会公众的委托，而授权委托的基础是社会公众对政府审计机关的信任，无信任即无真正意义的委托。“只有在公民理解和信任政府和社会组织提供的公共服务的前提下，政府向社会组织购买公共服务，供给公民享用，才具有现实可能性。”①社会公众与审计机关的互信关系要基于双方共同的努力，一方面，审计机关及其工作人员要明白自己手中权力的真正来源，把社会公众真正当做政府审计的参与一方主体，保证社会公众对政府审计工作过程和结果等知情权的充分实现，推动立法修改，保证审计公告的强制性发布，并据此建立政府审计信息披露工作机制，建立对审计公告公布后的民意反馈机制，及时将反馈意见落实到政府审计工作改进措施中去；另一方面，社会公众要树立正确的权利义务观，凭借具体的渠道和措施依法行使知情权，认真负责地介入对政府审计工作的监督中去，包括对社会审计机构参与政府审计履职情况的监督。具体到每个公民，要对政府审计公告信息渠道建立基本的信任，在自媒体时代针对信息爆炸的现实情况，要依法依规坚持正确的信息渠道选择，对政府审计公告信息披露及社会公众知情权实现过程中因立法滞后和体制机制缺陷而形成的暂时无法克服的障碍，要保持足够的耐心和克制，要致力于改进而不要盲目激愤，审计机关要对民意做正确的引导和疏导，双方都要坚信，只有基于互信机制才能使得所有新老问题得到最终的彻底解决。

四、 社会公众参与政府审计的程序权利保障机制

（一）知情权行权保障

目前，社会公众对政府审计工作情况的了解，最主要的渠道就是政府审计公告，由于法

---

① 王浦劬，莱斯特·M·萨拉蒙，等.政府向社会组织购买公共服务研究：中国与全球经验分析[M].北京：北京大学出版社，2010.

律没有明确规定政府审计公告的强制披露制度，政府审计公告目前还属于有选择披露状态，选择权主要取决于行政首长的意志，取决于社会公众诉求而披露的情况非常少见，即使有也是先因审计机关领导注意和重视了某些社会公众诉求而做出行政决定。当然，在具体的审计项目中，各类审计文书的出具送达及听证程序的申请与启动也是知情权行权的一种渠道，但这不是知情权行权的主流，一般主要只涉及被审计人的知情范围(《审计机关审计听证的规定》第 9 条："除涉及国家秘密、商业秘密或者个人隐私外，审计听证会应当公开举行。")。审计机关出具的各类公告、裁定、处罚决定等审计文书的制作业务技术性过强而涉法说理薄弱，一方面因为法律对审计文书的必须记载事项、理由没有规定，另一方面审计机关工作人员尚未形成法审计理念，不具备在各类审计文书中既阐明"账理"又说透法理的专业胜任能力。该条律中包括被审计人在内的社会公众，无论是涉及会计、审计知识还是涉及法律知识方面都缺乏专业判断能力，审计文书不是专门送给专业人士看的，绝大部分情况下要考虑其内容的结构选择及表达以保障知情权的行权效果。审计机关对不予公告的审计结果，不能将审计结果的披露只局限于被审计人一方，而要建立实施抄告制度，将审计结果涉及的各权利义务关联方纳入知情保障范围。

"在国家治理系统中，国家审计实质上是国家依法用权力监督制约权力的行为，作为国家治理这个大系统中的一个'免疫系统'，它发挥着基于经济监督的预防、揭示和抵御功能。换言之，国家审计的实质也就是主要通过实施经济监督参与国家治理，是一种为民审计的民本治理。"①法律应对包括审计公告在内的各类审计文书的形式、内容做出具体要求，对审计证据的取证、审计证据的形式、内容要做出详细规定，审计证据不能停留在审计线索的发现层次上，按照法审计的工作要求，对审计证据的取证、形式、内容要最大可能接近司法证据的要求，这是法审计证据取证的发展趋势，审计机关应在实践中积极探索、积累经验，尽快完善审计取证工作机制。对审计机关应公告而未公告或披露不充分、错误披露政府审计信息的，对审计机关应抄告而未抄的，应明确规定法律责任予以问责。

（二）保证政府审计过程依法公开

目前，我国行政型政府审计过程还处于封闭运行的状态，政府审计项目的立项、审计人员的组织、审计计划的编制、审计方向的选定、购买社会审计服务、审计结果的使用、审计公告的发布等均由审计机关领导决定，参与政府审计项目的社会审计机构会有一定的业务建议权，但社会公众根本无法了解和参与政府审计的全过程，社会公众的知情权不应只限于对审计公告的了解，对政府审计过程中除涉及国家秘密、商业秘密或者个人信息以外的政府审计信息都有权了解并实际参与。具体来讲，首先，应完善立法，建立政府审计启动机制。现行政府审计启动程序是依行政命令启动型，政府审计先审谁、审什么、怎么审、审完

① 宋常，田莹莹，张羽瑶.关于国家审计若干重大问题的思考[J].当代财经，2014(1)：109.

了怎么说由审计机关决定,更多情况下是由审计机关的主要领导决定,政府审计的开展多随性粗疏而缺乏客观科学。所以,要在依行政命令启动型政府审计启动程序上增加依申请启动型政府审计启动程序,政府审计项目涉及的利害关系人以及其他社会公众只要符合主体适格、申请理由充分、证据确凿的法定条件都可以按照法定程序提出申请,从政府审计发生源头上保证其公开性。其次,改革政府审计的调查取证制度。从当前以书面财务会计资料的取证对象为主向证据事实的调查为主转变,从被审计人按审计资料清单所列要求提供证据为主向政府审计人员主动调查收集为主转变,从向被审计人调查取证为主向对一切关联方调查取证为主。同时,根据政府审计工作的需要比照司法审判活动中的质证程序引入证据讨论制度,由审计人员主持审计证据涉及的各关联方对审计证据发表意见并允许各方补充证据,这将保证审计证据建立在更加全面的判断基础上,而不是由审计人员单方面进行判断。最后,改革审计公告制度,不能将审计公告只局限于审计结果的披露。简言之,除涉密部分外,政府审计项目的立项、审计人员的组织、审计计划的编制、审计方向的选定,尤其是审计机关购买社会审计服务部分均应通过国家审计信息平台向社会公布,接受来自社会公众的全方位监督。

(三)审计沟通的程序保障

随着法审计工作机制的建立,政府审计从以“书面审”为主要方式向以“事实审为主、书面审为辅”的方式发展,力求审计全覆盖及拓深审计层级,传统审计中,审计沟通并不贯穿整个政府审计过程,多在审计开始阶段,并且有渐渐流于形式的趋向。法审计强调审计沟通应贯穿整个政府审计过程成为重要的政府审计程序和方法,经济事实的发生有其原生的复杂性,其反映在会计事实上并形成会计信息存在信息逐次失真的极大可能,会计记录不会将调查作为会计信息形成的必要前置程序,所以依失真信息记载会形成错账,所以政府审计一定要以调查作为重要手段,以期还原经济事实真相。故此,不能仅仅停留在书面会计资料的审核上,而要开展全面的调查活动。审计沟通是事实审的主要方法,书面审的结果要及时通过审计沟通予以核实验证,应通过立法修改增设规定,保障被审计人和审计证据、审计结果涉及的关联方有申请补充审计以勘误审计证据中失真信息的权利。对审计沟通的程序《审计法》及相关条例要明确规定,审计沟通的全过程要制作笔录并录音录像予以记载。

五、 社会审计机构培育机制

国家审计体系中,社会审计机构是目前支持政府审计的重要补充力量,承担了审计公共服务生产供给的重要使命,因其具备审计专业胜任能力,所以社会审计机构也成为社会公众参与、监督政府审计的重要支撑力量。除在特定审计专业领域内具有技术优势和核心竞争力外,社会审计机构参与政府审计的意愿不强、经验不足、渠道有限,所以以建设政府审计与社会审计公私合作关系为目标，审计机关不能只停留在一般的购买社会审计服务利用社会审计技术层面上，要通过立法建立社会审计机构培育机制，将之作为国家审计力量的一个重要部分来建设。

（一）培养社会审计机构参与政府审计的意识、能力和经验

审计机关要重新规划其与社会审计机构的关系，从行政命令型向公私合作型转化，把社会审计机构真正看作政府审计的合作参与方，对政府审计项目的开展平等协商、共谋共划。同时，公私合作并不意味着审计机关放弃对政府审计工作的监督、管理，在任何时候任何条件下，政府审计工作一要坚持依法开展，二要坚持党和政府的领导。审计机关要立足于互信机制激发社会审计机构参与政府审计的积极性，培养其历史使命感和忠诚于国家审计事业的时代责任感。在具体的政府审计项目中，要改变以往只切割最基础、最边缘部分委托社会审计机构的做法，要向社会审计机构开放政府审计工作的一切可开放部分，让社会审计机构有机会经风雨、见世面，经受更多的政府审计项目历练，尽快熟悉国家审计准则的运用，对政府审计政策、工作理念、工作思路有足够了解。减少政府审计与社会审计公私合作关系中的分化与排异，形成强大高效的政府审计与社会审计的公私合力。

（二）提供社会审计机构发展资金支持

培育社会审计机构需要资金支持，支持的力度将决定社会审计机构核心生产力水平，从而也决定了其审计公共服务的生产供给质量和效果。目前，部分地区审计机关确定审计机关购买社会审计机构的费用使用遵循“保本微利”的原则，让社会审计机构在承接的政府审计项目中处于饿不死也吃不饱的状态，对审计机关压价购买社会审计服务的做法，社会审计抵触参加政府审计项目，将购买社会审计服务视作审计机关的行政摊派，即使被迫承接，也不投入优质审计资源，使得审计机关购买社会审计服务有名无实、形同虚设。

有鉴于此，首先，审计机关购买社会审计机构要遵循市场经济的价格规律，基于平等的契约关系支付合理等值的对价，激发社会审计机构参与政府审计项目的积极性。从总体上分析，因各地方审计机关的审计经费预算由当地政府审批拨付，限于各地经济水平发展的差异，最终对审计机关购买社会审计服务的经费保障情况各地差异很大，审计机关受经费限制就压低购买价格，导致有实力的社会审计机构只愿意参与经济发达地区的政府审计项目，导致地区间审计公共服务的生产供给水平落差很大。其次，审计机关要专门制定预算用于社会审计机构的软实力建设。修改《审计法》增加专门规定，具体可以由行业协会进行组织实施，预算主要用于政府审计迫切需要解决问题的课题研究、社会审计机构参与政府审计工作的专业胜任能力建设，包括审计人员的专业培训、国际交流、核心竞争力的进一步优化、社会审计资源的整合提升等。最后，修改财政税收相关法律，在政府财力受限的情况下，通过税收优惠政策的出台奖励那些积极参加政府审计项目并取得优秀绩效的社会审计机构，通过修改税法调整国家税制，根据社会审计机构参加政府审计的频次和绩效来决定税收的优惠措施和减免幅度。

（三）建立社会审计机构绩效和诚信档案制度

社会审计机构的专业胜任能力在遴选入备选库时，审计机关应聘请独立第三方专业评估机构会同审计机关共同评价以确定备选等级。政府审计项目完成后，应对社会审计参与部分的审计绩效予以评估，审计机关要建立绩效评价体系，细化评价标准，可以在社会审计机构自评基础上再评价，以保证绩效评价的客观性和公正性。社会审计机构参与政府审计过程中的遵纪守法、勤勉诚信情况也应予以评价，记入档案。社会审计机构绩效和诚信档案制度一方面可以促进社会审计机构的自律和自建，另一方面也保证了审计机关对社会审计机构参与政府审计项目的充分监督。

六、 政府审计文化协同机制

再优秀的审计体制机制，其实施还要靠审计人员和社会公众的协同，审计人员包括审计机关的审计人员和社会审计机构的审计人员，人的问题是最根本最核心的问题，体现在具体政府审计工作中就是人力资源的整合和管理，除了靠制度的规范和法律的规制外，更要靠文化的协同和价值观的凝聚，即人心的凝聚。以政府审计服务国家治理为指引，以提供更好的审计公共服务为具体目标，政府审计的参与各方将统一在一个文化基础上秉持共同的价值目标和文化信念，这就是公私合作关系的旗帜和灵魂。契约关系只能调动契约参与方，而政府审计文化协同基础上的公私合作关系将开放政府审计的参与体系，调动一切可以调动的力量元素，整合提升，形成政府审计的优质资源。

在政府审计文化协同机制中，政府审计人员和社会审计人员将形成恪守职业道德和职业纪律的自觉和自律，依法履职、忠诚无私、勤勉敬业、克艰排难将成为共同的专业精神，尤其是社会公众参与审计服务的生产和供给中来，也成为在政府审计文化协同机制中的一分子，将会使得审计公共服务的生产和供给更加接近民意而有的放矢。同时，可避免产生的偏差和效率的低下，对政府审计工作也形成监督的合力，基于共同的审计文化基础，公私合作关系也将向更加积极、有效的方向发展。

在公私合作关系中，政府与社会审计机构分别代表公私部门主体，从最初的审计机关向社会审计机构个别借调审计人员到审计机关购买社会审计服务直至政府审计与社会审计建立稳健、长效的公私合作关系，政府审计与社会审计之间实现了两者关系的创新提升。政府审计与社会审计之间的公私合作关系超越了普通的行政管理和商业合作关系从而致力于其服务国家治理的政治使命。契约关系固然是重要的公私合作基础，但契约关系中融入了更多的法律和非法律因素，超越普通契约关系的公私合作关系使得政府审计得以在一个更坚实的基础上实施，获得更强大的制度保障和更丰富的专业技术支撑。

第三节 政府审计公私合作风险防控机制

随着国家治理层次的不断跃升以及政府审计在反腐廉政监督中的作用不断加强，政府审计资源的紧缺面临越来越大的需求缺口，而社会公众对审计公共服务的需求日趋多元化，对审计公共服务的质量更是提出了更高的要求。政府购买社会审计服务成为国家审计体制机制改革创新的必然选择，而随着政府购买社会审计服务的深入开展，购买过程中的风险也日益放大。公共服务购买合同关系实际上是一个层层委托与转委托的多重委托代理关系，其产权委托链可以简化为“公众—地方人大—全国人大—中央政府—地方政府—企业或者第三部门。”此外，还包括内部的委托代理关系，比如发生在政府内部的各级委托代理关系以及企业内部的委托代理关系。①

一、 政府审计公私合作风险类型

政府购买社会审计服务委托代理关系中，政府兼具委托人和代理人的双重角色，既要代理社会公众具体实施审计公共服务的购买，又要在购买合同关系中作为委托方具体实施购买社会审计服务。由于公共产权具有不可分割性，公众虽然名义上是公共服务的委托人，却往往难以真正行使委托人的权力。因此，作为公共服务的安排者或者提供者的政府在本质上是一种社会工具，能够决定公共服务为谁而做、做到什么程度、如何付费等关键性问题。② 政府购买社会审计服务委托代理关系的复杂性以及政府角色的多重性必然会带来权利冲突、利益冲突和义务混同等问题，冲突的结果必将导致系列风险的产生，集中表现在以下 6 个方面。

（一）道德风险

政府和社会审计机构之间契约关系一旦建立，其应然状态是：双方自觉按照法律的规定积极主动全面履约，道德风险因契约关系的存在而受到合理控制降低至最低水平。但实际情况并非如此，具体而言，第一，全社会的诚信机制尚有缺失。无论是政府机关还是社会审计机构，都存在缺乏诚信和契约精神的现象。政府审计机关是购买执行人，掌握遴选权、谈判权、监督权等一系列权利，所以在契约关系中有权利优越感，经常有突破契约约定决策、执行的行为。社会审计机构的自利本性、注册会计师行业（我国审计师事务所已经并入注册会计师事务所，社会审计工作由注册会计师担任，审计师已经不作为独立的社会职业

---

① 明燕飞，谭水平.公共服务外包中委托代理关系链面临的风险及其防范[J].财经理论与实践，2012(3)：104.
② E. S. 萨瓦斯.民营化与公私部门的伙伴关系[M].北京：中国人民大学出版社，2002.

阶层，但在政府审计机关及其他政府机关、企事业单位审计工作体系中，仍然设置审计师职称和岗位）自律的严重松弛以及社会审计机构在履约过程面对的审计意见购买等利益诱惑、不公平的感受等使得其诚信履约的积极性不高。第二，信息不对称。因政府审计项目的保密要求，政府审计机关在对审计项目的信息掌握上拥有绝对优势，审计机关在向社会审计机构描述项目内容时往往从节约成本的角度考虑，会简化反映工作量和复杂程度，而实力较强的会计师事务所在某些领域的专业技术上又往往具有比较优势，双方都会利用自己的信息优势，政府审计机关压低购买成本的同时会计师事务所就会以降低工作质量来应对。第三，绩效评估不科学。履约过程中，经常会产生各类冲突，通过协调没有彻底解决时，双方就会处于对立状态，而购买合同中很难做到对社会审计服务的质量、绩效做详尽细致的专业描述。社会审计服务工作绩效如果由政府审计机关独自或由其组织评估，将有可能产生不公正的评估结果，挫伤社会审计机构参与生产审计公共服务的积极性。

（二）寻租风险

“在市场化的过程中，一部分公共产品的经营权将逐步由政府手中转移到私人手中，这种权力所带来的收益极易成为寻租的目标。”①我国政府审计面临的审计任务非常艰巨，政府审计资源的局限性相当严重，这就决定了政府购买社会审计服务的体量十分巨大且会日益增大，可以预见社会审计机构承接的审计公共服务的生产规模和收益，将会充满市场前景和诱惑力，成为寻租的首选目标。

我国目前政府购买社会审计服务的市场还处于探索实验期，市场经验不足，管理体制落后，法律规制缺失，政府与社会审计机构的关系存在诸多计划经济时代的烙印与积弊，客观上为寻租提供了机会，而寻租手段目前更趋隐蔽，其具体表现为：第一，明亏暗赢。社会审计机构在寻租过程中虽已经发生了贿赂等成本，但同时还会自行压低标价谋求低价竞争优势确保中标，从招投标的合法合规性来看，该项投标中标没有任何异常，但从成本核算的角度来看，该项目已经无钱可赚，社会审计机构如果要保持盈利，一定会通过变更合同在分项目上加价或降低审计公共服务质量来收回成本、实现利润。最终受损的是政府公信力和审计公共服务的消费者。第二，设租寻租高度配合。在寻租合意达成后，某些掌握权力的政府工作人员根据寻租方的条件设立招投标条件，对有竞争力的投标单位故意设置障碍，寻租方积极配合设租行为，共同谋取非法利益。在这些非正常的政府采购过程中，投标商往往会以高于正常的代价取得经营权，这样在履约过程中为了收回成本，他们就会抬高服务价格或者降低服务质量，最终使公众利益受损。“正当法律程序是遏制腐败的重要屏障。为减少权力‘寻租’，防止腐败发生，必须建立政府公共服务外包的正当法律程序。”②第三，寻租全过程覆盖。在政府购买社会审计服务实践中，寻租行为已经不局限于购买过程的某

---

① 周云波.公共服务合同外包的风险与治理[J].广州大学学报，2013(6)：28.

② 杨桦，刘权.政府公共服务外包：价值、风险及其法律规制[J].学术研究，2011(4)：56.

一环节，而是贯穿全过程。社会审计机构通过与政府审计机关建立非正常关系，双方合谋，长远规划，以达到政府购买社会审计服务的长期控制，谋求长期利益的实现。即使最严格的招投标程序也无法阻止串标、围标的舞弊行为，舞弊者实际操作中对法律规范的空白地带非常熟悉，从而能适时规避法律的控制，部分政府审计机关常常以关系社会审计机构的优势条件为准来设定投标条件。

（三）公平风险

政府向社会组织购买公共服务的根本目的是通过引入市场竞争提高审计公共服务的质量、效率和效果，克服政府审计力量的薄弱环节和资源局限，以保证审计公共服务的均等化，使得社会公众无差别享受审计公共服务，最终促进社会公平的充分实现。实践中存在的公平风险表现为：第一，"撇脂现象"。社会审计机构为大量长期获得政府审计项目，往往在投标时压低报价、抑制自己的逐利欲望；而在中标后，却又按照利润最大化原则去从事审计公共服务的生产，即使是大型社会审计机构，其过量承接政府审计项目，也会导致其自身应接不暇，从而对盈利空间大、政府关注度高的项目投入其核心生产力，对盈利空间小、政府关注度低的项目则变相减少成本投入、减低质量，而社会公众需要的是审计公共服务质量的整体保障和服务的均衡供给，社会审计机构选择性生产成本投入必然导致审计公共服务的不公平。第二，公共责任缺失。政府在购买完成后，其公共责任并未随合同义务转移，相反，其始终是公共责任的首要责任方，并且除公共责任履行外，政府对社会审计机构生产审计公共服务的质量、价格、效能等还要担负起更多的监管责任。第三，社会公众选择权受损。政府通过科学遴选机制优选出卓越的社会审计机构从事审计公共服务生产，其实质是代理社会公众行使选择权，如果政府在购买过程中不尽责，甚至与不法社会审计机构合谋舞弊，即侵犯了社会公众的选择权。

（四）审计冲突风险

我国审计体系中，政府审计与社会审计的背景、理念、目标、工作准则、工作程序、业务保障、审计调查技术和方法、证据意识、工作经验等方面都存在较大差异，这些差异造成了政府审计与社会审计之间的审计冲突，形成政府购买社会审计服务的一大障碍。其表现主要为：第一，政府审计与社会审计目标差异。我国国家审计的主要工作目标是通过监督被审计单位财政收支、财务收支以及有关经济活动的真实性、合法性、效益性，维护国家经济安全，推进民主法治，促进廉政建设，保障国家经济和社会健康发展。而社会审计的目标与国家审计目标不同，社会审计的总目标是对被审计单位会计报表的总体合理性、真实性及完整性等发表意见，这与国家审计的目标有所不同。① 不同目标引领下的审计工作，将会产生工作理念的差异，造成购买后社会审计参与政府审计的障碍，这恰恰是政府购买社会审

① 刘玉波.论政府治理的公共性、地方性与合法性[J].经济师，2015(2).

计服务实践中经常被忽略的事实，同时也是购买行为本身所无法克服的。第二，质量控制理念不同。国家审计有一套严格的审计质量控制体系，国家审计准则要求对审计组成员、审计组主审、审计组组长、审计机关业务部门、审理机构等进行分级质量控制，对审计实施方案、审计证据、审计工作底稿、审计报告等的格式和内容有严格的规定要求，社会审计人员由于平时的工作中不涉及国家审计准则，因此对国家审计的质量要求可能存在偏差，在审计取证、问题定性等方面可能与国家审计的要求存在一定差距，造成查出问题较少、取证不足、定性不准等审计质量问题，产生审计质量风险。① 社会审计的专业技术水平会经常保持在一个领先地位，这是其赢得市场的前提。换言之，社会审计参与政府审计后，首先要做的就是克服社会审计的质量控制习惯，重新按照政府审计的质量标准重建质量控制体系。第三，专业水平差异。政府审计行使公权力，具有一定程度范围内的处罚权，与各级司法机关有坚实的协作关系，并且有国家级信息平台和大数据分析技术的支撑，这一切使得政府审计工作有强大的制度支持和硬件保障，但政府审计的良好工作条件同时也造成了政府审计机关工作人员的"懒政怠政"现象，审计工作中过分依赖公权力的威信和震慑作用，而不在审计技术和审计证据上深度研究发掘。社会审计缺乏公权力支撑，政府审计当然享有的工作条件社会审计无法获得，市场压力迫使社会审计依靠技术立身，在审计技术方法上不断创新、精益求精，其必然的结果是，除部分政府审计的特殊领域外，社会审计人员的专业水平普遍高于政府审计人员。

（五）审计意见购买风险

审计意见购买一方面是上市公司存在会计利润操纵现象，另一方面是审计师的意见支持了上市公司的利润操纵行为。② 审计意见购买从根本上损害了审计独立性和审计质量，导致审计失效甚至失败。审计意见购买不只发生在资本市场，就目前政府购买社会审计的现状来分析，导致审计意见购买行为的因素也很多。主要体现在三个方面：第一，政府购买社会审计服务的预算有限，使得购买价格与市场价格严重背离，社会审计机构参与政府审计项目的利润空间非常有限。第二，政府对预算资金的使用不合理，对社会审计资源价值认识不够，对政府审计项目自身的价值评估不足，宣传不力，政府整合资源审计资源的能力严重不足。第三，被审计单位在政府审计的压力下，为掩盖自身存在的违纪违法问题并逃避法律责任，会利用社会审计机构在承接政府审计项目中的失望和补偿心理，主动示好，提出审计意见购买，当然，实践中也有审计师主动向被审计单位提出合谋意向，购买审计意见。审计意见购买行为从微观上讲会导致某一具体政府审计项目的失效和失败；而宏观上来分析，如果任由审计意见购买风险蔓延，将会导致社会公众对审计师职业阶层和政府公共责任胜任能力丧失信心。

---

① 刘玉波.论政府治理的公共性、地方性与合法性[J].经济师，2015(2).

② 徐荣华.审计意见购买的内在机理及其治理[M].杭州：浙江大学出版社，2012.

(六) 公私合作关系异化风险

政府购买社会审计服务的契约关系的实质是：公私合作关系，这种关系建立的初衷是支持审计监督权的充分实现以及全面支持国家治理目标的达成，公私合作关系的内涵融入了政治的、经济的、社会的、法律的等等多重元素，使其含有十分复杂的性质并经常显现出多元化的形态，政府与社会审计机构如果对这种公私合作关系的本质没有深刻认识，一味固守大行政观念或大市场观念，将会导致政府审计与社会审计之间公私合作关系的异化，影响政府购买社会审计服务的质量和效果。

公私合作关系异化的具体表现为：第一，市场化遴选。政府在遴选社会审计机构时过分市场化。只是追求低成本高产出的性价比，片面关注社会审计机构的专业胜任能力，忽略社会审计机构的政治责任感和社会责任担当。“一个内部控制良好的社会组织倾向于更高的效率和更多的责任，然而，如果缺乏竞争，供应商也会缺乏改善内部控制的动力，当供应商已经与政府建立了长期合作关系时，情况尤其如此。”①在这种驱动下，社会审计机构围绕政府关注重点做足文章，完全按照市场化原则去建立与政府之间的公私合作关系。第二，官僚化依附。一些政府审计机关从管理控制或权力寻租的角度出发，发展相对固定的社会审计机构群体，操纵招投标，使得社会审计购买限制在固定合作群体中，而社会审计机构为了保证自己的承接业务的渠道，从理念、原则、方法上放弃自己的坚守，全面迎合依附政府审计机关，沦为“第二审计机关”，失去了公私合作的价值和意义。社会审计机构的官僚化依附，既无法完成既有的审计公共服务任务，更无法应对公共服务领域形势的最新变化，即诉求多样化，领域复杂化，感知差异化。② 第三，物化性购买。上述两种异化又导致，政府购买社会审计服务的物化，尊重市场规律的购买是为了最终履行政府公共责任，保证审计公共服务均等化的实现。用契约关系来规制公私合作关系，是为了保证政府公共责任的政治实现。但是，政府放弃政治责任，社会审计机构放弃市场信条，过度物化的购买行为只会摧毁公私合作关系，政府审计也难以避免失效甚至失败的命运。

二、 政府审计公私合作风险防范路径

“任何一种有生命力的制度模式必须要有自我纠错能力。这种自我纠错能力的产生条件之一是要有科学完善的监督制度。”③风险防范既是管理命题也是法律命题，政府购买社会审计服务的风险防范要走出“头痛医头、脚痛医脚”的局部性、片面化管理误区，对主要风险重点防范并兼顾风险防范的全面，构建系统、科学的风险防范机制，并依法确保风险防范机制高效、顺畅地运行。

---

① 周俊.政府购买公共服务的风险及其防范[J].中国行政管理，2010(6)：15.

② 竺乾威，朱春奎.社会组织视角下的政府购买公共服务[M].北京：中国社会科学出版社，2016.

③ 项显生.我国政府购买公共服务监督机制研究[J].福建论坛・人文社会科学版，2014(1)：167.

(一) 消除信息不对称

委托代理理论中,限制委托人目标实现的最大问题就在于信息不对称,使代理人拥有更多的机会和动机实施机会主义行为。[①] 信息不对称给代理人的各类舞弊提供了机会,委托人受信息不对称限制,管理效能随即也受到影响。政府审计机关作为购买契约的实际执行人,首先,要对政府审计项目做总体分析和判断,要具备对项目的整体管理能力,要设法遏制代理人利用信息不对称实施舞弊的各种可能,坚持对政府审计项目领导权的掌控。其次,应依法建立政府购买社会审计服务的强制披露信息制度,既要防止政府委托人屏蔽关键政府审计项目信息以达到设租谋利的行为,也要杜绝社会审计机构代理人隐瞒政府审计项目具体工作信息以降低质量变相谋利的行为,只有对委托人和代理人同时实施强制披露信息制度,才能保证政府审计项目运行的最大透明公开度和信息对称,进而保证了政府审计的质量和效能。最后,允许适当的技术保密。政府审计项目往往关联到国家机密,政府应对涉及国家机密部分严格执行保密,任何代理人不得以任何借口突破保密防线;同样,社会审计机构一些专有技术,特别是一些独立开发出来的大数据分析技术,应属于技术保密范围,政府委托人不得以任何借口要求社会审计机构予以披露。

(二) 促进行业公平竞争

消除审计公共服务行业垄断,促进行业公平竞争是政府公共责任的核心。首先,政府应能调动社会审计机构的竞争积极性。充分分析各种市场因素,合理估算发包价格,既要防止社会审计机构漫天要价,又要确保社会审计机构获得合理利润。其次,政府要加大鼓励社会审计机构积极参加政府审计项目的宣传力度,制定具体的发包制度,用极具灵活性的项目分包方式以及极具吸引力的回报引导优秀社会审计机构参与到政府审计项目中来,坚持对代理人的动态管理和及时淘汰。最后,依法规范合同管理制度。对合同的履行实施全过程管理,为社会审计机构之间的公平竞争打下良好的制度基础,使得公平竞争成为社会审计机构赢得市场、赢得利润的唯一通途。同时,对违法竞争社会审计机构加大惩罚力度,使其为此付出高昂代价。建立不诚信社会审计机构“黑名单”制度,强制淘汰出社会审计专业市场领域。

(三) 提升审计公共服务价值

审计公共服务生产供给的市场化实施并不意味着其实现机制的完全市场化,作为国家治理的重要制度安排,审计公共服务的政治使命、职责担当丝毫不能松懈。政府购买社会审计服务的实质不是简单地将政府公共责任市场化,更不是将政府职能事务化,政府应担当特殊的政治使命,社会审计机构也并非简单地参与到政府审计中来,而是政府审计与社会审计在公私合作关系基础上共同致力于审计公共服务价值的提升和国家审计监督目标

---

① Michael Jensen, William Meckling. Theory of the firm: managerial behavior, agency cost and ownership structure. Journal of Financial Economics, 1976, 3(10): 309.

的实现。实现这一目标的路径：首先，政府和社会审计机构都应该秉持公私合作关系的理念，在公私合作关系中兼顾各方利益诉求、及时化解利益冲突，在公共利益实现的过程中平衡各方利益的公平实现。其次，要进一步鼓励社会公众对审计公共服务生产的参与和监督，建立顺畅的民意表达渠道，审计公共服务的最终消费者是社会公众，任何严重脱离社会公众参与的审计公共服务均根本违背了其服务社会公众的基本价值观。第三，要进一步改革审计公共服务供给机制，做到公平、优质、高效的供给，在判断审计公共服务需求时，购买社会审计服务的国家财政预算不能只往经济发达地区倾斜，其实老少边贫地区普遍存在“不患寡而患不均”的大众社会心理，政府审计的任务更重，如果政府审计的质量和覆盖程度较低，会导致国家扶贫等专项资金使用过程中的贪腐、不公平分配等现象的发生，继而会严重影响党和国家扶贫政策在基层农村的实施效果，摧毁农民对党和政府的信任。

（四）建设审计公共服务的公私合作关系

“合作是现在全世界公共政策制定、管理和执行的核心方式。如何加强公共、私人（市场）和第三部门（非营利组织和社区组织）三方合作已成为政府的一个重点关注问题。”[①]审计公共服务目标的实现从表面上看依靠契约关系规制，而稳定、公平、长效的契约关系其实质是一种公私合作关系，而公私合作关系一经建立，就因为各主体的逐利惯性存在一个滑向消极的趋势。换言之，政府寻租卸责，社会审计机构只求利润不愿担当，加上社会公众民主意识的淡漠和参加审计公共服务生产监督的积极性不高，任由这种趋势发展下去，将会摧毁健康的公私合作关系。

建设以审计公共服务优质生产供给为目标的公私合作关系，要坚持公私合作主体的多元化目标，追求各类冲突的低成本解决。首先，要解决好政府审计机关追逐部门利益和履行公共责任之间的冲突，各级政府审计机关在具体缔约和履约过程中，要放弃谋求部门利益最大化的目标，以实现公共利益最大化为目标。“社会组织的能力，是保证公共服务专业化和可持续发展的关键，也是有效防范政府购买公共服务风险的重要路径。”[②]实践中曾发生个别政府审计项目的社会审计服务购买超预算或高于市场平均水平，对此，监督部门要做具体分析，不能简单判定为违规购买，要判断这种购买价格发生的合理性；同理，并非价格越低的社会审计服务购买就没有问题。其次，政府要坚持对优秀、诚信的社会审计机构扶持和培育。因市场经济的大环境复杂，技术水平高的社会审计机构不一定诚信水平高，政府对技术水平高的社会审计机构一旦发现后，要善于对之进行培育重塑，一方面要建立合理的薪酬对价制度，另一方面要培养社会审计机构的审计公共服务意识和社会责任担当意识。第三，政府要进一步启发社会公众的民主意识和参加对审计公共服务均等化监督的积极性，使社会公众有具体的监督渠道可以凭借和具体的监督手段可以使用。可见，政府、

---

① 乔东平，高克祥，等.政府与社会组织的合作：模式、机制和策略[M].北京：华夏出版社，2015.
② 吴磊.政府向社会组织购买公共服务的风险分析及其防范机制[J].开发研究，2014(3)：95.

社会审计机构、社会公众构成审计公共服务公私合作关系的核心主体，而政府的领导、管理作用举足轻重，无须讳言，有什么样的核心主体，就有什么样的公私合作关系。

三、 政府审计公私合作风险防范策略

“构建与维系一个公正、公平、公开的公共资源配置机制，不仅需要公正与精明的政府，还需要诚信与优秀的企业，更加需要成熟与强大的公众。”[①]政府购买社会审计服务公私合作风险防范策略的制定要基于这样的认识基础上做出。

（一）构建政府购买社会审计服务风险管理体系

1. 风险预估

国家审计机关应牵头负责，在总结各地政府购买社会审计服务实践经验的基础上对影响政府购买社会审计服务的风险影响因素做出预估，并形成明确具体的判断标准，进而形成政府购买社会审计服务的风险影响因素判断准则，下发全国各地政府审计机关，以克服对基层政府购买社会审计服务实践指导的过于原则化，让具体实施购买的基层政府审计机关有据可依。

2. 风险甄别

对具体的政府购买社会审计服务项目而言，政府审计机关应对全过程各环节的风险产生点和各类风险征兆加以甄别，按照风险程度进行分类分级，并记载于风险清单。风险甄别具体可以划分为政治风险、经济风险、法律风险、综合风险等类型，当然，风险甄别不能只停留在对个别风险的关注，要有防范系统性风险的观念，注意个别风险之间的关联和相互作用。

3. 风险分析

通过风险预估、风险甄别两个前置环节，可以对风险的性状和影响程度展开分析，以得出各个项目风险水平的准确结论，据此设计风险管理的顺序层级，哪些风险可以暂时监控但没有必要立即处理的；哪些风险即使会产生一定的应急成本也需要立即采取应急措施的；哪些风险无法立即处理只能采取措施转移或弱化其即时影响的，都应该分析透彻。

4. 风险处理

在前述 3 个环节基础之上，设计风险处理的整体规划和具体方案，以达到及时减灭风险的目的；同时要加强对风险处理结果的观察和分析，对已经解决的问题及时形成经验总结，对尚未彻底解决的遗留问题要予以善后解决方案。风险处理为风险治理提供理论和实践准备，应在风险处理基础之上全面开展各项风险治理工作，在全国范围构建政府购买社会审计服务风险管理体系并努力使之日趋完善。

---

① 王桢桢.公共服务合同外包的风险与治理[J].广州大学学报(社会科学版)，2013(6)：32.

（二）建立审计公共服务代理人遴选机制

首先，建立科学的审计公共服务代理人遴选机制必须打破政府对审计公共服务代理人遴选权的垄断，应制定审计公共服务代理人的遴选标准并向全社会公布，保障选拔过程的公平公正，让所有社会审计机构享有公平竞争的权利，审计公共服务代理人遴选机制的根本目的是为了引入公平竞争，如果旧有的垄断没被打破，却又形成了新的垄断，社会审计就无法完成对政府审计的支持。其次，制定遴选审计公共服务代理人标准时，要平衡社会责任担当、专业胜任能力、经济性价比之间的关系，要突破单纯的契约观念，从公私合作关系的长远发展来综合考量，力求将公共服务意识强、勇于担当社会责任、具备较高专业胜任能力的社会审计机构遴选出来，为审计公共服务水平提供人力资源和专业技术的保障。其三，政府要坚持遴选与培育并重的遴选原则。由于我国政府购买社会审计服务从理论到实践尚处于探索阶段，虽然可以在理论论证基础上设置出审计公共服务代理人的遴选标准，但就目前全国范围内来分析，真正能全面符合遴选标准的社会审计机构数量有限，部分优秀的社会审计机构成为各地各级政府青睐的代理人遴选对象，而这些优秀社会审计机构的承接能力有一定限度，日益上涨的政府委托需求和代理承接能力的局限成为一个深刻的矛盾。所以，各地各级政府不能只是青睐大而优的社会审计机构，对本地区具备一定基础和条件的社会审计机构应有规划、有步骤地加以引导、培育、发展。

（三）完善审计公共服务代理人激励机制

政府购买社会审计服务过程中，审计公共服务目标的唯一性并不能解决各代理人之间的利益冲突，不能仅仅依靠道德自觉，要按照市场规律正当激励。现代社会是由不同的利益群体组成的，“对代理人（政府公务员）来说，应建立物质和精神方面的激励相结合的利益激励机制，加大官员勤政廉政的预期收益，激发其公共服务外包选择正确代理人的权利。”① 对具体执行遴选的政府机关公务员而言，首先，要依靠完善制度阻截其实现非法利益的渠道和可能；其次，要支持其通过卓越工作业绩来获得奖励，精神激励和物质奖励并重；其三，不仅要对其非法牟利行为进行法律问责，也要对“懒政怠政”等种种不作为行政问责。据此，促使其正确、依法、合理地遴选出优秀的社会审计机构。对社会审计机构而言，要针对其现状、特点、发展目标设置个性化、多元化的激励机制，要引导社会审计机构树立科学报酬观，通过对政府审计项目的广泛深度的参与并建立长效公私合作关系，可以获得政府审计大项目工作经验、良好社会声誉、政府审计大平台信息分享、国家审计最新技术成果分享等除承接费用以外的多种回报。充分发挥大数据技术优势，同时建立优秀诚信社会审计机构专家库和失信社会审计机构数据库，激励和惩处并举，保持激励和监督的常态化。

---

① 明燕飞，谭水平.公共服务外包中委托代理关系链面临的风险及其防范[J].财经理论与实践，2012(3)：106.

(四)强化审计公共服务代理人监督机制

激励与监督是同一个问题的两个方面，对激励与监督关系的辩证处理可以有效化解“一放就乱、一抓就死”的机制运行中的尴尬局面，在契约关系建立时，首先，要明确委托人和代理人的权、责、利的内容和边界，对行政责任和法律责任要坚持严格问责。其次，要坚持政务公开的彻底性，要阳光行政，保证社会公众知情权，拓宽社会公众的监督渠道，对社会审计机构的考核和监督不能由委托人政府一家说了算，要广泛征求社会公众的意见，要将社会公众介入监督的效果及时向社会公布，以鼓励社会公众参与监督的积极性。其三，要追求监督体系的社会化，与政府审计资源局限相同的是，监督力量也依然存在一定的局限性，政府在繁重行政任务之外用于监督的力量十分有限，为此，我们必须应用最新信息技术的最新成果，和自媒体、网络平台等一切现代化的监督手段，把它作为监督的新生力量的创新手段。

结　　论

民营化浪潮催生出全新的公共服务供给理念及模式，而新公共服务理论旨在打破传统公共服务供给的垄断局面，倡导政府购买公共服务公私合作的创新举措并推动其实现，政府购买公共服务的公私合作模式因其超越意识形态、降低公共服务生产成本、提升行政效率、变革公私关系、增进公共服务均等化、保证购买过程的廉洁性等优势和特点而风靡全球。在20世纪末，它的引入发展与近年来我国政府高度重视转变政府职能、优先发展公共服务事业有关。和2020年在全国建立比较完善的政府购买公共服务制度这一阶段性国家治理目标不谋而合。虽然我国政府购买公共服务还处于探索期，将政府购买公共服务的世界经验用于指导我国政府购买公共服务的实践还有很多障碍和壁垒需要突破，但国际经验与中国实践的共性与共识是问题的主流，经过中国政府购买公共服务的实践反复检验获得的中国经验也必将成为世界经验的一部分，可以进一步用于指导政府购买公共服务公私合作的全球实践。因此，无论是对我国政府购买公共服务的宏观研究，还是具体到政府购买社会审计服务的特定领域开展研究，都具有极其深刻的研究价值，具体体现在以下方面：

第一，就已有的研究成果而言，我国学界对政府购买公共服务的研究尚处于探索阶段，能体现中国特色的高质量、系统性成果较少。其一，研究涉及面不广，总体而言大多局限于宏观层面的研究，即使有涉及养老公共服务、医疗卫生公共服务、文化公共服务、环境公共服务等专业领域的研究也不够深入。其二，实证研究方法不科学，研究成果中，支持理论分析的案例大多不是研究者经过长期观察积累、亲历实际工作取得，大多转引自其他文献资料，部分案例来源是各类新闻媒体的新闻报道，其案例研究的素材信息因新闻调查观察的角度不同存在一定程度的失真，最终影响了实证研究的效果。其三，跨学科研究能力不足，政府购买公共服务的实施本身就涉及多个学科，如果仅从研究者熟悉的学科出发对其进行分析、解释，难免落入片面甚至得出错误的结论。具体到政府购买社会审计服务来分析，因其在政府购买公共服务的共性基础上体现出自身特殊的政治性、社会性、专业性特色，所以在对其机制体制和法律规制等方面开展研究时，要坚持实证研究方法的创新和跨学科多视域的研究路径选择。

第二，基于政府购买社会审计服务行为形成的契约关系内涵十分丰富，其中包括了审计公共服务供给关系、政府审计与社会审计公私合作关系，政府审计机关对其他行政机关购买社会审计服务监督管理关系、政府审计机关购买社会审计服务的自我管理监督及独立第三方再监督关系等关系属性，这使得政府购买社会审计服务具有与一般公共服务购买不一样的主体及权利义务关系特征。政府审计和社会审计协同服务国家治理并实现审计全覆盖的目标要求政府审计和社会审计关系的发展方向是公私合作关系的建立，对其进行法律规制不能靠一部法律的单独规制和局部调整，需要多部法律的系统调整。《政府采购法》和《政府采购实施条例》没有基于公私合作的角度对政府购买公共服务实施调整，所以就必须推进《公私合作制促进法》立法进程、制定《审计机关购买社会审计服务办法》、完善政府审计独立性保障相关立法、政府审计向县以下农村基层覆盖的宪法相关内容的修改等几方面重点问题来完成系统的立法修改，同时建立双重问责机制、健全监督评估机制为政府购买社会审计服务公私合作提供制度保障。

第三，政府审计独立性保障程度，不仅影响审计监督权的充分实现而且影响政府审计与社会审计公私合作关系的建立，行政型审计体制的僵化和专断、审计经费的不足、政府审计机关和政府审计人员履职的不独立必将挫伤社会审计参与政府审计的意愿和积极性，对社会公众参与审计公共服务的生产供给也将产生各种限制和阻碍。因此，只有通过以《审计法》为主的一系列法律法规修改，实现省以下审计机关的人财物独立，建立政府审计人员履职独立保障体系及问责体系，将审计机关从各地方行政体系中独立出来最后实现立法型审计体制，才能从根本上保障政府审计独立性。

第四，对政府购买社会审计服务乃至公私合作关系的法律规制，首先要从国家审计体系的全局出发，立足政府审计、内部审计、社会审计的相互关系，重点是政府审计与社会审计的关系，探明我国政府审计的现状及亟待解决的问题。从国家治理层面把握政府审计的发展目标和战略布局，围绕政府审计资源局限和审计全覆盖目标实现、政府审计资源局限与社会审计资源充盈、常规审计失效，甚至失败与审计创新需求等一系列矛盾，寻找到解决方案。其次，政府购买社会审计服务的实现既需要管理规制也需要法律规制，单独从管理角度或单独从法律角度甚或只是机械地将管理和法律叠加都不足以认清政府购买社会审计服务的本质属性，也无法提出解决政府购买社会审计服务中重点问题的最佳解决方案。与其他类型的公共服务相比，审计公共服务供给的专业性很强，政府审计经常性的涉及国家秘密，使得审计公共服务供给长期处于不为公众所熟知的秘密状态，这使得社会审计力量介入和社会公众的参与存在一定的障碍，这是在研究、规划、制定其实现机制和法律规制方案时必须特别关注的重点。

第五，建立政府购买社会审计服务“三元主体”分析框架，就是要将政府购买主体、以社会审计机构为代表的承接主体、社会公众消费主体的各主体法律性质界定清楚，从而进一步明确各主体的权利义务内容，厘清各主体间的法律关系，据此建立行政责任和法律责任体系以及问责机制。对政府购买主体既要坚持去行政化，改变其处处以居高临下的大行政观去处理各主体间法律关系的惯性，培养其自由、公平、公正、平等的购买社会审计服务理念和契约精神，又要防止其误用、滥用契约理念，以契约形式掩盖其放弃责任、转嫁义务等问题，而疏忽对政府审计项目管理、监督的不作为，政府审计项目的特殊政治性决定了政府审计机关始终是政府审计与社会审计公私合作关系的主导方。对以社会审计机构为代表的承接主体，要为其提供制度支撑和法律保障，帮助其克服长期受计划经济影响而形成的对政府的政治依附惯性，堂堂正正地参与到契约关系中来，同时要唤起社会公众消费主体的政治法律意识觉醒，发挥其智慧和力量，积极参与到审计公共服务均等化建设中来。

第六，从国家治理目标出发，对政府购买社会审计服务必然要完成从管理到治理的跃升，各主体间法律关系也必然循由这样的关系发展逻辑：即由大而全的行政管理关系发展到一般的契约关系再到关系契约基础上的公私合作关系，这是管理革命和法律创新的结果，正因如此才使得长期困扰政府购买社会审计服务和政府购买公共服务并影响其核心目标顺利实现的沉疴痼疾有了根治的希望和途径。突破单纯的契约观念，树立关系契约基础上的大公私合作观念，并不是要完全摈弃政府审计机关的行政管理，实行政府审计中公私合作关系的完全自治，而是从机制体制上剔除了形式主义、官僚主义的羁绊和障碍，从理念、体制、机制上加强了政府审计机关对政府审计与社会审计公私合作关系的全面领导和科学管理。

第七，对政府购买社会审计服务全面加强法律规制，要着重解决政府购买社会审计服务无法可依、各地区各自为政的混乱局面，切实改变立法、司法严重滞后于实践发展的问题，对立法正式修改前的过渡期内的诸多问题要有具体的过渡办法，比如当下十分迫切需要解决的乡镇一级政府设立审计部门以组织领导大量的村居审计工作及社会审计服务购买问题，法律规制的滞后和迟缓将会使政府购买社会审计服务行为失去法律正当性，带来一系列的管理难题。科学、健全的政府购买社会审计服务的法律规制即为政府购买社会审计服务的实现机制打下坚实的制度基础，法审计的引入创新了审计公共服务产品性质及产品供给方式，给政府购买社会审计服务带来新的理论与实践创新命题及全新的价值观，使得社会审计支持政府审计服务国家治理的目标更加明确；政府购买社会审计服务公私合作协调机制的建立，并没有给政府购买社会审计服务的实现和交易关系本身带来任何不便和负累，团结、共赢、互助的公私合作关系将全面、彻底、长期地提高政府购买社会审计服务的效率和效果；政府购买社会审计服务公私合作风险防范机制的建立，既要关注政府购买社会审计服务公私合作中的显性风险，也应关注政府购买社会审计服务公私合作中的隐性风险，立足预防，防治并举。

在对政府购买社会审计服务中存在的诸多问题寻求解决方案时，不能简单地加或减、单纯地收或放，要坚持加与减、收与放的平衡。当前国家审计体制机制改革的力度很大，政府审计的使命和功能也正在发生日新月异的变化，所以政府审计工作要不断地调整方向和路线，以适应国家审计的整体战略规划和部署，进而也要求政府购买社会审计服务建立更加科学、灵活、高效地实现机制。在实践中大胆尝试、求变求新，在对政府购买社会审计服务质量和绩效控制的过程中既要发展政府购买，又要尝试政府回购等新举措，紧密关注政府购买社会审计服务的国际前沿和中国基层实践前沿的动态和信息，实现理论与实践的良性互动和有效互补，为全球范围内的政府购买社会审计服务贡献中国智慧与经验。

附　录

附录一　习近平在中央审计委员会第一次会议上的讲话

新华社北京5月23日电　中共中央总书记、国家主席、中央军委主席、中央审计委员会主任习近平5月23日下午主持召开中央审计委员会第一次会议并发表重要讲话。习近平强调，改革审计管理体制，组建中央审计委员会，是加强党对审计工作领导的重大举措。要落实党中央对审计工作的部署要求，加强全国审计工作统筹，优化审计资源配置，做到应审尽审、凡审必严、严肃问责，努力构建集中统一、全面覆盖、权威高效的审计监督体系，更好发挥审计在党和国家监督体系中的重要作用。

中共中央政治局常委、国务院总理、中央审计委员会副主任李克强，中共中央政治局常委、中央纪律检查委员会书记、中央审计委员会副主任赵乐际出席会议。

习近平在讲话中指出，审计是党和国家监督体系的重要组成部分。审计机关成立30多年来，在维护国家财政经济秩序、提高财政资金使用效益、促进廉政建设、保障经济社会健康发展等方面发挥了重要作用。特别是党的十八大以来，为促进党中央令行禁止、维护国家经济安全、推动全面深化改革、促进依法治国、推进廉政建设等作出了重要贡献。

习近平强调，中央审计委员会要强化顶层设计和统筹协调，提高把方向、谋大局、定政策、促改革能力，为审计工作提供有力指导。审计机关要树立“四个意识”，自觉在思想上政治上行动上同党中央保持高度一致，坚决维护党中央权威和集中统一领导，落实党中央对审计工作的部署要求。要拓展审计监督广度和深度，消除监督盲区，加大对党中央重大政策措施贯彻落实情况跟踪审计力度，加大对经济社会运行中各类风险隐患揭示力度，加大对重点民生资金和项目审计力度。地方各级党委要加强对本地区审计工作的领导。

习近平指出，审计机关要坚持以新时代中国特色社会主义思想为指导，全面贯彻党的十九大精神，坚持稳中求进工作总基调，坚持新发展理念，紧扣我国社会主要矛盾变化，紧紧围绕统筹推进“五位一体”总体布局和协调推进“四个全面”战略布局，依法全面履行审计监督职责，促进经济高质量发展，促进全面深化改革，促进权力规范运行，促进反腐倡廉。

习近平指出，要深化审计制度改革，解放思想、与时俱进，创新审计理念，及时揭示和反映经济社会各领域的新情况、新问题、新趋势。要坚持科技强审，加强审计信息化建设。要加强对全国审计工作的领导，强化上级审计机关对下级审计机关的领导，加快形成审计工作全国一盘棋。要加强对内部审计工作的指导和监督，调动内部审计和社会审计的力量，增强审计监督合力。

习近平指出，要加强审计机关自身建设，以审计精神立身，以创新规范立业，以自身建设立信。审计机关各级党组织要认真履行管党治党政治责任，努力建设信念坚定、业务精通、作风务实、清正廉洁的高素质专业化审计干部队伍。

习近平强调，各地区各部门特别是各级领导干部要积极主动支持配合审计工作，依法自觉接受审计监督，认真整改审计查出的问题，深入研究和采纳审计提出的建议，完善各领域政策措施和制度规则。中央审计委员会各成员单位更要带头接受审计监督。各地区各部门特别是各级领导干部要及时、准确、完整地提供同本单位本系统履行职责相关的资料和电子数据，不得制定限制向审计机关提供资料和电子数据的规定，已经制定的要坚决废止。对有意设置障碍、推诿拖延的，要进行批评和通报；造成恶劣影响的，要严肃追责问责。审计机关要严格遵守纪律，对违反纪律规定的要严肃查处。

会议审议通过了《中央审计委员会工作规则》《中央审计委员会办公室工作细则》《2017年度中央预算执行和其他财政支出情况审计报告》《2018年省部级党政主要领导干部和中央企业领导人员经济责任审计及自然资源资产离任（任中）审计计划》等文件。中央审计委员会委员出席会议。

附录二　关于完善审计制度若干重大问题的框架意见

（2015年12月8日，中共中央办公厅、国务院办公厅印发）

根据《中共中央关于全面推进依法治国若干重大问题的决定》和《国务院关于加强审计工作的意见》要求，为保障审计机关依法独立行使审计监督权，更好发挥审计在党和国家监督体系中的重要作用，现就完善审计制度有关重大问题提出如下框架意见。

一、总体要求

（一）指导思想。全面贯彻党的十八大和十八届二中、三中、四中、五中全会精神，以邓小平理论、“三个代表”重要思想、科学发展观为指导，深入学习贯彻习近平总书记系列重要讲话精神，紧紧围绕协调推进“四个全面”战略布局，按照党中央、国务院决策部署，认真贯彻落实宪法、审计法等法律法规，紧密结合审计工作的职责任务和履职特点，着眼依法独立行使审计监督权，创新体制机制，加强和改进新形势下的审计工作，强化审计队伍建设，不断提升审计能力和水平，更好服务于经济社会持续健康发展。

（二）总体目标。加大改革创新力度，完善审计制度，健全有利于依法独立行使审计监督权的审计管理体制，建立具有审计职业特点的审计人员管理制度，对公共资金、国有资产、国有资源和领导干部履行经济责任情况实行审计全覆盖，做到应审尽审、凡审必严、严肃问责。到2020年，基本形成与国家治理体系和治理能力现代化相适应的审计监督机制，更好发挥审计在保障国家重大决策部署贯彻落实、维护国家经济安全、推动深化改革、促进依法治国、推进廉政建设中的重要作用。

（三）基本原则

1. 坚持党的领导。加强党对审计工作的领导，围绕党委和政府的中心任务，研究提出审计工作的目标、任务和重点，严格执行重要审计情况报告制度，支持审计机关依法独立开展工作。坚持党管干部原则，加强审计机关领导班子和队伍建设，健全审计干部培养和管理机制，合理配置审计力量。

2. 坚持依法有序。运用法治思维和法治方式推动审计工作制度创新，充分发挥法治的引领和规范作用，破解改革难题，依法有序推进。重大改革措施需要取得法律授权的，按法律程序实施。

3. 坚持问题导向。针对制约审计监督作用发挥的体制机制障碍、影响审计事业长远发展的重点难点问题，积极探索创新，推进审计制度完善。

4. 坚持统筹推进。充分考虑改革的复杂性和艰巨性，做到整体谋划、分类设计、分步实施，及时总结工作经验，确保各项措施相互衔接、协调推进。

二、主要任务

（一）实行审计全覆盖。按照协调推进“四个全面”战略布局的要求，依法全面履行审计监督职责，坚持党政同责、同责同审，对公共资金、国有资产、国有资源和领导干部履行经济责任情况实行审计全覆盖。摸清审计对象底数，充分考虑审计资源状况，明确审计重点，科学规划、统筹安排、分类实施，有重点、有步骤、有深度、有成效地推进。建立健全与审计全覆盖相适应的工作机制，统筹整合审计资源，创新审计组织方式和技术方法，提高审计能力和效率。

（二）强化上级审计机关对下级审计机关的领导。围绕增强审计监督的整体合力和独立性，强化全国审计工作统筹。加强审计机关干部管理，任免省级审计机关正职，须事先征得审计署党组同意；任免省级审计机关副职，须事先征求审计署党组的意见。上级审计机关要加强审计项目计划的统筹和管理，合理配置审计资源，省级审计机关年度审计项目计划要报审计署备案。上级审计机关要根据本地区经济社会发展实际需要，统筹组织本地区审计机关力量，开展好涉及全局的重大项目审计。健全重大事项报告制度，审计机关的重大事项和审计结果必须向上级审计机关报告，同时抄报同级党委和政府。上级审计机关要加强对下级审计机关的考核。

（三）探索省以下地方审计机关人财物管理改革。2015 年选择江苏、浙江、山东、广东、重庆、贵州、云南等 7 省市开展省以下地方审计机关人财物管理改革试点，试点地区省级党委和政府要按照党管干部、统一管理的要求，加强对本地区审计试点工作的领导。市地级审计机关正职由省级党委（党委组织部）管理，其他领导班子成员和县级审计机关领导班子成员可以委托市地级党委管理。完善机构编制和人员管理制度，省级机构编制管理部门统一管理本地区审计机关的机构编制，省级审计机关协助开展相关工作，地方审计人员由省级统一招录。改进经费和资产管理制度，地方审计机关的经费预算、资产由省级有关部门统一管理，也可以根据实际情况委托市地、县有关部门管理。地方审计机关的各项经费标准由各地在现有法律法规框架内结合实际确定，确保不低于现有水平。建立健全审计业务管理制度，试点地区审计机关审计项目计划由省级审计机关统一管理，统筹组织本地区审计机关力量，开展好涉及全局的重大项目审计。

（四）推进审计职业化建设。根据审计职业特点，建立分类科学、权责一致的审计人员管理制度和职业保障机制，确保审计队伍的专业化水平。根据公务员法和审计职业特点，建立适应审计工作需要的审计人员分类管理制度，建立审计专业技术类公务员职务序列。完善审计人员选任机制，审计专业技术类公务员和综合管理类公务员分类招录，对专业性较强的职位可以实行聘任制。健全审计职业岗位责任追究机制。完善审计职业保障机制和职业教育培训体系。

（五）加强审计队伍思想和作风建设。要加强思想政治建设，强化理论武装，坚定理想信念，严守政治纪律和政治规矩，不断提高审计队伍的政治素质。切实践行社会主义核心价值观，加强审计职业道德建设，培育和弘扬审计精神，恪守审计职业操守，做到依法审计、文明审计。加强党风廉政建设，从严管理审计队伍，严格执行廉政纪律和审计工作纪律，坚持原则、无私无畏、敢于碰硬，做到忠诚、干净、担当。

（六）建立健全履行法定审计职责保障机制。各级党委和政府要定期听取审计工作情况汇报，帮助解决实际困难和问题，支持审计机关依法履行职责，保障审计机关依法独立行使审计监督权，不受其他行政机关、社会团体和个人的干涉。审计机关不得超越职责权限、超越自身能力、违反法定程序开展审计，不参与各类与审计法定职责无关的、可能影响依法独立进行审计监督的议事协调机构或工作。健全干预审计工作行为登记报告制度。凡是涉及管理、分配、使用公共资金、国有资产、国有资源的部门、单位和个人，都要自觉接受审计、配合审计，及时、全面提供审计所需的财务会计、业务和管理等资料，不得制定限制向审计机关提供资料和开放计算机信息系统查询权限的规定，已经制定的应予修订或废止。对拒不接受审计监督，阻挠、干扰和不配合审计工作，或威胁恐吓、打击报复审计人员的，要依纪依法查处。审计机关要进一步优化审计工作机制，充分听取有关主管部门和审计对象的意见，客观公正地做出审计结论，维护审计对象的合法权益。

（七）完善审计结果运用机制。建立健全审计与组织人事、纪检监察、公安、检察以及其他有关主管单位的工作协调机制，把审计监督与党管干部、纪律检查、追责问责结合起来，把审计结果及整改情况作为考核、任免、奖惩领导干部的重要依据。对审计发现的违纪违法问题线索或其他事项，审计机关要依法及时移送有关部门和单位，有关部门和单位要认真核实查处，并及时向审计机关反馈查处结果，不得推诿、塞责。对审计发现的典型性、普遍性、倾向性问题和提出的审计建议，有关部门和单位要认真研究，及时清理不合理的制度和规则，建立健全有关制度规定。领导干部经济责任审计结果和审计发现问题的整改情况，要纳入所在单位领导班子民主生活会及党风廉政建设责任制检查考核的内容，作为领导班子成员述职述廉、年度考核、任职考核的重要依据。有关部门和单位要加强督促和检查，推动抓好审计发现问题的整改。对整改不力、屡审屡犯的，要与被审计单位主要负责人进行约谈，严格追责问责。各级人大常委会要把督促审计查出突出问题整改工作与审查监督政府、部门预算决算工作结合起来，建立听取和审议审计查出突出问题整改情况报告机制。审计机关要依法依规公告审计结果，被审计单位要公告整改结果。

（八）加强对审计机关的监督。各级党委、人大、政府要加强对审计机关的监督，定期组织开展审计法律法规执行情况检查，督促审计机关切实加强党风廉政建设、严格依法审计、依法查处问题、依法向社会公告审计结果。探索建立对审计机关的外部审计制度，加强对审计机关主要领导干部的经济责任审计，外部审计由同级党委和政府及上级审计机关负责组织。完善聘请民主党派和无党派人士担任特约审计员制度。审计机关要坚持阳光法则，加大公开透明度，自觉接受人民监督。

三、加强组织领导

（一）加强组织实施。完善审计制度，保障依法独立行使审计监督权，是党中央、国务院作出的重大决策部署。有关部门和地方各级党委、政府要从党和国家事业发展全局出发，充分认识完善审计制度的重大意义，加强工作统筹，形成合力，推动各项改革措施贯彻落实。

（二）有序部署推进。审计署要会同有关部门按照本框架意见和《关于实行审计全覆盖的实施意见》《关于省以下地方审计机关人财物管理改革试点方案》《关于推进国家审计职业化建设的指导意见》确定的目标要求和任务，加强组织协调，密切配合，有重点、有步骤地抓好落实。省级党委和政府要加强对本地区有关工作的领导，抓紧研究制定本地区的落实意见和方案，明确具体措施和时间表。实施过程中遇到的重大问题，要及时报告。

（三）推动完善相关法律制度。根据完善审计制度的需要，在充分总结试点及实施经验的基础上，及时推动修订完善审计法及其实施条例，健全相关配套规章制度，使各项工作于法有据，确保各项任务顺利实施。根据我国国情，进一步研究完善有关制度设计，切实解决重点难点问题。

附录三 关于实行审计全覆盖的实施意见

（2015年12月8日，中共中央办公厅、国务院办公厅印发）

为全面履行审计监督职责，对公共资金、国有资产、国有资源和领导干部履行经济责任情况实行审计全覆盖，根据《关于完善审计制度若干重大问题的框架意见》，制定本实施意见。

一、实行审计全覆盖的目标要求

对公共资金、国有资产、国有资源和领导干部履行经济责任情况实行审计全覆盖，是党中央、国务院对审计工作提出的明确要求。审计机关要建立健全与审计全覆盖相适应的工作机制，科学规划，统筹安排，分类实施，注重实效，坚持党政同责、同责同审，通过在一定周期内对依法属于审计监督范围的所有管理、分配、使用公共资金、国有资产、国有资源的部门和单位，以及党政主要领导干部和国有企事业领导人员履行经济责任情况进行全面审计，实现审计全覆盖，做到应审尽审、凡审必严、严肃问责。对重点部门、单位要每年审计，其他审计对象1个周期内至少审计1次，对重点地区、部门、单位以及关键岗位的领导干部任期内至少审计1次，对重大政策措施、重大投资项目、重点专项资金和重大突发事件开展跟踪审计，坚持问题导向，对问题多、反映大的单位及领导干部要加大审计频次，实现有重点、有步骤、有深度、有成效的全覆盖。充分发挥审计监督作用，通过审计全覆盖发现国家重大决策部署执行中存在的突出问题和重大违纪违法问题线索，维护财经法纪，促进廉政建设；反映经济运行中的突出矛盾和风险隐患，维护国家经济安全；总结经济运行中好的做法和经验，注重从体制机制层面分析原因和提出建议，促进深化改革和体制机制创新。

二、对公共资金实行审计全覆盖

审计机关要依法对政府的全部收入和支出、政府部门管理或其他单位受政府委托管理的资金，以及相关经济活动进行审计。主要检查公共资金筹集、管理、分配、使用过程中遵守国家法律法规情况，贯彻执行国家重大政策措施和宏观调控部署情况，公共资金管理使用的真实性、合法性、效益性以及公共资金沉淀等情况，公共资金投入与项目进展、事业发展等情况，公共资金管理、使用部门和单位的财政财务收支、预算执行和决算情况，以及职责履行情况，以促进公共资金安全高效使用。根据公共资金的重要性、规模和管理分配权限等因素，确定重点审计对象。坚持以公共资金运行和重大政策落实情况为主线，将预算执行审计与决算草案审计、专项资金审计、重大投资项目跟踪审计等相结合，对涉及的重点部门和单位进行重点监督，加大对资金管理分配使用关键环节的审计力度。

三、对国有资产实行审计全覆盖

审计机关要依法对行政事业单位、国有和国有资本占控股或主导地位的企业（含金融企业，以下简称国有企业）等管理、使用和运营的境内外国有资产进行审计。主要检查国有资产管理、使用和运营过程中遵守国家法律法规情况，贯彻执行国家重大政策措施和宏观调控部署情况，国有资产真实完整和保值增值情况，国有资产重大投资决策及投资绩效情况，资产质量和经营风险管理情况，国有资产管理部门职责履行情况，以维护国有资产安全，促进提高国有资产运营绩效。根据国有资产的规模、管理状况以及管理主体的战略地位等因素，确定重点审计对象。对国有企业资产负债损益情况进行审计，将国有资产管理使用情况作为行政事业单位年度预算执行审计或其他专项审计的内容。

四、对国有资源实行审计全覆盖

审计机关要依法对土地、矿藏、水域、森林、草原、海域等国有自然资源，特许经营权、排污权等国有无形资产，以及法律法规规定属于国家所有的其他资源进行审计。主要检查国有资源管理和开发利用过程中遵守国家法律法规情况，贯彻执行国家重大政策措施和宏观调控部署情况，国有资源开发利用和生态环境保护情况，相关资金的征收、管理、分配和使用情况，资源环境保护项目的建设情况和运营效果、国有资源管理部门的职责履行情况，以促进资源节约集约利用和生态文明建设。根据国有资源的稀缺性、战略性和分布情况等因素，确定重点审计对象。加大对资源富集和毁损严重地区的审计力度，对重点国有资源进行专项审计，将国有资源开发利用和生态环境保护等情况作为领导干部经济责任审计的重要内容，对领导干部实行自然资源资产离任审计。

五、对领导干部履行经济责任情况实行审计全覆盖

审计机关要依法对地方各级党委、政府、审判机关、检察机关，中央和地方各级党政工作部门、事业单位、人民团体等单位的党委（党组、党工委）和行政正职领导干部（包括主持工作 1 年以上的副职领导干部），国有企业法定代表人，以及实际行使相应职权的企业领导人员履行经济责任情况进行审计。主要检查领导干部贯彻执行党和国家经济方针政策、决策部署情况，遵守有关法律法规和财经纪律情况，本地区本部门本单位发展规划和政策措施制定、执行情况及效果，重大决策和内部控制制度的执行情况及效果，本人遵守党风廉政建设有关规定情况等，以促进领导干部守法、守纪、守规、尽责。根据领导干部的岗位性质、履行经济责任的重要程度、管理资金资产资源规模等因素，确定重点审计对象和审计周期。坚持任中审计和离任审计相结合，经济责任审计与财政审计、金融审计、企业审计、资源环

境审计、涉外审计等相结合，实现项目统筹安排、协同实施。

六、加强审计资源统筹整合

适应审计全覆盖的要求，加大审计资源统筹整合力度，避免重复审计，增强审计监督整体效能。加强审计项目计划统筹，在摸清审计对象底数的基础上，建立分行业、分领域审计对象数据库，分类确定审计重点和审计频次，编制中长期审计项目规划和年度计划时，既要突出年度审计重点，又要保证在一定周期内实现全覆盖。整合各层级审计资源，开展涉及全局或行业性的重点资金和重大项目全面审计，发挥审计监督的整体性和宏观性作用。在充分总结经验的基础上，完善国家审计准则和审计指南体系，明确各项审计应遵循的具体标准和程序，提高审计的规范性。集中力量、重点突破，对热点难点问题进行专项审计，揭示普遍性、典型性问题，深入分析原因，提出对策建议，推动建立健全体制机制、堵塞制度漏洞，达到以点促面的效果。建立审计成果和信息共享机制，加强各级审计机关、不同审计项目之间的沟通交流，实现审计成果和信息及时共享，提高审计监督成效。加强内部审计工作，充分发挥内部审计作用。有效利用社会审计力量，除涉密项目外，根据审计项目实施需要，可以向社会购买审计服务。

七、创新审计技术方法

构建大数据审计工作模式，提高审计能力、质量和效率，扩大审计监督的广度和深度。有关部门、金融机构和国有企事业单位应根据审计工作需要，依法向审计机关提供与本单位本系统履行职责相关的电子数据信息和必要的技术文档，不得制定限制向审计机关提供资料和开放计算机信息系统查询权限的规定，已经制定的应予修订或废止。审计机关要建立健全数据定期报送制度，加大数据集中力度，对获取的数据资料严格保密。适应大数据审计需要，构建国家审计数据系统和数字化审计平台，积极运用大数据技术，加大业务数据与财务数据、单位数据与行业数据以及跨行业、跨领域数据的综合比对和关联分析力度，提高运用信息化技术查核问题、评价判断、宏观分析的能力。探索建立审计实时监督系统，实施联网审计。

附录四 审计署关于内部审计工作的规定

（2018年1月12日，中华人民共和国审计署第11号令发布）

第一章 总 则

第一条 为了加强内部审计工作，建立健全内部审计制度，提升内部审计工作质量，充分发挥内部审计作用，根据《中华人民共和国审计法》《中华人民共和国审计法实施条例》以及国家其他有关规定，制定本规定。

第二条 依法属于审计机关审计监督对象的单位（以下统称单位）的内部审计工作，以及审计机关对单位内部审计工作的业务指导和监督，适用本规定。

第三条 本规定所称内部审计，是指对本单位及所属单位财政财务收支、经济活动、内部控制、风险管理实施独立、客观的监督、评价和建议，以促进单位完善治理、实现目标的活动。

第四条 单位应当依照有关法律法规、本规定和内部审计职业规范，结合本单位实际情况，建立健全内部审计制度，明确内部审计工作的领导体制、职责权限、人员配备、经费保障、审计结果运用和责任追究等。

第五条 内部审计机构和内部审计人员从事内部审计工作，应当严格遵守有关法律法规、本规定和内部审计职业规范，忠于职守，做到独立、客观、公正、保密。内部审计机构和内部审计人员不得参与可能影响独立、客观履行审计职责的工作。

第二章 内部审计机构和人员管理

第六条 国家机关、事业单位、社会团体等单位的内部审计机构或者履行内部审计职责的内设机构，应当在本单位党组织、主要负责人的直接领导下开展内部审计工作，向其负责并报告工作。国有企业内部审计机构或者履行内部审计职责的内设机构应当在企业党组织、董事会（或者主要负责人）直接领导下开展内部审计工作，向其负责并报告工作。国有企业应当按照有关规定建立总审计师制度。总审计师协助党组织、董事会（或者主要负责人）管理内部审计工作。

第七条 内部审计人员应当具备从事审计工作所需要的专业能力。单位应当严格内部审计人员录用标准，支持和保障内部审计机构通过多种途径开展继续教育，提高内部审计人员的职业胜任能力。内部审计机构负责人应当具备审计、会计、经济、法律或者管理等工作背景。

第八条　内部审计机构应当根据工作需要，合理配备内部审计人员。除涉密事项外，可以根据内部审计工作需要向社会购买审计服务，并对采用的审计结果负责。

第九条　单位应当保障内部审计机构和内部审计人员依法依规独立履行职责，任何单位和个人不得打击报复。

第十条　内部审计机构履行内部审计职责所需经费，应当列入本单位预算。

第十一条对忠于职守、坚持原则、认真履职、成绩显著的内部审计人员，由所在单位予以表彰。

第三章　内部审计职责权限和程序

第十二条　内部审计机构或者履行内部审计职责的内设机构应当按照国家有关规定和本单位的要求，履行下列职责：

（一）对本单位及所属单位贯彻落实国家重大政策措施情况进行审计；

（二）对本单位及所属单位发展规划、战略决策、重大措施以及年度业务计划执行情况进行审计；

（三）对本单位及所属单位财政财务收支进行审计；

（四）对本单位及所属单位固定资产投资项目进行审计；

（五）对本单位及所属单位的自然资源资产管理和生态环境保护责任的履行情况进行审计；

（六）对本单位及所属单位的境外机构、境外资产和境外经济活动进行审计；

（七）对本单位及所属单位经济管理和效益情况进行审计；

（八）对本单位及所属单位内部控制及风险管理情况进行审计；

（九）对本单位内部管理的领导人员履行经济责任情况进行审计；

（十）协助本单位主要负责人督促落实审计发现问题的整改工作；

（十一）对本单位所属单位的内部审计工作进行指导、监督和管理；

（十二）国家有关规定和本单位要求办理的其他事项。

第十三条　内部审计机构或者履行内部审计职责的内设机构应有下列权限：

（一）要求被审计单位按时报送发展规划、战略决策、重大措施、内部控制、风险管理、财政财务收支等有关资料(含相关电子数据，下同)，以及必要的计算机技术文档；

（二）参加单位有关会议，召开与审计事项有关的会议；

（三）参与研究制定有关的规章制度，提出制定内部审计规章制度的建议；

（四）检查有关财政财务收支、经济活动、内部控制、风险管理的资料、文件和现场勘察实物；

（五）检查有关计算机系统及其电子数据和资料；

（六）就审计事项中的有关问题，向有关单位和个人开展调查和询问，取得相关证明材料；

（七）对正在进行的严重违法违规、严重损失浪费行为及时向单位主要负责人报告，经同意做出临时制止决定；

（八）对可能转移、隐匿、篡改、毁弃会计凭证、会计账簿、会计报表以及与经济活动有关的资料，经批准，有权予以暂时封存；

（九）提出纠正、处理违法违规行为的意见和改进管理、提高绩效的建议；

（十）对违法违规和造成损失浪费的被审计单位和人员，给予通报批评或者提出追究责任的建议；

（十一）对严格遵守财经法规、经济效益显著、贡献突出的被审计单位和个人，可以向单位党组织、董事会（或者主要负责人）提出表彰建议。

第十四条　单位党组织、董事会（或者主要负责人）应当定期听取内部审计工作汇报，加强对内部审计工作规划、年度审计计划、审计质量控制、问题整改和队伍建设等重要事项的管理。

第十五条　下属单位、分支机构较多或者实行系统垂直管理的单位，其内部审计机构应当对全系统的内部审计工作进行指导和监督。系统内各单位的内部审计结果和发现的重大违纪违法问题线索，在向本单位党组织、董事会（或者主要负责人）报告的同时，应当及时向上一级单位的内部审计机构报告。

单位应当将内部审计工作计划、工作总结、审计报告、整改情况以及审计中发现的重大违纪违法问题线索等资料报送同级审计机关备案。

第十六条　内部审计的实施程序，应当依照内部审计职业规范和本单位的相关规定执行。

第十七条　内部审计机构或者履行内部审计职责的内设机构，对本单位内部管理的领导人员实施经济责任审计时，可以参照执行国家有关经济责任审计的规定。

第四章　审计结果运用

第十八条　单位应当建立健全审计发现问题整改机制，明确被审计单位主要负责人为整改第一责任人。对审计发现的问题和提出的建议，被审计单位应当及时整改，并将整改结果书面告知内部审计机构。

第十九条　单位对内部审计发现的典型性、普遍性、倾向性问题，应当及时分析研究，制定和完善相关管理制度，建立健全内部控制措施。

第二十条　内部审计机构应当加强与内部纪检监察、巡视巡察、组织人事等其他内部监督力量的协作配合，建立信息共享、结果共用、重要事项共同实施、问题整改问责共同落实等工作机制。内部审计结果及整改情况应当作为考核、任免、奖惩干部和相关决策的重要依据。

第二十一条　单位对内部审计发现的重大违纪违法问题线索，应当按照管辖权限依法依规及时移送纪检监察机关、司法机关。

第二十二条　审计机关在审计中，特别是在国家机关、事业单位和国有企业三级以下单位审计中，应当有效利用内部审计力量和成果。对内部审计发现且已经纠正的问题不再在审计报告中反映。

第五章　对内部审计工作的指导和监督

第二十三条　审计机关应当依法对内部审计工作进行业务指导和监督，明确内部职能机构和专职人员，并履行下列职责：

（一）起草有关内部审计工作的法规草案；

（二）制定有关内部审计工作的规章制度和规划；

（三）推动单位建立健全内部审计制度；

（四）指导内部审计统筹安排审计计划，突出审计重点；

（五）监督内部审计职责履行情况，检查内部审计业务质量；

（六）指导内部审计自律组织开展工作；

（七）法律、法规规定的其他职责。

第二十四条　审计机关可以通过业务培训、交流研讨等方式，加强对内部审计人员的业务指导。

第二十五条　审计机关应当对单位报送的备案资料进行分析，将其作为编制年度审计项目计划的参考依据。

第二十六条　审计机关可以采取日常监督、结合审计项目监督、专项检查等方式，对单位的内部审计制度建立健全情况、内部审计工作质量情况等进行指导和监督。

对内部审计制度建设和内部审计工作质量存在问题的，审计机关应当督促单位内部审计机构及时进行整改并书面报告整改情况；情节严重的，应当通报批评并视情况抄送有关主管部门。

第二十七条　审计机关应当按照国家有关规定对内部审计自律组织进行政策和业务指导，推动内部审计自律组织按照法律法规和章程开展活动。必要时，可以向内部审计自律组织购买服务。

第六章　责任追究

第二十八条　被审计单位有下列情形之一的，由单位党组织、董事会（或者主要负责

人)责令改正,并对直接负责的主管人员和其他直接责任人员进行处理:

(一) 拒绝接受或者不配合内部审计工作的;

(二) 拒绝、拖延提供与内部审计事项有关的资料,或者提供资料不真实、不完整的;

(三) 拒不纠正审计发现问题的;

(四) 整改不力、屡审屡犯的;

(五) 违反国家规定或者本单位内部规定的其他情形。

第二十九条　内部审计机构或者履行内部审计职责的内设机构和内部审计人员有下列情形之一的,由单位对直接负责的主管人员和其他直接责任人员进行处理;涉嫌犯罪的,移送司法机关依法追究刑事责任:

(一) 未按有关法律法规、本规定和内部审计职业规范实施审计导致应当发现的问题未被发现并造成严重后果的;

(二) 隐瞒审计查出的问题或者提供虚假审计报告的;

(三) 泄露国家秘密或者商业秘密的;

(四) 利用职权谋取私利的;

(五) 违反国家规定或者本单位内部规定的其他情形。

第三十条　内部审计人员因履行职责受到打击、报复、陷害的,单位党组织、董事会(或者主要负责人)应当及时采取保护措施,并对相关责任人员进行处理;涉嫌犯罪的,移送司法机关依法追究刑事责任。

第七章　附　　则

第三十一条　本规定所称国有企业是指国有和国有资本占控股地位或者主导地位的企业、金融机构。

第三十二条　不属于审计机关审计监督对象的单位的内部审计工作,可以参照本规定执行。

第三十三条　本规定由审计署负责解释。

第三十四条　本规定自 2018 年 3 月 1 日起施行。审计署于 2003 年 3 月 4 日发布的《审计署关于内部审计工作的规定》(2003 年审计署第 4 号令)同时废止。

主要参考文献

一、中文著作

[1] 莱昂·狄骥.公法的变迁[M].郑戈,译.沈阳：辽海出版社,1999.

[2] 王丛虎.政府购买公共服务理论研究：一个合同式治理的逻辑[M].北京：经济科学出版社,2015.

[3] 王继军.公法与私法的现代诠释[M].北京：法律出版社,2008.

[4] 冯华艳.政府购买公共服务研究[M].北京：中国政法大学出版社,2015.

[5] 陈振明.公共服务导论[M].北京：北京大学出版社,2011.

[6] 王浦劬,莱斯特·M.萨拉蒙,等.政府向社会组织购买公共服务研究：中国与全球经验分析[M].北京：北京大学出版社,2010.

[7] 刘楠.论公、私法二元结构与中国市场经济[M].//梁慧星.民商法论丛(第4卷).北京：法律出版社,1996.

[8] 于庆华.审计学与审计法[M].北京：中国政法大学出版社,2005.

[9] 徐政旦,谢荣,朱荣恩.审计研究前沿[M].2版.上海：上海财经大学出版社,2011.

[10] 俞可平.治理与善治[M].北京：社会科学文献出版社,2000.

[11] 何增科.政府治理[M].北京：中央编译出版社,2015.

[12] 尹平,郑石桥.政府审计学[M].北京：中国时代经济出版社,2013.

[13] 亚里士多德.政治学[M].吴寿彭,译.北京：商务印书馆,1965.

[14] 尹平.政府审计与国家经济安全论[M].北京：中国时代经济出版社,2011.

[15] 刘须宽.国家治理体系和治理能力现代化[M].北京：人民日报出版社,2019.

[16]《中国审计体系研究》课题组.中国审计体系研究[M].北京：中国审计出版社,1999.

[17] 王波明.国家治理与政府转型[M].北京：中国经济出版社,2014.

[18] 徐荣华.审计意见购买的内在机理及其治理[M].杭州：浙江大学出版社,2012.

[19] 麦克尼尔.新社会契约论[M].雷喜宁,潘勤,译.北京：中国政法大学出版社,2004.

[20] 内田贵.契约的再生[M].胡保海,译.北京：中国法制出版社,2005.

[21] 费爱华.话语交易：乡村社会及其治理中的人际传播[M].杭州：浙江大学出版社,2013.

[22] 张文显.法理学[M].北京：高等教育出版社,2002.

[23] 苏晓宏.法理学原理[M].北京：法律出版社，2013.

[24] 卢梭.社会契约论[M].何兆武，译.北京：商务印书馆，2003.

[25] 菲利普·库珀.合同制治理：公共管理者面临的挑战与机遇[M].竺乾威，卢毅，陈卓霞，译.上海：复旦大学出版社，2007.

[26] 朱景文.法理学[M].3版.北京：中国人民大学出版社，2015.

[27] 简·莱恩.新公共管理[M].赵成根等译.北京：中国青年出版社，2004.

[28] 珍妮特·V·登哈特，罗伯特·B·登哈特.新公共服务：服务，而不是掌舵[M].丁煌，译.3版.北京：中国人民大学出版社，2016.

[29] 杨海坤，章志远.中国行政法基本理论研究[M].北京：北京大学出版社，2004.

[30] 竺乾威，朱春奎.社会组织视角下的政府购买公共服务[M].北京：中国社会科学出版社，2016.

[31] 亚当·斯密.国富论[M].谢宗林，李华夏，译.北京：中央编译出版社，2011.

[32] 张树义，张力.行政法与行政诉讼法学[M].3版.北京：高等教育出版社，2015.

[33] E.S.萨瓦斯.民营化与PPP模式：推动政府和社会资本合作[M].周志忍，等译.北京：中国人民大学出版社，2015.

[34] 宋波，徐飞.公私合作制(PPP)研究：基于基础设施项目建设运营过程[M].上海：上海交通大学出版社，2011.

[35] 中国社会科学院语言研究所词典编辑室.现代汉语词典[Z].5版.北京：商务印书馆，2005.

[36] 张万宽.公私伙伴关系治理[M].北京：社会科学文献出版社，2011.

[37] 李以所.德国公私合作制促进法研究[M].北京：中国民主法制出版社，2013.

[38] 刘德银.审计学[M].广州：中山大学出版社，2003.

[39] 陈军.变化与回应：公私合作的行政法研究[M].北京：中国政法大学出版社，2014.

[40] 吴秋生.政府审计职责研究[M].北京：中国财政经济出版社，2007.

[41] 本书编写组.中共中央关于全面深化改革若干重大问题的决定[M].北京：人民出版社，2013.

[42] 敖双红.公共行政民营化法律问题研究[M].北京：法律出版社，2007.

[43] 戴维·奥斯本，特德·盖布勒.改革政府：企业精神如何改革公营部门[M].周敦仁，等译.上海：译文出版社，1996.

[44] 余晖.公私合作制的中国实验[M].上海：上海人民出版社，2005.

[45] 张苏彤.法务会计研究[M].北京：中国时代经济出版社，2009.

[46] 宋波，徐飞.公私合作制(PPP)研究：基于基础设施项目建设运营过程[M].上海：上海交通大学出版社，2011.

[47] 谷辽海.法治下的政府采购[M].北京：群众出版社，2005.
[48] 朱迪·弗里曼.合作治理与新行政法[M].毕洪海，陈标冲，译.北京：商务印书馆，2010.
[49] 王会金，戚振东.政府审计协同治理研究[M].上海：上海三联书店，2014.
[50] E.S.萨瓦斯.民营化与公私部门的伙伴关系[M].周志忍，等译.北京：中国人民大学出版社，2002.
[51] 尼古拉斯·亨利.公共行政与公共事务[M].项龙，译.北京：华夏出版社，2002.
[52] 萨拉蒙.全球公民社会：非营利部门视界[M].北京：社会科学文献出版社，2007.
[53] 陈新民.中国行政法学原理[M].北京：中国政法大学出版社，2002.
[54] 戴维·奥斯本.改革政府：企业精神如何改革着公营部门[M].上海：上海译文出版社，1996.

二、中文论文

[1] 马庆钰.关于“公共服务”的解读[J].中国行政管理，2005(2)：78-82.
[2] 孙健.我国政府向社会组织购买公共服务研究[D].广州：中共广东省委党校，2012.
[3] 汤敏轩，李习彬.政府公共服务职能的科学界定[J].国家行政学院学报，2004(5)：21-24.
[4] 柏良泽.公共服务研究的逻辑和视角[J].中国人才，2007(5)：28-30.
[5] 彭浩.借鉴发达国家经验　推进政府购买公共服务[J].财政研究，2010(7)：48-50.
[6] 胡贵安.试论国家审计权的特征[J].审计研究，2010(6)：66-68.
[7] 时现，李善波，徐印.审计的本质、职能与政府审计责任研究：基于“免疫系统”功能视角的分析[J].审计与经济研究，2009，24(3)：8-13.
[8] 刘玉波.政府购买审计服务面临的风险及规避策略[J].经济师，2015(2)：159-160.
[9] 应超.审计建立新型管理制度的初步构想：由“政府购买社会审计服务”引发的思考[J].审计月刊，2015(6)：9-12.
[10] 姜迎雪，李淳惠.国家治理视角下政府购买审计服务的探讨[J].商业会计，2015(13)：46-47.
[11] 闫海，张天金.政府购买公共服务的法律规制[J].唯实，2010(6)：68-72.
[12] 车嘉丽.政府审计和社会审计资源整合的研究[J].会计之友，2008(18)：48-49.
[13] 许瑜，冯均科.社会共治环境下民间审计参与国家治理的理论分析与实现路径[J].财会月刊，2017(11)：96-99.
[14] 王彦超，赵璨.社会审计、反腐与国家治理[J].审计研究，2016(4)：40-49.
[15] 孟焰，周卫华.国家审计理念的演进：从政府本位到社会本位[J].审计与经济研究，2016，31(5)：3-10.

[16] 孙元欣，于茂荐.关系契约理论研究述评[J].学术交流，2010(8)：117-123.
[17] 张艳.契约关系的法理探究[J].延边大学学报(社会科学版)，2013，46(2)：123-128.
[18] 张艳.关系契约理论对意思自治的价值超越[J].现代法学，2014，36(2)：73-79.
[19] 王艳慧.关系契约之非契约效力说明理论本质[J].学术交流，2016(8)：120-124.
[20] 王艳慧.关系契约的理论功能与实定法表现[J].江西社会科学，2016，36(7)：184-190.
[21] 袁正，于广文.关系契约与治理机制转轨[J].当代财经，2012(3)：72-79.
[22] 王俊豪，金暄暄.PPP 模式下政府和民营企业的契约关系及其治理：以中国城市基础设施 PPP 为例[J].经济与管理研究，2016，37(3)：62-68.
[23] 宋寒，但斌，张旭梅.服务外包中双边道德风险的关系契约激励机制[J].系统工程理论与实践，2010，30(11)：1944-1953.
[24] 宋京津，李睿.关系契约、审计师与投资者保护：审计报告相关准则修订的理性思考[J].会计与经济研究，2016，30(5)：83-95.
[25] 徐虹，李亭，林钟高.关系投资、内部控制与企业财务杠杆水平：基于关系契约与规则契约理论的经验证据[J].中南财经政法大学学报，2014(3)：106-114.
[26] 刘波，李娜，彭瑾，等.环卫服务外包中的正式契约、关系契约与外包效果：以深圳市为例[J].公共行政评论，2016，9(4)：23-44.
[27] 盖玉山.交易契约、关系契约与心理契约持续期[J].东岳论丛，2014，35(3)：157-160.
[28] 宋京津.内部控制缺陷披露的成本与收益研究：基于关系契约理论的分析[J].财政监督，2015(2)：57-60.
[29] 彭洁流，黄荷暑.企业社会责任、内部控制与银行债务契约关系的实证检验[J].统计与决策，2017(11)：177-181.
[30] 黄志烨，李桂君，汪涛.双边道德风险下中小节能服务企业与银行关系契约模型[J].中国管理科学，2016，24(8)：10-17.
[31] 陈婉玲，曹书.政府与社会资本合作(PPP)模式利益协调机制研究[J].上海财经大学学报，2017，19(2)：100-112.
[32] 郑石桥，吕君杰，张耀中.产权残缺、村居经济内部治理失败和外部审计：理论框架和例证分析[J].新疆财经，2016(3)：18-27.
[33] 秦之泰.国家治理视角下村居审计探讨[J].审计研究，2015(1)：25-30.
[34] 王会金.反腐败视角下政府审计与纪检监察协同治理研究[J].审计与经济研究，2015，30(6)：3-10.
[35] 杨桦，刘权.政府公共服务外包：价值、风险及其法律规制[J].学术研究，2011(4)：52-58.
[36] 周义程.公共利益、公共事务和公共事业的概念界说[J].南京社会科学，2007(1)：

77-82.

[37] 孔敏.审计契约关系的理论分析[J].福建广播电视大学学报,2005(2):20-23.

[38] 刘国常,赵兴楣,杨小锋.审计的契约安排与独立性的互动机制[J].会计研究,2007(9):90-94.

[39] 王芸,陈蕾,洪碧月.事务所智力资本、竞争战略与审计市场绩效间的关系检验[J].财会月刊,2017(15):95-101.

[40] 陈军.公私合作背景下行政法发展动向分析[J].河北法学,2013,31(3):41-49.

[41] 卢护锋.公私合作中政府责任的行政法考察[J].政治与法律,2016(8):24-31.

[42] 张一雄.论行政合作契约的法律属性及其法制化进路:在公私合作背景下的展开[J].法学论坛,2016,31(4):78-86.

[43] 周佑勇.公私合作语境下政府购买公共服务现存问题与制度完善[J].政治与法律,2015(12):90-99.

[44] 李霞.公私合作合同:法律性质与权责配置:以基础设施与公用事业领域为中心[J].华东政法大学学报,2015,18(3):139-146.

[45] 王克金.权利冲突论:一个法律实证主义的分析[J].法制与社会发展,2004(2)10:43-61.

[46] 刘作翔.权利冲突的几个理论问题[J].中国法学,2002(2):56-71.

[47] 马特.权利冲突解决机制的整体构建[J].国家行政学院学报,2013(2):53-58.

[48] 梁迎修.权利冲突的司法化解[J].法学研究,2014,36(2):61-72.

[49] 郝铁川.权利冲突:一个不成为问题的问题[J].法学,2004(9):3-6.

[50] 郭明瑞.权利冲突的研究现状、基本类型与处理原则[J].法学论坛,2006,21(1):5-10.

[51] 刘作翔.权利冲突:一个应该重视的法律现象[J].法学,2002(3):76-78.

[52] 刘国利,谭正.人文主义法学视野下的解决权利冲突的原则[J].法律科学,2007,25(4):15-26.

[53] 张平华.权利冲突辨[J].法律科学,2006(6):60-69.

[54] 林来梵,张卓明.论权利冲突中的权利位阶:规范法学视角下的透析[J].浙江大学学报(人文社会科学版),2003,33(6):5-13.

[55] 袁曙宏.服务型政府呼唤公法转型:论通过公法变革优化公共服务[J].中国法学,2006(3):46-58.

[56] 晏维龙.国家审计理论的几个基本问题研究:基于多学科的视角[J].审计与经济研究,2015,30(1):3-16.

[57] 李笑雪,郑石桥.政府审计独立性、审计体制和审计权能配置[J].会计之友,2015(20):118-128.

[58] 高大勇.发挥审计约定书的作用　提高审计的独立性[J].山西财经大学学报,2007(S1):191.
[59] 陈汉文,黄宗兰.审计独立性:一项理论研究[J].审计研究,2001(4):22-28.
[60] 孙平.从绩效审计的独立性谈我国审计管理体制的改革[J].绿色财会,2006(5):30-32.
[61] 林闽钢,周正.政府购买社会服务:何以可能与何以可为?[J].江苏社会科学,2014(3):101-105.
[62] 刘兴成.公司治理向何处去[J].法人,2016(2):6-7.
[63] 陈爱娟.法律预防功能及其发挥[J].安庆师范学院学报(社会科学版),2008(4):43-46.
[64] 刘家义.以科学发展观为指导　推动审计工作全面发展[J].审计研究,2008(3):3-9.
[65] 李汉卿.协同治理理论探析[J].理论月刊,2014(1):138-142.
[66] 刘明辉,胡波.法务会计、舞弊审计与审计责任的历史演进[J].审计与经济研究,2005(6):10-13.
[67] 刘玉波.审计全覆盖背景下提升审计质量的思考[J].经济研究导刊,2016(5):186-187.
[68] 李树.经济理性与法律效率:法经济学的基本理论逻辑[J].南京社会科学,2010(8):108-114.
[69] 郑石桥.政府审计本质:理论框架和例证分析[J].会计之友,2015(12):129-133.
[70] 王家新,郑石桥,吕君杰,等.论建立乡镇政府审计机关的必要性:基于审计需求和审计主体的理论框架[J].审计与经济研究,2016,31(1),31:18-26.
[71] 程乃胜.国家审计全覆盖视域中的我国审计法律制度之完善[J].法学评论,2016,34(4):41-46.
[72] 蔡春.我国国家审计进入全覆盖新时代[J].中国审计,2015(24):39-40.
[73] 杜贞耐,钟卫国,张强.淄博村居审计的做法和问题分析[J].审计研究,2015(1):20-24.
[74] 刘家义.论国家治理与国家审计[J].中国社会科学,2012(6):60-72.
[75] 尚兆燕.审计结果公告制度:法律社会学的解释视角[J].审计研究,2007(3):16-20.
[76] 胡贵安.国家审计完善国家治理的基础机制与基本路径:兼论国家审计公告制度的国际比较[C]//审计全覆盖视域下的国家审计监督与审计法修改完善学术研讨会论文集,2016.
[77] 宋常,田莹莹,张羽瑶.关于国家审计若干重大问题的思考[J].当代财经,2014(1):107-116.
[78] 明燕飞,谭水平.公共服务外包中委托代理关系链面临的风险及其防范[J].财经理论与实践,2012,33(2):104-107.
[79] 王桢桢.公共服务合同外包的风险与治理[J].广州大学学报(社会科学版),2013,12(6):27-32.

[80] 周俊.政府购买公共服务的风险及其防范[J].中国行政管理,2010(06):13-18.

[81] 吴磊.政府向社会组织购买公共服务的风险分析及其防范机制[J].开发研究,2014(03):92-95.

[82] 赵成柏.基于委托代理理论的服务外包分析[J].商业研究,2010(2):56-61.

[83] 莫于川.中国行政规制改革的若干地方经验及其背景分析[J].人大法律评论,2011(1):3-26.

三、外文论著

[1] Abu-Shams I, Rabadi A. Commercialization and public-private partnership in Jordan [J]. International Journal of Water Resources Development, 2003, 19(2): 159-172.

[2] Aghion P, Bolton P. An incomplete contracts approach to financial contracting[J]. The Review of Economic Studies, 1992, 59(3): 473-494.

[3] Ahadzi M, Bowles G. Public-private partnerships and contract negotiations: An empirical study[J]. Construction Management and Economics, 2004, 22(9): 967-978.

[4] Anderlini L, Felli L. Incomplete contracts and complexity costs[J]. Theory & Decision, 1999, 46(1): 23-50.

[5] Hodge G. An international review of performance[M]. England: Routledge,2000.

[6] Woolf H. Public law private law: Why the divide? Public Law. 1996(2).

[7] Hefetz A, Warner M. Beyond the market versus planning dichotomy: Understanding privatisation and its reverse in US cities[J]. Local Government Studies, 2007, 33(4): 555-572.

[8] Hefetz A, Warner M. Privatization and its reverse: Explaining the dynamics of the government contracting process[J]. Journal of Public Administration Research and Theory, 2004, 14(2): 171-190.

[9] MacNeil I R. Contracts: Adjustments of long-term economic relations under classical, neoclassical, and relational contract law[J]. Northwestern University Law Review, 1977, 72: 854.

[10] MacNeil I R. Relational contract theory: Challenges and queries[J]. Northwestern University Law Review, 1999, 94: 877.

[11] Ian R. Macneil. The new social contract: An inquiry into modern contractual relations, [M]. New Haven: Yale University Press,1980.

[12] Feinman J M. Relational contract theory in context[J]. Northwestern University Law Review, 2000, 94(3): 737-748.

[13] Jerry Frug.New forms of governance: Ceding public power to private actors, UCLA L. Rev., 2002, (94).

[14] Johnston J M, Romzek B S. Contracting and accountability in state Medicaid reform: Rhetoric, theories, and reality[J]. Public Administration Review, 1999, 59(5): 383.

[15] Wanna J, Ryan C M, Ng C. From accounting to accountability: A centenary of the Australian national audit office[EB/OL]. Allen UNwin.2001.

[16] Brunet E, Craver C B, Deason E E. Alternative dispute resolution[M]. Carolina: Carolina Academic Press, 2016.

[17] Marlin L L, Miller J R, Contracting for public sector services[M]. VA: National Institute of Governmental Purchasing,2006.

[18] Lowery D. Answering the public choice challenge: A neoprogressive research agenda [J]. Governance, 1999, 12(1): 29-55.

[19] Freeland M, Auby J B. The evolving approach to the public / private distinction in English law[M]//The Public Law/Private Law Divide: Une entente assez cordiale? Oxford: Hart Publishing, 2006.

[20] Minow M. Public and private partnerships: Accounting for the new religion[J]. Harvard Law Review, 2003, 116(5): 1229.

[21] Loughlin M. Public law as political jurisprudence[M]. Oxford: Oxford University Press, 2018.

[22] Jensen M C, Meckling W H. Theory of the firm: Managerial behavior, agency costs and ownership structure[J]. Journal of Financial Economics, 1976, 3(4): 305-360.

[23] Roscoe Pound. Social control through law [M]. New Haven: Yale University Press, 2017.

[24] Dehoog R H. Competition, negotiation, or cooperation[J]. Administration & Society, 1990, 22(3): 317-340.

[25] Savas E S. Privatization and public-private partnership[EB/OL]. 2000

[26] Warner M E. Local government infrastructure the false promise of privatization[EB/OL] [2020 - 10 - 12]. https: //www. inthepublicinterest. org/wp-content/uploads/Warner-False-Promise-of-Priv-citycounty-services-9-08.pdf.